世界に学ぶ地域自治

コミュニティ再生のしくみと実践

大内田鶴子
鰺坂学
玉野和志 編著

廣田有里
齊藤麻人
小内純子
太田尚孝
中田晋自
荒木千晴
細淵倫子
陸麗君
内田和浩 著

学芸出版社

はじめに

　世界的なコロナ禍の中で地域コミュニティや家族・親族、友人、同僚など
の親密な関係が大きな危機に見舞われています。近隣のお付き合いも、「ふれ
あい広場」などの地域活動も難しい。友人や恋人、孫にも会えず、それどこ
ろか親密な人とのお別れにも立ち会えなくなっています。緊急事態宣言によ
り、ストレスの解消や職場コミュニティの形成に一役買っていた飲ミニケー
ションも難しくなっています。都道府県や市町村といった公的な自治体によ
るコロナ対策も今一つ有効性が見えません。

　もしコロナにかかってしまったら、コロナの影響で会社やお店を解雇され
たら、誰に頼ればよいのでしょう。そこで頼らざるを得ないのは、様々な人
間関係の束である家族・親族や友人との親密な関係であり、コミュニティです。
そして、その中に泡立っているさまざまなネットワーク（「社会関係資本」と
もいわれています）です。ただ、日本ではこのコミュニティやネットワークは、
特に1980年代以降ずいぶん希薄になり、あるいは人によりその濃淡に差が生
じています。アメリカなどでも同様の傾向が表れているようです（R．パット
ナム『孤独なボウリング』）。

　親密な関係でいうと、結婚し家族形成をする人は、今や若者の3分の2程
度であり、長寿社会化と相まって「おひとり様」や単身世帯が多くなってき
ています。これらにより、地域コミュニティの核であった町内会・自治会に加
入する世帯も大都市を中心に半数を割ってきているのが現況です。どうすれ
ば、活発なコミュニティをよみがえらせることができるのでしょうか。また、
コミュニティの活動が行政・自治体などの改革につながるのでしょうか。

　世界に目を向けると、20世紀後半になって、様々な地域住民組織・集団の
再生や活性化の試みが見られます。本書は世界の12か国の地域自治活動を紹
介することにより、日本の地域自治・コミュニティ活動の活性化の参考になる
ことを企図し編まれました。本書を読んでいただいた皆様方からの忌憚のな
いご意見をいただければ、幸甚に存じます。

2021年7月

鯵坂学

目 次

第 I 部　欧米編　23
──安全で包摂的な地域をどうつくるか

第 2 章 【アメリカ-1】近隣組織の興隆と変容　24
──トラブル・挫折を恐れない市民参加の技術　　　　大内田鶴子

第 3 章 【アメリカ-2】多様化する地域をいかにして新しく組織するか　50
──コミュニティの ICT 活用とその課題　　　　廣田有里・大内田鶴子

第III部　東アジア編　223
――急速な工業化・経済成長後の地域をどうつくるか

第1章 世界の地域自治から何を学ぶか

玉野和志

　古い話だが、かつて町内会・自治会のようなものは、諸外国には存在しないと言われた。日本に独自の「文化の型」だと言われたこともある[1]。このような認識に風穴を開けたのが、中田実編『世界の住民組織』だった[2]。確かに町内会と全く同じものはないかもしれないが、世界にはどこにでも住民の自治に関わる組織や制度が存在している。それらとの比較で日本の住民組織についても考えていかなければならないことを示した作品であった。それが出版された2000年から、早20年の歳月が流れた。その後、国際比較研究もさかんに行われるようになったと同時に、諸外国においてもコミュニティに根ざしたアプローチや政策形成がさかんに試みられるようになっている。

　このような中で、改めて世界の地域自治に焦点を当てて、その日本への示唆について考察しようというのが、本書のねらいである。本章では、まずそのような状況を概観した上で、次章以下で明らかにされる諸外国の事例を、全体としてどのように位置づけて理解すればよいかについて、考えてみたい。

1 日本における地域自治の現状と課題

　1990 年代の地方分権改革においては、結果として団体自治は進んだが、住民自治はむしろ後退したとよく言われた。中央政府からいくらかの権限が移譲され、地方公共団体としての自治体の自治は進んだかもしれないが、合併によって住民からは縁遠くなり、住民の自治という点ではかえって後退したという意味である。そのため地域自治区が制度化され、改めてコミュニティ・レベルでの住民による自治が、自治体内分権として課題となった。ここではこのような身近な地域レベルでの人々の自治的な営みを、広く「地域自治」とよんでおこう。実はこのような地域自治への関心は、同じ頃に国際的には community based approach とよばれる、人々の地域での生活に根ざした方策として、政策的に注目された世界的な動向と軌を一にしている [3]。90 年代以降、国際的には new localism（新しい地域主義）の下での分権・自治・参加という潮流が認められるが、その世界的な動向については後述することとして、ここではまず日本での動向について確認しておきたい。

　日本の場合、明治維新による近代国家建設の当初から、住民の自治的な営みを地域単位でどのように位置づけるかは焦眉の課題であった。市制・町村制による明治地方自治制は、地域共同体と近代的な行政を見事に結びつけた芸術品と評されるが、大正から昭和にかけての都市化は、この体制を根底から揺るがすものであった。その後、部落会町内会の整備によって翼賛体制が築かれるが、これはいわば戦時体制の下での地域自治の圧殺を意味していた。戦後、GHQ によって町内会は禁止されるが、その後、復活し、高度成長期までは、事実上、この町内会・自治会が行政の末端を補完する形で、住民の自治的な営みが自治体へと連接される体制が一般化していった。しかしながら、1970 年代以降は、自治会・町内会の組織率が低下する一方、後にその一部が NPO として制度化されるに至る市民活動団体

が叢生するようになる。このような動きを背景として、地方自治体による
コミュニティ政策が展開していく。当初はコミュニティ・センターとよば
れる地域集会施設の管理と運営を担当することで、旧来からの自治会・町
内会に代わる市民活動団体の台頭をうながそうとしたが、十分な成果を残
すことができず、やがて自治会・町内会を中心に、いくつかの市民団体も
含めて行政との協働が図られるようになる [4]。

　90年代以降の地方分権改革においては、機関委任事務が廃止されて法定
受託事務と自治事務に整理されたとはいえ、新自由主義的な流れの下で、
地方は財政的な自立を求められ、地方交付税の大幅な削減と合併による行
政区域の拡大を余儀なくされる（「平成の大合併」） [5]。そこから地域自治区
の設定と自治体内分権が模索されるようになったことは、すでに述べたと
おりである。このような中で、自治体は財源の不足によるサービスの低下
を住民の自治的な活動によって補うか、そのような事情を理解してもらう
うえでも、市民と行政の協働を標榜するようになる。ところが、地域自治
を中心的に担うことを相変わらず期待されている自治会・町内会は、少子
高齢化の影響もあって、近年になってまた改めてその力を弱めているのが
実情である。そのような中、行政は改めて市民活動団体を含めた、地域自
治の担い手の維持と育成を求められている。

　以上が、日本における地域自治をめぐるこれまでの歴史的経緯と課題で
ある。ここで注意してほしいのは、これから紹介する諸外国の事例を理解
する上で、地方制度や文化的な価値・理念の相違はもとより、課題とみな
されること自体が異なっている点に注意する必要があるということである。
ここでは日本の場合、自治体と住民が公的な意思決定だけでなく日常的な
活動においても何らかの共同的な関係をもつこと（まさに「協働」）が当然
とみなされていること、逆に意思決定への民主的参加が認められることで
初めて政策への合意と協力が得られるという発想が比較的乏しいこと、さ
らにはそれらのことを公的な制度として法制化しようとする動きが弱いこ
と、以上の3点を指摘しておきたい。国によって問題とされることや重要

とされることがそもそも違っていることをふまえた上で、各国の事例を学ぶ必要があるわけで、この点については最後にある程度の分析枠組を示してみたいと思う。

2 欧米諸国と旧植民地諸国で高まってきた地域コミュニティへの関心

　中田実らが住民自治組織の国際比較研究に取り組んだとき、諸外国において「地域の経済や生活をめぐって生き残りを図るための『地域自立』が上から強要され、それへの制度的保証として下からの地方分権や住民自治への要求が高まってきている」ことが、すでに指摘されていた。また、町内会が特殊日本的な組織であることの根拠として、大正末期に東京市政調査会が行った照会に対するニューヨーク市政調査会の回答に、「欧米諸国に於ては官公庁の事務に属す可きものを、私的団体に委任することは、これを避くる方針に暫時向かひつゝあり」という指摘が挙げられてきたが[6]、この点でも近年のニュー・パブリック・マネジメント等の新自由主義的な手法に見られるように、欧米諸国においても、公益の活動に携わる民間の団体が存在するようになったことはいうまでもない。

　つまり、資本主義がいち早く発展した欧米先進国においては、当初、十分に発達した資本は政府の干渉をきらい、政府の支援も必要とはしなかった。公的機関の方も、資本の活動が公益に反したときのみ、これに干渉し、それ以上の関わりをもつことはなかった。だから自治体が地域の自治組織と関係をもつこともなかったのである。これにたいして、明治維新以降、上からの近代化を図るために、国家が民間資本の育成に努めた後発の資本主義国としての日本の場合は、その当初から自治体は地域住民組織を通じて、効率的な行政への協力と動員を図る必要があった。他方、欧米先進国の植民地となった国々では、宗主国の行政組織が外から移植されたので、当然、地域の住民組織との関係は先進国同様、希薄であった。しかし、こ

こでも日本の占領を受けた地域では、行政の下請組織としての町内会が整備されたので、その影響は複雑である。

　いずれにせよ、1970年代ぐらいまでは、日本では普通に存在した公的機関と民間の住民組織との密接な関係が、欧米先進国や発展途上国ではあまり見られなかったのは確かである。そのことが日本の町内会のような組織は諸外国には存在しないという認識につながったと考えられる。ところが、1973年のオイル・ショックを境にした欧米先進国の経済的な停滞と、80年代以降に求められた地域の自立と地方分権にもとづく成長戦略が広く浸透するにつれて、コミュニティ・ベイストな、地域に根ざした政策的なアプローチが登場する[7]。

　まず、先進国においては「新しい産業地域」論や「新しい地域主義」、「都市管理者主義から企業家的都市へ」、さらには「産業クラスター」などの議論や概念によって、特定の都市や地域が経済成長の原動力（リージョナル・モーター）になることが求められ、官民を挙げて都市の経済成長を図る公私連携（public and private partnership）が当たり前のあり方になる。すなわち、日本と同様に、国家や地方自治体が民間資本と協力して都市の開発や成長を推進する体制がしかれるようになる。同時に、財政危機によって公的なサービスを十分に提供することが困難になった行政機関は、その一部を民営化して市場に委ねたり、NPOなどの公的な認証を与えた民間組織に委託するなどの方策をとるようになる。ここでも地域住民組織を行政の下請機関として活用してきた日本と似たような官民の関係が形成されていくのである。

　他方、途上国では、経済成長にともない都心近くのスラム地区を強制的に撤去する事業などが行われるが、代替措置として提供された居住地が都心から遠く、仕事をするには不便なため、もとのスラム居住者が徐々に都心近くに戻ってきてしまうという経験にもとづき、スラム地区住民にも代替地の検討などに参加してもらい、それなりの費用も負担してもらう参加型のスラム・クリアランス事業が、NGOなどの支援を受けながら、模索さ

れるようになる。つまりはこれもコミュニティに根ざしたアプローチである。また、このような動きは国際的な支援を行うNGOなどが、途上国の村落の内発的発展のために試みてきた迅速農村調査法（RRA: Rapid Rural Appraisal）や参加型農村調査手法（PRA: Participatory Rural Appraisal）などの成果を含めて、OECDやUN-Habitatなどの国際機関に注目され、途上国発展のためには草の根レベルでの社会関係資本（Social Capital）の育成が必要であるという議論とも呼応して、途上国においても、地域住民や地域住民組織を巻き込んだ施策の展開や参加型民主主義ないし討議型民主主義の試みがさかんに行われるようになっていく[8]。

　いずれにせよ、1980年代以降、公的機関のサービス提供や政策決定をめぐって、地域住民や地域住民組織を巻き込んだコミュニティに根ざした接近方法が、欧米諸国や旧植民地諸国においても広く用いられるようになっている。それにともなってコミュニティを組織するさまざまな政策や制度が提案されているのである。地域コミュニティにおける行政と住民の関係を早くから重要視し、町内会などを活用してきた日本における地域自治のあり方とはまた異なった、さまざまな工夫が世界では行われている。われわれはようやく自分たちが歴史的に培ってきた地域自治のあり方をとらえ直すことのできる比較の対象を、広く世界に求めることができるようになったのである。

3 行政と住民組織の連携を重視してきた東アジア

　ラテンアメリカやインド、東南アジアなどの欧米諸国によって直接の植民地支配を受けた地域とは異なり、中国や韓国などの東アジアの諸国は、日本の植民地支配を受けたこともあってか、地域自治という点ではかなり似通った性格があるとされてきた。ある時期には、中国や韓国が日本のコミュニティ政策を参考にして、新しい地域政策を展開していると言われたこともある。また、やはり日本の植民地支配を受けた東南アジアにおいて、

フィリピンのバランガイやインドネシアのRT/RWは日本の町内会に当たる組織であると言われたこともある。すでに中田らの研究においても明らかにされているし、本書においてもそのような単純な理解はもはや通用しないことが明らかだが、それでも東アジアの諸国が、欧米諸国や東南アジア諸国とは違った、よく似た特徴を共有していることは否定できまい。それは主として国家や地方自治体などの公的機関と住民との関係のあり方に関わる部分である。欧米諸国や旧植民地諸国では、公的機関の行政組織と地域住民による自治組織が明確に区別されているか、互いに無関心であるのにたいして、東アジアの諸国は両者の関係がより密接であり、上下関係すら含んだ協力的な関係を相互が認めているところがある。それは前節で述べたような歴史的事情や、中国が社会主義の国であるという事情もあるが、儒教文化の影響を受けた地域としての共通点なのかもしれない。その起源に関する説明はさておき、この点での感覚が東アジア諸国とそれ以外では、かなり異なることを念頭におく必要がある。すなわち、日本をはじめとした東アジアの国々では、国家や自治体などの公的機関が住民の自治的な活動に関与することが早くから当然のこととされてきたのに対して、欧米諸国や東南アジア諸国では、最近になってそのような試みが行われるようになってきている。この点での違いをまず比較の視点として考えておく必要がある。

　同時に、その関与の仕方についてもさまざまなバリエーションがあって、欧米や東南アジアはもとより、同じ東アジアの国々でも、それは違うようである。すでに述べたように、国や地域によってそもそも重要とされることや、前提とされることが違ってくる。さらに、「自治」そのものにたいする理解やあり方も、ずいぶんと異なっていると考える必要がある。そのような国際比較の困難をふまえつつも、そのような比較と区別を可能にするような、いくつかの視点を分析の枠組として提示しておきたい。

4 世界の地域自治に見る共通の視点と枠組

　下の図に示したのが、そのような地域自治の全体的な枠組である。

　一方に自治体があり、他方に住民が位置する。地域自治はこの両者が何らかの形で連動して実現する。しかしこの連動の仕方にはさまざまな形態が存在する。まず、両者の関連の仕方には、政治的な意思決定に関わる部分と行政的な執行過程に関わる部分が区別できる。地方公共団体の内部では、議員からなる議会と官僚からなる行政組織が分かれており、議会による立法や予算審議による政治的意思決定にもとづき、行政が政策を執行していくことになる。これがいわゆる団体自治であり、中央政府との間での権限の分担や分権の度合いが課題となる。90年代の日本の地方分権改革が、この意味での団体自治の拡充にとどまり、改めて自治体内分権が問われているとはそういうことである。したがって、地域自治にも議会の意思決定に関与する側面と行政の執行過程に関与する側面の2つがある。日本の地域自治が事実上後者にかたよっているために、とかく前者の部分が見失われがちであるが、世界の地域自治を考えるうえでは、政治的意思決定への関与は見逃せない。地域自治が行政の執行過程にかたよっているのは、

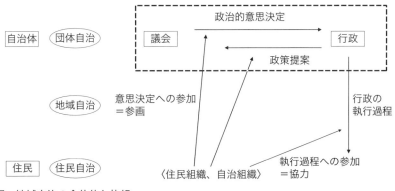

図　地域自治の全体的な枠組

いわば東アジアの特質なのかもしれない。

　そうすると、まず地域自治には政治的意思決定への参加と行政の執行過程への参加という2つのルートが区別できる。ただし、ここで政治的意思決定への関与がつねに議会に働きかけることに限定されるわけではないことを断っておきたい。行政の執行過程における意思決定への参加という側面も存在する。つまり行政の裁量の範囲での決定や議会に提案される政策の決定に関する関与も含んでいる。それらも含めて政治的意思決定への参加としておきたい。しかし、いずれにせよ両者の存在や比重が国や地域によって違うのである。また、どちらのルートに関与するかによって住民組織のあり方も異なってくる。たとえば、政治的意思決定に関わるには、選挙などによる代議制の組織が適合的かもしれない。他方、行政への関与には、自らその執行過程に協力できるような実行力のある住民組織が求められる。ここでは自治体と住民組織の関係のあり方によって、住民組織や地域自治の形態が異なることに注意を促しておきたい。

　この点でまず重要なのは、地域自治のあり方や住民組織そのものの法的な位置づけや制度化の度合いが、どの程度であるかということである。制度化とは、本来制度として安定的に確立していることを意味するが、それが法的な裏付けをもつ場合と、社会的な慣習や伝統として維持されている場合が区別できる。法的な根拠がないことが、必ずしも社会的な制度を不安定なものにするとは限らないが、法制度的に確立している場合から、単なる慣例や慣習に任されている場合、まったく制度としては成立していない場合までの各段階が考えられる。本書の事例の中では、イギリスやフランスでは自治組織が法的に整備されているのにたいして、日本やブラジルではその時々の政策として参加の形態はある程度制度化されるが、住民組織自体はあくまで社会的な制度に任されている。

　次に、最初に挙げた政治と行政というルートの違い、および2番目に挙げた制度化の度合いとも関連するが、住民の自治的な活動や政治的な要求が、政治家や有力者との個人的なつながりを通じて非制度的に政治や行政

へと接続される場合や、選挙や市民参加の諸方策によって制度的に接続される場合などの形態の違いによって、参加する住民層が異なってくるという観点が指摘できる。本書で扱う事例においてはすでに存在しないが、たとえばアメリカの地域政治の歴史の中では、民族的なつながりにもとづくクライエンタリズムによる「マシーン政治」から、市政改革運動による「リフォーム政治」への転換などがよく知られている[9]。本書のブラジルやインドのように、行政へと平等に開かれた参加のルートが制度化されることで、クライエンタリズムにもとづく汚職や政治不信が一掃され、それまで排除されてきた住民の参加が促されるという事例が報告されている。また、かつて市民参加の黄金期を築いたシアトルが、より多様な住民の意見を取り入れるために、IT技術などにもとづく新しい参加の形態を模索していることなどが挙げられる。すなわち地域自治の形態によって、参加する住民層が異なってくるという視点が、3番目に指摘できる。

　最後に、日本の特殊性を考えるうえで重要な視点として、地域自治を担う住民側の組織が自発的な結社の形態を取るか、地域包括的な組織ないし団体とされるかという違いがある。本書の事例ではスウェーデンのビアラーグ（集落自治会）が日本の自治会・町内会と同様に地域包括的な組織として存在している。中国の居民委員会も自治組織として包括的に制度化されている。イギリスのパリッシュは近隣自治体として包括的であり、そのカウンシルのメンバーは選挙によって選ばれる。これにたいして同じくカウンシルといっても、アメリカの場合は自発的結社の性格が強い。つまり地域の自治的な活動に関心のある人が、任意に参加して活動する団体なのである。

　以上のように、世界の地域自治を比較、検討する視点として、次の4つを設定することができる。まずは政治か行政かという①参加のルートないし領域という側面、次に自治組織ないし参加形態の②制度化の度合い、さらにそれによって特定の主体が包摂されたり、排除される③参加の方策や形態という側面、最後に自治組織が地域包括的か自発的結社かという④組

織原理の側面である。これら4つの視点から世界の地域自治のしくみを見ていくならば、日本との違いや学ぶべき点も自ずと明らかになってくるだろう。

　最後に、このような視点で見た場合の各国の事例の位置づけに簡単にふれながら、本書の構成について述べておきたい。

5　本書の構成

　まず、本書は大きく3つの部からなる。第Ⅰ部は欧米諸国、第Ⅱ部はラテンアメリカと東南アジアを中心とした国々、第Ⅲ部が東アジアである。欧米先進国と旧植民地であった国々では、最近になって国家や地方自治体が地域組織に関心を示すコミュニティに根ざしたアプローチを採用し始めたのにたいして、東アジアの諸国は日本も含めて早くから地方政府と住民組織が密接に関係してきたことについては、すでに述べたとおりである。これら時期の問題だけでなく、国家と市民社会が伝統的にどのように関連してきたかについても、この3つの部ごとでの違いが読み取れるだろう。ごく大雑把に述べるならば、相互が独立しつつも関係を模索し始めた欧米諸国、相互の無関心と不信をベースに少しずつ変化の見られるグローバル・サウスの国々、そしてきわめて密接に関連しつつも、ともすれば独立性と活力を失いかねない東アジアと、性格づけることができる。

　第Ⅰ部は、第2章と第3章がアメリカ、第4章と第5章がイギリスを事例としている。そもそもこの本の元になったのは、大内田鶴子が研究代表者として受けた科研費の補助金にもとづく共同研究であった[10]。大内と廣田が主としてアメリカを、鰺坂・齊藤・玉野が主にイギリスを担当した。大内はそれ以前からもアメリカにおけるコミュニティ組織の国際比較研究に従事しており、その関係でシアトル市で1980年代から90年代にかけて取り組まれたネイバーフッド部によるコミュニティ政策について、初代部長のジム・ディアス氏と知己を得ていた。第2章にはディアス氏を日本に

招いてシンポジウムを行った際の講演記録が、シアトル市コミュニティ政策の黄金時代を伝えるものとして訳出されている。第2章、第3章ではその後のシアトルにおけるコミュニティ政策の評価と現在のIT技術を使った新しい試みが紹介されている。第4章と第5章では、イギリスにおける地域自治の歴史的展開と最近の動向が紹介される。第4章では、イギリスの地方自治制度の下で、地域自治の最小単位として制度化されてきた近隣自治体としてのパリッシュについて、その位置づけと具体的な活動内容が、ケンブリッジのマーチ・タウン・カウンシルを例に詳述されている。第5章では、これまで設立が許されてこなかった都市部でのパリッシュの設立が、全国パリッシュ協会（NALC）などの働きかけもあって、近年可能になり、いち早くそれを実現したロンドン中心部にあるクイーンズパーク・コミュニティ・カウンシルが紹介される。住民組織の独立性が尊重されるという共通の特徴を示しつつも、コミュニティの変化に行政の政策方針の変更によって対応しようとしているアメリカの事例と、地方自治制度の変更によってこれに対応しようとするイギリスとの違いが興味深い。

　第6章ではスウェーデンの村落部に見られる地域住民組織としてのビアラーグが紹介される。スウェーデンでの地方自治は制度化された自治体としてのコミューンが単位となっているが、村落部では過疎化が進行し、コミューンの合併が進められたこともあって、地域住民に生活不安と危機感が広がっていった。そこから多様なアソシエーションによる地域再生運動が展開し、その過程で特定のミッションではなく、近隣関係にもとづくより包括的な仕事を担うビアラーグが組織されるようになる。この一見日本の地域自治会とよく似た組織の、実はそれとは異なる性質が興味深い。

　第7章ではドイツの自治体内分権が紹介される。地域によって多様な制度化がなされているドイツにおいて、地方自治法に基づく地区協議会とローカルルールに基づく市民団体という2つの例が検討される。ドイツの場合、選挙などの手続きによって正式に制度化されているにせよ、あくまで市民団体として地域を代表する組織として位置づけられるにせよ、ある程

度政治的な意思決定への参加が可能になっている点が注目される。

　第8章ではフランスの新しい政治理念としての「近隣民主主義」にもとづく都市内分権の制度化が紹介される。フランスでは、地理的な近接性に基づき、政治・行政的な次元における市民との社会的近接化が求められ、自治体の諸活動と諸決定への住民の参加を強化する地方制度改革が進められている。

　第9章ではオーストラリアにおける地域住民組織と住民参加のあり方として、Neighbourhood Watch とよばれる警察と市民による治安維持のための活動や、Precinct System とよばれる住民参加制度が紹介される。警察と連携したパトロール活動やコミュニティ協議会などの住民参加は、日本でも早くから行われていたが、それが必要とされた地域の治安状況の違いや投票による決議も行われる集会のあり方などの違いは、大変興味深い。

　以上が第Ⅰ部に含まれるアメリカやヨーロッパを起源とする国々の事例である。そこには地方自治の②制度化や市民の④組織原理という点で、日本とは異なる共通の特徴が認められる。

　続いて第Ⅱ部では、グローバル・サウスに属する国々の事例が取り上げられる。

　第10章ではブラジルの国際的に非常に評価の高い参加民主主義の試みとして、参加型予算（Participatory Budgeting）の試みが紹介される。そこでは、労働者政党から提案された、行政の新規事業の内容に関する住民参加による優先順位の提案が、議会に承認されて実行されることで、それ以前の不透明なクライエンタリズムが克服され、女性や貧困層の新たな参加が得られたという成果が報告されている。

　第11章ではインドにおける民衆運動の事例が紹介される。憲法改正によって中央政府から地方政府への権限の移譲が求められた際に、ケララ州で政権を獲得した左翼民主戦線が提案したのが、この民衆運動（People's Campaign）であった。地域ごとに住民参加による集会を開催し、そこでテーマごとの部会に分かれて議論をし、代表が選出され、住民参加で地域ご

との調査報告書を作成する作業をへて、必要な事業の優先順位が提案される。そのうえで行政職員による技術的な調整と議員による利害調整をへて、予算が執行されていく。このような住民参加の過程をへて、政府への信頼が高まっていったことが報告されている。

第12章ではフィリピンの地方自治制度としてのバランガイの詳細とそれにもとづく地域協働のあり方が、いくつかの事例を通じて検討されている。日本の自治会・町内会とは異なり、近隣自治体として正式に制度化されているバランガイのあり方が興味深い。

第13章ではインドネシアの「カンポン」とよばれるコミュニティの単位と日本占領下の導入に端を発するRT/RWという政府の管理組織との関連を軸に、近年さまざまに展開している住民参加の方策が紹介されている。

最後に、第Ⅲ部では東アジアの事例が紹介される。

第14章では中国の居民委員会が取り上げられる。そこでは居民委員会が住民による自主的な自治活動に取り組み、制度化された近隣自治体的な組織であるにもかかわらず、意思決定よりも住民の管理や行政への協力が強く求められる「自治」と「管理」の矛盾点が指摘されている。

第15章では韓国におけるマウルづくりの事例が紹介される。「日帝」時代以降の地方自治制度の展開をふまえたうえで、近年の「マウル共同体づくり」という政策の下で住民自治会が結成されていく経過が検討される。日本と同様に、明確に制度化するのではなく、自治的な組織としたうえで行政との協働が模索されるが、中間支援組織による教育プログラムを通して行政との協働を促している点が興味深い。

以上、本書は必ずしも網羅的とはいえないが、日本との比較きわめて興味深い事例を集めた論集といえよう。それゆえ日本における地域自治の取り組みを見直し、発展させるヒントをそこからくみ取っていただけるならば、幸いである。

注

1) 近江哲男「都市の地域集団」、『社会科学討究』1958 年 3 巻 1 号、pp.181-230。中村八朗「文化型としての町内会」、倉沢進・秋元律郎編著『町内会と地域集団』pp.62-108、ミネルヴァ書房、1990 年。中川剛『町内会――日本人の自治感覚』中公新書、1980 年

2) 中田実編著『世界の住民組織――アジアと欧米の国際比較』自治体研究社、2000 年

3) コミュニティ政策学会編『コミュニティ政策 15』東信堂、2017 年

4) 日本におけるコミュニティ政策の歴史的展開については、玉野和志「わが国のコミュニティ政策の流れ」中川幾郎編著『地域自治のしくみと実践』学芸出版社、2011 年、pp.8-18 を参照のこと。

5) 1990 年代の地方分権改革の詳しい経緯については、玉野和志「90 年代以降の分権改革と地域ガバナンス」岩崎信彦・矢澤澄子監修、地域社会学講座 3『地域社会の政策とガバナンス』東信堂、2006 年、pp.135-153 を参照のこと。

6) 中田編前掲書、pp.12-14

7) たとえば、Goetz, E. G. and S. E. Clarke（eds）. *The New Localism: Comparative Urban Politics in a Global Era.* Newbury Park, CA: Sage. 1997

8) Cooke, B. and U. Kothari eds. , *Participation: the New Tyranny?* Zed Books, London. 2001, Hickey, S. and G. Mohan, *Participation: from Tyranny to Transformation? Exploring New Approaches to Participation in Development.* Zed Books, London and New York. 2004

9) 移民の多いアメリカでは、日頃から（顧客＝クライエントに対してのように）個人的な世話をすることで選挙で票をとりまとめることのできる地域ボスが、その集票マシンによって大きな影響力を行使する顧客主義＝クライエンタリズムという政治構造が問題視され、市政改革運動が展開したという歴史がある。平田美和子『アメリカ都市政治の展開――マシーンからリフォームへ』勁草書房、2001 年

10) 2016 〜 2018 年度科学研究費補助金基盤研究（B）（海外学術調査）「近隣住民ネットワークの国際比較研究」研究代表者　大内田鶴子

第Ⅰ部

欧米編
安全で包摂的な地域をどうつくるか

【アメリカ-1】

第2章 近隣組織の興隆と変容

―トラブル・挫折を恐れない市民参加の技術

大内田鶴子

　本稿で取り上げる、シアトル市のネイバーフッド部と住民参加のしくみは、当時と今とでは大きく変化している。初代部長であったジム・ディアス（Jim Diers）の関与したネイバーフッドシステムは、シアトル市のコミュニティ政策の黄金期のしくみであった。しかし現在ここで取り上げるディストリクト・カウンシルと市ネイバーフッド議会の体制は廃止され、制度更新の試行錯誤のさなかにある。旧制度を事例として取り上げたのは、この変化が、日本のコミュニティ政策にとっても看過できないプロセスであるからだ。このため、本章では住民参加の黄金期である 1980 年代から 1990 年代頃（第 1 節）、2000 年以降（第 2 節）について述べる。最近の状況は第 3 章で取り上げた。

　なお、すべての議論の前提として訳語の問題がある。非常に重要な一語「Council」について注意を喚起したい。アメリカでも、イギリスでも、国家から近隣のレベルまで Council という言葉で討議の集会を意味する。日本では「議会」は国、都道府県、市町村までの制度化されたしくみでしか用いられない。コミュニティや近隣レベルでは、会議、検討会、寄り合い、会である。イギリスのローカル・カウンシルは地方自治法に基きやや制度化されているが、アメリカ・シアトルのコミュニティ・カウンシルは日本の任意の寄り合いに近い。また、米・英それぞれ近隣レベルの Council は

制度化されている場合（ポートランド、デイトンなど）と、されていない場合があり、市町村によって大きく異なる。またアメリカでは州（国レベル)が NPO 以外の近隣組織の制度化に関与した話は聞いたことがない。本稿では日本の現状から理解しやすいように、ネイバーフッド議会 （CNC / City Neighborhood Council）、ディストリクト・カウンシル（DC / District council）、コミュニティ会議 （Community council) と訳した。

　次代の地域住民組織を、いかにして新しい民主主義の学校にすることができるか、作り上げていくべきかの考察に本章が寄与できれば幸いである。

1　地方自治は強いコミュニティからはじまる[1]

ジム・ディアス

大内田鶴子訳

1-1　ネイバーフッドの都市

　シアトル市は 71 万 5000 人の大都市だが、住民のコミュニティはもっと小さなスケール、ネイバーフッズの中にある。シアトルは丘陵、谷、湖などが自然の境界になってネイバーフッドが 100 か所くらいに分かれている。ネイバーフッドはそれぞれビジネス地区、学校、図書館・消防署・レクリエーションセンター、公園などの公共施設を持ち、それらの場所は住民の目印として、公的な集会の場としてコミュニティ意識とネイバーフッドのアイデンティティにとって重要なものとなっている。ネイバーフッドは建物の様式や住民の特徴によっても定義できる。

　人々がお互いに交流したり、地方政府と交流するのはネイバーフッドのレベルである。事実上、各ネイバーフッドは自分たちのコミュニティ会議を持っている。そのメンバーシップは居住者全員に開かれている民主的な組織である。

　重要なことは、近隣団体は市役所から独立していることである。市役所はコミュニティ会議とその他のボランティア団体を公的には認知していな

い。近隣団体のアイデンティティと正当性は、コミュニティの構成員だけから生じている。

1-2　ネイバーフッド部のはじまり

　コミュニティ会議は市役所の行政に対して反対する時に最も活動的な傾向があった。シアトル市が大きく変貌した 1980 年代半ばは特に活発であった。

　何か所かのコミュニティ会議はゾーニングの変更と戦った。それは、近隣の人々が大事に育ててきたものを犠牲にして住宅や交通を増やす試みであった。他の近隣組織はギャングや麻薬の問題の深刻化について抗議してきたが、市役所は十分に戦わなかった。コミュニティ会議はシティホールへのアクセスの悪さに不満を抱き、ダウンタウンの事業に多大なお金を使い、ネイバーフッドの優先事項には予算がわずかしか残されていなかったことに不満を抱いた。

　論争のプロセスと結果に失望した何人かの議員とネイバーフッドのリーダーたちがもっと多くの人が参加して協働するガバナンスのモデルを目指して活動した。政府の予算配分（取り合い）の議論よりも予算の優先順位をつける時、なぜコミュニティが含まれないのか、ネイバーフッドの使われていない資源を利用しないのか議論された。安全安心にせよ住宅供給にせよ、その解決のためになぜコミュニティを見ないのだろうか。

　1988 年にシアトルの議員たちが今までなかったネイバーフッド部を設置したのはこういう経緯によるものであった。ネイバーフッド部のミッションは分権と行政サービスの調整、コミュニティとその組織の強化、ネイバーフッドを維持し強化するために近隣組織と協働することであった。

1-3　小市役所、ネイバーフッド・コーディネーター、ディストリクト・カウンシル

　ネイバーフッド部の仕事の基盤は 13 か所の小市役所であった。各ネイ

バーフッドの窓口事務所はワンストップで公共料金の支払い、駐車場券・乗車券の発行、定期券の購入、パスポートの発行など、様々な市の部局の行う行政サービスにアクセスし、また郡や州の行政機関へもつないでもらう。小市役所にはコミュニティの会議室、無料の指定診療所、コンピュータの公開利用デスク、警察官・プランナー、議員の立ち寄り場所がある。

　各小市役所には、コーディネーターがいて、コミュニティと市役所のつなぎ役となった。コーディネーターは官僚組織を知っているので、市民が必要としている行政サービスやプログラムの窓口に市民や住民組織の活動家が出向けるよう助ける。同様に、コーディネーターはコミュニティを知っているので、市の各部の職員が住民とうまく協働できるよう助ける。コーディネーターは住民が自分たちのニーズにあった行政サービスを見出すまでは自分の考えを出さない。それによって、コーディネーターは異なる利害を持つ住民に信頼され、異なる利害を持つ人々の共通の関心を見出す援助者となる。これが、コミュニティ形成の仕事であり、最も重要な役割である。

　コーディネーターの仕事の一つはディストリクト・カウンシルを援助することである。ディストリクト・カウンシルの役割は、ネイバーフッドと利害関係者の相互交流と公開討論の場を提供することであり、利害の表明、情報交換、相互に関心のあることでネイバーフッドや業界団体が共同できるようにする。

　ディストリクト・カウンシルは CNC において、各ディストリクトを代表する。CNC はネイバーフッド部への助言の権限を持つ。これら二つのカウンシルは市議会に対する公的な権限は持っていない。この二つの会議の主目的は草の根組織を育てることである。

1-4　ネイバーフッド・マッチングファンド

　CNC はネイバーフッド・マッチングファンドによって、コミュニティの自助プロジェクトを支援する役割を果たしている。近隣グループの貢献に

応じて補助金を受ける制度である。貢献度(補助と同額の持ち出し資金額)は寄付金、ボランティア労働、物品やサービスでの寄付などにより総額を測る。これまで29年を超える実績は5千プロジェクト以上になり、その内容は、学校や公園のなかの遊具・遊び場のデザインと設置、新しい公園の設置、オープンスペースの植樹、街路樹の植樹、コミュニティガーデンの開発、コミュニティスクールのプログラムの試験実施、ネイバーフッドプランの策定など様々である。

　2年で7000万ドル（8億円）の市の投資は、コミュニティ資源としては11億円の力になる。最も大きな利点はこのプログラムでコミュニティとともに1万人の市民がこの仕事に（初めて公共の仕事に）従事したことである。

1-5　ネイバーフッド計画

　この事業はネイバーフッドがそれぞれ自分たちで近隣計画を作るものである。計画では、地理的境界線を定義し、仕事の範囲を定義した。すべての利害関係者が関与して、意見交換するために自分たちのプランナーを雇った。約3万人が参加して、1999年にすべての計画が策定された。4200以上の勧告が提出された。部局横断的組織はネイバーフッド計画策定のリーダーたちとともに、大量の提案を市の予算と仕事の担当に入れ込んだ。市民はネイバーフッド計画で要求した新しいコミュニティセンター、図書館、公園を作るために3億6400万円の増税案に投票した。提案の20％は問題を抱えるコミュニティで実施された。マッチングファンドと同様にネイバーフッドプランも、コミュニティが昔のように反対運動をするのではなく、市役所とパートナーになる力強い媒体となった。

1-6　ディアス氏の見解

　私は初代のネイバーフッド部の部長として、1988年から2002年まで勤めた。市役所は当時巨大な支援を惜しまなかった。例えばネイバーフッド

部の職員は4人から100人近くまで増員されたのだった。私は幸運にも3人の市長に仕えたが、どの方もコミュニティをつくり強化することの価値を理解されていた。市民は市役所がすべてできるわけではないことが分かっていた。健康の増進、防犯、災害への備え、素敵な場所を作ること、地場経済の存続、コミュニティが幸福を実現する役割に代わるものもないことを知っていた。

　残念なことに、その後の15年間の市長のもとでは、ネイバーフッド部の予算は大きくカットされてきた。最も重大な出来事はコーディネーターの人員削減であり、いまは3人しか残っていない。このため、ネイバーフッドレベルと市役所の関係を構築し、ディストリクト・カウンシルを支援する力が失われた。

　このような状況の逆転には3つの理由がある。一つはグローバル経済の危機による財政困難。最近の要因として、選挙区の区割り変更後の市議会の動きである。7人の議員がディストリクトから選ばれ、1人が市全体から選ばれるしくみである。7つの選挙区の境界は、13のネイバーフッドディストリクトの境界と非常に異なる。対立する両者を和解させるのが難しい。三つ目の最も大きな要因は、私の考えでは最近の市長たちがユニークな地域コミュニティの役割に価値を感じていないことだ。カスタマーサービスの向上と多様な人々に機会を提供する政策を市主導で導入することが彼らの政策のすべてであった。

　私はその後の施策を実施してきた素晴らしいコーディネーターの後継者の方々にお礼を言いたい。一つはリーダーシップ育成事業で新規来住の人の新しい意見を聞けるようにした。もう一つはネイバーフッド部が地元住民と連携する事業　（a program of liaison）　で、これまで行政の目が届かなかった人々や異文化の人々と協働する事業である。もう一つ、私が部長としてかかわってきたのとは違う何かがあることだ。例えば、事業を開発し実施するのに行政を助ける価値ある役割をCNCが担ってきたことだ。それによってすべての人に特別の時間を割かせる現状の組織よりも、短期の

タスクフォースを通じて可能になった。もっとたくさんの資源をネイバーフッドの中の班のレベル（block level）でお互いに助け合い、ブロックレベルで組織化することが良いと思う。それによって、もっと広汎にコミュニティ会議の基礎ができると思う。

　存続を懸念していたが、ネイバーフッド部とほとんどの主要事業がこの29年間まだあることをうれしく報告したい。また、世界中のたくさんの地方政府が触発されて同じようなアプローチをとっていることに喜びを感じている。今や私の行くところにはどこでもネイバーフッド・コーディネーター、コミュニティ提案の事業、計画策定のボトムアップ方式が行われている。政府が関心を道路や公園や諸規制に向けるように、行政の民主主義的基盤に関心を持てば持つほど可能性が増大するのは素晴らしいことだ。

2 シアトル市のネイバーフッド議会とディストリクト・カウンシル：自治と代表制を求めて

　シアトル市民はアマゾンやスターバックスを創造しただけでなく、市民参加のしくみも創造した。ネイバーフッド・プランニングとマッチングファンドは 1987 年に可決、実施された。約 20 年後の 2009 年にこの制度について行政監察が行われた。監察レポートはディストリクト・システムの見直しが必要であると勧告している。本節では、レイク・ユニオンを地元とする活動家クリス・リーマンが CNC と DON（ネイバーフッド部）について顧みた論文について、次節で 2009 年のシアトル市行政監察レポートから、ディストリクト・カウンシルによる住民参加がその後どのようなプロセスをたどって廃止されたかを考察し、教訓を得たい[2]。なお、ディストリクト・カウンシルは公式の制度としては廃止されたが、現実には住民主体で生きて活動しており、1945 年に廃止された日本の町内会・自治会の状況を思い出させる。

2-1 シアトル市の住民参加システムの概要

　前節でのディアスの説明に加えて、2015 年の CNC とネイバーフッド計画・土地利用検討委員会の行政参加の図から再確認しておく。

　各 DC（ディストリクト・カウンシル）はディストリクト内のコミュニティ会議、NPO、PTSAs（Parent-Teacher-Student Association）、ビジネス地区の代表（商工会議所など）から構成されている。各ディストリクトにはコミュニティ・オーガナイザーが派遣され、ネイバーフッド計画策定と

City of Seattle
Neighborhood Involvement Structure
シアトル市の近隣参加の仕組み
Department of Neighborhood
ネイバーフッド部

City Neighborhood Council
市ネイバーフッド・カウンシル
Representative from each District Council
CNC＝ 各ディストリクト会議の代表からなる

1 Recommend Neighborhood Matching Fund Projects to Mayor and City Council
　シアトル市長と市議会にマッチングファンドを推薦する
2 Oversee Budget Priority Process
　優先予算について監督する
3 Implement Neighborhood Planning and Assistance Program
　ネイバーフッド計画の作成と援助

13 District Councils
各ディストリクトカウンシル

1 Rate Neighborhood Matching Fund Projects
　レートマッチングファンド事業
2 Funnel for Budget Requests
　予算要求
3 Forum for Community Issues
　コミュニティ課題の公開討論

Representatives from Organizations such as
Community Council, Local Chambers of Commerce,
PTSAs, NPOs

図　ネイバーフッド計画とマッチングファンドから見た 近隣参加の構造
（出典：2015 年 6 月 11 日 CNC 資料 /City Neighborhood Council and the Neighborhood Planning & Land Use Committee）

マッチングファンドを採択する活動を行っている。マッチングファンドは年々種類と合計金額が増加しており、重要性を増している。そのしくみは2015年に図1のように説明されている。

　この図からシアトル市ネイバーフッド部（DON）の所管する行政参加のしくみについて大まかに理解できる。CNCがマッチングファンドの評価選考機関、及びネイバーフッド計画策定の執行機関、DCは予算等に関する審議答申機関、コミュニティ会議（各ネイバーフッド内の会議）やNPOなどがDCに代表を送ることが分かる。なお、CNCとDCは本来政策提言を行わないことになっていた。事業や計画づくりを行うのは、コミュニティ会議レベルの活動である。市としての政治的意思決定は個人レベルの投票による市議会の役割である。CNCとDCのしくみは、1980年代後半に市議会が生み出したボトムアップの参加制度であるが、その後市議会とは調和できなくなっていった。次にクリス・リーマンの論文からその一端を見ることにする。

2-2　クリス・リーマン文書「シアトル市のネイバーフッド議会とディストリクト・カウンシルのしくみの歴史」から見た CNC: 情報交流からしだいに自治的な団体へ [3]

　クリス・リーマンがシアトル市のCNCとDCのしくみについて振り返っている。リーマンの文書は2013年の時点で書かれており、それまでのCNC/DC体制と所管する市役所ネイバーフッド部（DON）の歩みを整理したものとなっている。2016年にこのしくみが廃止される直近の行政参加体制の変動について言及されている。リーマンの見解について要約を試みながら、DC/CNC体制の変化を見る。

2-2-1　初期の理想

　シアトル市内のマウント・ベイカーやセワード・パークなど1900年初頭から結成されたコミュニティ・クラブやカウンシルを基礎としつつ、1987年にCNC/DC体制、1990年にネイバーフッド部が設立された。それ

以前に 1960 年代には連邦政府のモデルシティ・プログラムの影響を受け、シアトル市は 1972 年にコミュニティ・オーガナイザーを置いた。また、1972 年に小市役所（今日のコミュニティ・サービスセンター）を設置した。シアトル市のネイバーフッド議会とディストリクト・カウンシル（13 か所）は 1987 年にネイバーフッド部（1990）とともに議決を経て創設されたものである（Resolution27709、1987 年 10 月 26 日）。この創設の主導者は市議会議員のジム・ストリートである。

　ディストリクト・カウンシル（DC）は計画策定や予算配分、行政サービスに関する検討のためのフォーラムであった。DC の会議の事務局はコミュニティ・サービスセンターの職員が務める。

　シアトル市ネイバーフッド議会（CNC）については市のネイバーフッド部が所管する。CNC の業務は、①フォーラム機能：市の一般会計、基金、ブロック補助金、ネイバーフッド・マッチングファンド（NMF と省略）のチェックと勧告、②計画策定機能：総合計画を上位計画としたうえでのネイバーフッド計画の作成と支援プログラムの実施である。

　ジム・ディアスはネイバーフッド部の初代部長であり、コミュニティ・オーガナイザーから抜擢された。ジム・ディアスによると「ネイバーフッドのリーダーたちは、ディストリクト・カウンシルが草の根組織の力を掘り崩すのではないかと疑念を抱いていた。他都市のディストリクト・カウンシルの制度を観察して、政府がスポンサーになると、コミュニティの既存組織が損なわれる可能性を予想した。一部の地方自治体は、ディストリクトレベルの自治体に資金や権限を付与する過程で、近隣地域の境界や、ネイバーフッド組織の基準を設定し、ディストリクトレベルでの会員資格を認める。このシステムは強力な草の根組織のない都市ではある程度意味をもつかもしれない。シアトル市においてはネイバーフッド組織の独立した権限に貢献する場合にのみ意味を持つことができる」[4] と考えた。このようにして上位団体に対する警戒心が強く、ディストリクトは、NMF を評価する権限以外は与えられなかった。ディストリクト単位ではプロジェク

ト基金に応募できないしくみになった。ディストリクトはこのようにして情報を共有するためのフォーラムの機能が主になった。

2-2-2 組織再編(1993-1996)：参加意識の成長と DC/CNC 体制理解の変化

(1)規則の改正

初期においては各ディストリクトにおいてビジネス代表と居住者代表が含まれたが、ビジネス代表が CNC に出てこなくなった。委員会と総会との意見の不一致が起こった。CNC 内に設置された委員会により 1994 年までに CNC を解体するという勧告がなされた。ところが、解体について CNC 総会に否決され、CNC は開店休業状態で存続し続けた。その後ディストリクトの議長一人が CNC の代表になるよう、1994 年に変更されて、CNC の議長はディストリクト間で交代することになり、CNC 活動は復活した。

1996 年に委員会規則の見直しを行い、CNC の全体と部分の関係を明記した。リーマンによる CNC 委員会の規則見直しの一部を次にあげる。

- 全ての CNC 委員会はあらゆる人にオープンであり、年 4 回開催される。
- 全ての CNC 委員会の議長選出は CNC 総会で決める。
- 全ての委員会決定事項は CNC に推奨されるのみ。最終決定権は CNC 総会にある。等

このような規則の追加において投票による組織行動の決定がでてくるが、ここでフォーラムから逸脱し始めていると言えよう。その後、意思決定過程について問題とされる事件が起こり、「不本意に速く制限された投票と決定の回避（6.1 条)」の条項が追加された。CNC も DC も決定機関ではない。にもかかわらず、突発的で争点の狭められた投票よりも「ほんものの合意プロセスを反映したものだ」[5] とリーマンは述べている。代表制の意思決定についてボトムアップしながらの試行錯誤がそのまま現れている。「素早く狭められた投票」（Quick and narrow vote) を回避するための工夫として付則がつけられた。

※ 6.1 条　意思決定　1996 年付則 :CNC の目的は、問題提起、定義、議論、解決といったオープンな対話プロセスを通して、合意によって意思決定に到達することである。

　このように、当初フォーラムだった CNC と DC は交流機能から自治機能へと性格を変えていった。実は、設置された当初から CNC はフォーラムであるといいながら、他方でネイバーフッド計画を主導し実施する主体となってきた。組織運営の試行錯誤の中から議事運営や組織体制にまで関心が広がっていったのである

(2) CNC と DC の職員

　シアトル市はいわゆる「まちづくりコーディネーター」を市の職員として大量に抱えた実績を持つ。CNC と DC の事務職員はネイバーフッド部とコミュニティ・サービスセンター（小市役所）の中に配置された。1994 年の規則改定後 CNC の活動は公的記録としてネイバーフッド部で保存された。CNC/DC 体制は事実上市直営の組織として見なされている。コミュニティ・サービスセンターは、初期には市長部局に 1 か所、1989 年にはディストリクト単位で設置され 13 か所になった。1990 年ネイバーフッド部（DON）が設立された時に DON の所管に移された。コミュニティ・サービスセンターに配置されたコミュニティ・オーガナイザー（正式名称はネイバーフッド・ディストリクト・コーディネーター）は最盛期には 100 人になろうとしたが、2018 年は 3 人である [6]。リーマンによると、DON に対して CNC 及びディストリクトの職員達が政策について意見が分かれていたようである。DON 対「CNC/DC」の職員（彼らも DON 所属）の対立が生じてきた。CNC とディストリクトの職員は、ネイバーフッドの意見を代弁したため住民に慕われた。だが他方、ディストリクトの職員は官僚の役割と政治家（地元のリーダー）の役割を同時に担うことになり、それが混乱の一因になっていったと思われる。その後小市役所は数を減らし 2013 年時点で 6 か所に縮小された。また小市役所は DON から切り離され財政・

金融サービス部の所管になった。この間ネイバーフッド・ディストリクト・コーディネーターたちはセンターに残り続け、DON と CNC をつないだ。DON の部長は CNC の公式の連絡係で、その他のスタッフは議事録・電子メール・ウェブサイトの管理を行うことになっている。しかし、行政監察報告によるとこれらの記録づくりが出来ていないのであった[7]。

(3)区境界問題の勃発

　西シアトルのデルリッジは境界紛争が長引いて、最終的にはデルリッジ・ディストリクト・カウンシルが分離独立した。ガバナンスと領土の問題に突入した事件であった。CNC 及び DC はフォーラムであるという規定が原初の思想で、ガバナンスにかかわらないことが建前であったはずである。これと同じレベルの問題として、市から市域を 6 つのセクターに分ける案が出された時は CNC によって廃案にされた。この案はいくつかのネイバーフッドとネイバーフッドセンターを分割する内容が含まれていたためである。このあたりから CNC は住民を代表するもう一つの政府になっていったのではないか。同時に、市町村の部長級職員、市議会議員の多くは CNC のゲスト・スピーカーになることで、政治的影響力の媒介として利用し始める。他の行政機関や学区などの公的機関からも話者として登壇している。

2-2-3　CNC の活動

　クリス・リーマンは CNC の業務内容を次のように理解している。

① CNC 主催行事

　市民による予算会議（隔年）

　市長・市議立候補者演説会

　ネイバーフッド・マッチング基金ボランティア認定

　ネイバーフッド・プランニンググループ結成（1997）支援　等

② CNC の政策立案と活動

　リーマンによると 1987 年創設のマッチングファンド選考とネイバー
　フッド計画策定が CNC 業務の起源である。マッチングファンドは

様々な種類が増え、多くの実績を残してきた。この補助金の配分先の選考がCNCの投票による。投票はボランティアによる格付け、評価に基き行われる。この結果がDONに推薦される。

フォーラム（情報交換・審議機関）であるはずのネイバーフッド議会が予算要求をしてネイバーフッド計画を自ら策定してきた。「CNCの政策立案と活動」というリーマンの認識自体がフォーラム以上の内実を言い表しており、CNCの立場を語っている。

③ネイバーフッド・マッチングファンド（NMF）の問題

クリス・リーマンによると、過去の事業の開示や成果発表が出来ていない。この点については監査報告書や現地ヒアリングからも認められた[8]。

NMFのうち、スモールアンドシンプル・プロジェクトファンドの評価・選考はディストリクトが行うのだが、過去にどのような案件が申請されたのかディストリクトでは情報がないので、1998年以来リストの開示を求めてきた。CNCはNMFに関する年次政策提言をネイバーフッド部に提出する決議を行ったが、NFM事業の実施（いつどこで実施されたか）に関するリスト・情報提供がないのでできずにいる。

④ネイバーフッド計画（Neighborhood Planning）の問題

ネイバーフッド計画は1987年の決議27709以来、行政参加の中心的なプログラムである。当初CNCは近隣住民のニーズ調査報告書作成を手伝ったが、そのための財源がなかった。CNCはネイバーフッド計画策定方法を開発するために市議会や担当部局と頻繁に接触し、38か所分の計画策定費を獲得した（1996-1999）。1995年のCNCの書簡では「ネイバーフッド計画の本質は草の根の市民参加である。したがって、ネイバーフッド計画の努力とプロセスの設計は市民によってなされるべきである」と述べている[9]。

1996年にCNCはネイバーフッド計画の評価を行った。その中で、計画策定に必要な資金の問題について言及した。市にとって将来の長期

間、最重要課題は計画策定費の確保であると述べている。2005 年以降
この策定過程は崩れている。計画の多くの部分が市によって選出され
た会社に策定された。「草の根ボランティアのかかわりを除いたため、
計画の実用性と創造性と地元の所有意識が縮小した」。初期に契約し
ていた草の根組織はボランティアと共に安い費用で計画を策定したが、
市の請負業者ではそれより低い成果になった [10]。

2-2-4 クリス・リーマン文書についてのヒント

アメリカでは、教育・福祉と防災はカウンティと連携して近隣レベルの
住民が担っている。シアトル市の 2019 年のホームページによると、市町
村はホームレス問題とアフォーダブル住宅、多文化の中でのマイノリティ
住民リーダー育成という超現代的な都市問題の後始末に追われていること
がわかる。かつてシアトル市においては、住民総出で近隣計画（期間 20
年）を策定した輝かしい経歴を持つが、貧困問題の極端化に対しては無力
であった。

近隣レベルを 20 年計画で縛るのは無理がなかったか。20 年の計画期間
でその後急速に流入した多民族の社会環境変化に対応できたであろうか。
この制度づくりの時代は建設行政中心の都市更新の時代でもあった。

ディストリクトとしてはプロジェクト予算を持てないしくみとした。し
かし、独立の予算を持たないことと、ディストリクト単位で予算規模を集
計することとは別の事柄である。ディストリクト会議がフォーラムとして
理解されるのはよいとしても、現在でもディストリクト単位でどれくらい
の事業が実施されているのか住民は把握できていない。

DC/CNC 体制は、次第に交流的なフォーラムから意思決定機関へと成長
し、第二政府が出現したかのような印象を受けた。しかしその第二政府は
住民の共通利害をまとめきれなかった。アメリカでは政治参加基盤として
のネイバーフッドという理解はされないので、単なる圧力団体、あるいは
一部の強固な意見の人々に利用される組織にしか見えないであろう。シア
トルは強市長型であるとともにアメリカ他都市と同様に議員数が極めて少

ない（市長を含め9人）ので、意見反映の別ルートが求められていたと思うのである。これらのプロセスは日本の大都市行政のなかで、中間組織の果たすべき役割について多くの示唆を与えてくれる。次節で引き続きこの問題について敷衍しよう。

3 シアトル市の行政監察レポートにおける DC/CNC：近隣組織と中間組織、市役所との関係づくりの試行錯誤[11]

3-1 シアトル市行政監察チームの理解したディストリクト・カウンシル体制

　行政監察チームによると、13のDCのしくみは1987年に市議会議員の提案で Resolution 27709 によって構築された。DC は元々同じ地理的エリア内の居住者とビジネス団体のネットワーキングの機会提供を目的としていた。このしくみの中でネイバーフッド計画と市の予算等への助言プログラムを創設した。CNC は各DCが代表を送り出して作るディストリクトの連合である。シアトル市は2年後の1989年に Resolution28115 で、もっと多くの、様々なネイバーフッドと人種や民族の多様なグループの参加を奨励するしくみに変えていった。

　市役所ネイバーフッド部に次の仕事が割り当てられた（Office of City Auditor, 2009, p25）。

- CNC と DC の職員を派遣する
- 会議の場所を提供する
- ネイバーフッド組織の開発と結成促進、リーダーシップの育成にネイバーフッドサービスセンターと協働する
- コミュニティ組織のメーリングリストの管理

3-2 ネイバーフッド計画と支援プログラム

Resolution27709 はネイバーフッド計画策定支援のしくみを作った。DC

はそのしくみの一部分であった。シアトル市のネイバーフッド政策は当初、ネイバーフッド計画を作ることを主眼としていたと考えられる。報告書は次のように整理している。

- 市とネイバーフッドのパートナーシップを創造する
- ネイバーフッドに地元のニーズや価値観を反映した計画と開発を行うための手段と資源を提供する
- 多様なネイバーフッドの性格や開発様式に合った市の計画・規制・事業を企画する
- ネイバーフッドの問題や支援の要求に対してネイバーフッド部の対応を調整し、強化する
- ネイバーフッド同士の様々な利害関係の中で合意と協働を育てる
- ネイバーフッド・グループを巻き込む討論の場の建設的な設置を奨励する
- 共通の関心に向かってネイバーフッドのコミュニケーションを促進する

このように、ネイバーフッド計画とそれを支援する事業を行いながらCNC/DC体制を充実させてきた。行政監察チームはネイバーフッド計画と支援事業の目的の多くは1990年代に達成したと評価している。そして市とネイバーフッドとの関係はネイバーフッド計画づくりだけではないことを示唆し、それ以外の目的のためにも支援してきたことを述べている。例えば、警察、上下水道、建設事業などの助言委員会、防犯監視、公聴会、ワークショップ、その他のイベント、などである。

市職員はこれらのすべてについて、会議を調整し、議事録を作り、会議の場所を提供した。必要情報を提供し、会議資料を作成、報告書を作成し、時に応じて食事の用意、駐車場の提供、謝金を用意するなどした。

3-3　ディストリクト・カウンシルの本来の役割への疑問

DCの役割について曖昧さを感じた行政監察チームは、改めてDCの役割

について確認してみた。Resolution27709 の付則 A によると「ディストリクト・カウンシルは、都市計画、予算配分、行政サービスに関する共通の関心と共通問題の解決のためにアイデアを分かち合うフォーラムを提供するものとする」と書かれている[12]。

　チームの聴取調査では、DC の中で働いた職員はフォーラムが市の政策課題に方向性を示すことは期待されていないと示唆した。むしろ、DC はネイバーフッド組織のリーダーたちが政策的課題について情報を近隣に持ち帰る、情報の普及手段として機能していると思われる。反対に、個別のコミュニティ活動組織は政策に強い関心を持ち、（DC、CNC を通さないで）直接に市の政策決定に影響を与えようとすると考えられている。

　監察チームは DC の役割が良くわからないとの自覚のもとに、以上のような整理を行った。

3-4　シアトル市の行政監察チームによる CNC・DC・DON の評価

3-4-1　行政監察結果の概要

　行政監察チームによると、両決議の目的は、市民のネットワーキング、共通利益への取り組み、ネイバーフッド計画と連動して市の計画を主導すること、ネイバーフッド・マッチングファンドのランク付けの補助などである。CNC とディストリクト・カウンシルの活動については、これらの目的をおおむね達成しているが、市役所サイドで積み残している課題が多々ある、としている。監察の方法は、決議条項に照らした達成度を 4 色の評価スコアで、DC、CNC、シアトル市それぞれの責務について評価した。最も低い評価が Red（赤）評価でその意味は「責務を果たしていない」である。DC と CNC については　Red 評価が一つもない。主要な評価を要約すると、

　　①土地利用に関する調停サービスとして、ディベロッパー、近隣組織、

　　　及び建築・土地利用部の三者の意見の調停が行われていない。

　　②庁内横割りネイバーフッド調整委員会（INCC）はもはや存在していな

　　　い。この横割り会議は、事務局のコーディネーターと計画に関係する

課の主導によって運営されることが期待されていた。この会議は各課のネイバーフッドへの応答の調整、市がネイバーフッドに応答する方法の確認と評価を行うことになっていた。

③近隣組織のメーリングリストが人材資源部に管理されること、そしてすべての部局と近隣グループが使えるようにすることは果たされていない。人材資源部（Department of Human Resources）がもはや存在していない。市はメーリングリストを一貫して更新していない。

④市は近隣団体のニュースレターの作成と配布の支援を求められていたが行われていない。市はネイバーフッドのウェブサイトを支援することで実現すべきであると報告書はコメントしている。

3-4-2　行政監察チームによる詳細分析

さらに監察チームは両決議（27709 と 28115）で述べられている内容とは異なる DC の運営についていくつかの問題点を発見した。

① DC の政策提言的立場に関して役割期待が明確でない。DC の政策提言の立場を強調するとカウンシルの第一の目的であるネットワーキングと問題解決への取り組みを掘り崩し、住民の間での不和を導き広汎な参加を蝕む可能性がある（Office of City Auditor, 2009, p9）[13]。

② DC に対する市の役割を明確にすべきである。市は現実には DC 内の紛争に巻き込まれていった。特にカウンシルのメンバーを多様にしようとする努力の中でメンバーシップ問題に巻き込まれていった。DC の自治の問題は 27709 と 28115 には書かれていない。

③市は、DC/CNC 体制が市役所からどんなフォローを受けられるのか明確にすべきである。庁内委員会の運営など決議文で示された役割を市役所は果たしていない。また DC によって市のかかわり方が異なり、サポート体制が不均一である。

④加えて、監察チームはこの監察業務に携わる中で、DON が DC の記録を全く残していないことに気が付いた。

3-4-3 DC/CNC 体制の再確認

(1) 条文の不備

この参加制度は 20 年前に作られたものであり、ディストリクトに関する市の役割も変化している。決議文に書かれているガイダンスも曖昧であった。そこで、決議案文を精査してみると、決議案文そのものの不備が発見された。

例えば、

> The resolution state that "the City council shall consider the recommendations of the City neighborhood Council and the comments of neighborhoods organizations and District Councils in its review and actions on the City budget" (emphasis added)。

この記述は「CNC」と「DC 及び近隣団体」という二種類のグループから「勧告」と「コメント」という異なる結論を求めている。また、コメントと勧告の違いについて明らかにしていない。このような曖昧さのために、市の職員と市民は DC のしくみについて様々に違う考えを持ってきた。例えば、予算と総合計画に関連しない問題で市に政策提言できると今でも考えている DC がある。

(2) DC/CNC 体制についての人々の理解

現在の市職員は 27709 と 28115 については無自覚であるが、ディストリクトが現在も市のサポートを受けていることを承知している。市職員と議員、多くの住民は DC が地元の問題について市民活動家たちと交流するのに良い場所だとみなしている。

他方で、多くの DC 議長や活動家たちは、市職員よりも 27709 と 28115 の条文を尊重した。市職員との対話よりも、決議文に基づいていることで自分たちの行動が正しいと確信していた。さらに市が DC を重んじていないと不満を持つグループもあり、また、「ディストリクトにはパワーがない」と言う活動家もいた。

(3)パートナーシップの誤算

　DC の目的・役割と市との関係が不明確であった結果として、市役所職員がディストリクト内の係争に巻き込まれる事件が起きた。2005 年から 2007 年に市のアウトリーチ活動[14]として市役所は南東DCに関わった。この時の市の活動が、DC が市のエージェントでありディストリクトの代表だという印象を与えた。これはコミュニティの反対意見の人たちを激怒させた。市がかかわった結果として、少数意見の人々に不利に影響した。（少数反対派の人が激怒するところにアメリカと日本との違いがみられる。この時、監察チームが問題にしたのは少数者の支配の問題であった）。DC が介在することで小数者グループの立場をディストリクト内の話し合いや投票に過剰に代表させることになる、と監察チームは疑問を呈している。

3-4-4　行政監察チームによる勧告

　以上のような考察に基づき、チームは勧告を行った。そのうちの主要なものを取り上げよう[15]。

(1)DC/CNC の役割が不明確なことについて

　DC と CNC の主目的が、グループをネットワークすることなのか、情報を普及することなのか、市の政策に意見することなのかよく考え、決定すべきである。

(2)ディストリクト・カウンシルと市ネイバーフッド議会という名称

　DC/CNC の名称を変えるように検討する。　カウンシルの語は市を代表する何か正当な感じを期待させる。代表機関　（a representative body）　のように受け取られる。このことが、DC の役割と目的について混乱させていると思われる。

(3)DC と CNC のガイドライン

　DC/CNC のしくみを更新する場合は、市のガイドラインを作成し、市職員の倫理的規制、会議の公開、公的記録の管理について定めること。もし政策意見を提供する場合は、コミュニティの全ての参加者の意見を汲むためのガイドラインを開発すること。

（4）DCとCNCが補助金申請者の評価とランク付けを行うときは、市は、申請グループが代表と多様性の観点から市の基準を満たしていることを保障すること

　行政監察チームはDCとCNCを代表制機関とみなさないようにすることについて繰り返し述べている[16]。DC/CNCメンバーは選挙制度に則って選ばれたわけではない（Members are not elected at large but are volunteers.）からだ。しかし、そもそもDC/CNCは選挙で選ばれた代表制の議会に意見が反映されない場合の、コミュニケーションの別ルートを開くことが意図されていたのではなかったか。クリス・リーマンがCNCの議論のほうが「突発的で争点の狭められた投票よりもほんものの合意プロセスを反映したものだ」と述べていた。

3-4-5　行政監察レポートに対する市長見解

　2016年の、Executive Order 2016-06（行政命令）では、2009年の監察レポートについて、（a）DCの目的が明確でない、（b）DCに、市が支援すべきこれまでとは異なる条件とレベルのニーズが生じている、（c）市はこれまでのようなコミュニティを反映した代表の組織という性格づけを避けるべきことを勧告している、と捉え、DC/CNC体制を廃止するに至った[17]。

4　日本への示唆：ネイバーフッドによる行政参加が挫折した要因

　これまで見てきたプロセスは、ネイバーフッドが地域政治の主体として台頭してきた証である。行政監察チームが1990年代に達成したと評価しているのは、台頭するネイバーフッドとその構成員である一戸建てに住む比較的学歴の高い市民との関係で述べていると思われる。第1節の初代DON部長ジム・ディアスの講演からも明らかなように、その後行政監察チームの視点から「ネイバーフッドの組織開発と結成促進、リーダーシップ育成」が次第に退いていった。シアトル市民の奮闘努力は、住民組織を結成するという、パートナーシップ形成の第一段階と、行政職員とプロジェ

クト（近隣計画策定）を行う第二段階を同時に行おうとしていた。

　DCという範囲で設定した会議体の目的が曖昧であったため、合意形成の場所としてまとまらず分解してしまったという教訓を得ることができる。この分解の原因としては、大まかに3つの要因が考えられる。第1に条文づくりの未熟、あるいは内容の時代変化に伴う不適合が挙げられる。決議案には日本の行政機関が下位の当座の取り決めを文書化する時に用いる「要綱」「要領」にあたる具体的な内容が書き込まれている。第2に会議体がパワーポリティックスを志向する人々にリードされたことが挙げられる。第3にコミュニティづくりという基礎的な価値観が行政機関の中に根付いていないことである。

　行政監察報告書を読み終えてみると、そこには書かれていない別の問題（第4）が見えてきた。まちづくり現場の当事者たちと、行政監察チームの感じ方の違いである。何かを新たに作るということは対立やトラブルは当然の要件として受け入れられねばならない。報告書補遺の2には、報告書に対するパブリックコメントが収録されており、その中に現場の住民と行政職員の立場の違いが如実に表れている。もし、コミュニティづくり（Community Building）という価値が行政職員にも根付いているならば、対立やトラブルも必要なプロセスとして包摂されたかもしれない。さらに、シアトル市と住民の両サイドで気づいていない（第5の）別の観点もある。ディストリクトとしての統合に気を使っていないことだ。これには、市役所のエージェントになるリスクだけを見る人々の偏見が影響を与えている。ディストリクト単位で事業を行えないしくみにした。その結果、ディストリクト内の個々の事業の申請や評価は行っているが、事業成果のDC内の全体像が把握できていない。ディストリクトとして、情報を集約することがないと、ディストリクトの自治という姿勢も弱くなるだろう。パブリックコメントの中には、ディストリクトは自治の組織にすべきだという意見も見られたのだが。

　以下にパブリックコメントの一部を意訳する。

ピート・スパルディング氏（Pete Spalding）の意見

　このレポートを読むとほとんどディストリクトのしくみが壊されているように聞こえます。私はこれが問題だとは思いません。他所のオイルの十分な機械のようには動きませんが、なんとまあ、私のネイバーフッドでも何人かのスタッフは仕事をやり遂げています。

　過度にネガティブな感覚を持たないで、レポートを見直していただくことをお願いします。

レスリー・ミラー氏（Leslie Miller）の意見

　全メンバーで長年にわたり成し遂げてきた最も重要なコミュニティ・ビルディングを考慮にいれないで、行政の機能不全ばかりを述べている。南東ディストリクト・カウンシルの挫折は最大の達成を含んでいると思います。つまり市はこの挫折から学ぶことで、市民の真の参加とリーダーシップを優先することを可能にします。様々な異なる社会経済的な階層、人種、民族、年齢、事業所か持ち家か、賃貸居住かもっと流動的な人々か、これらの全ての人々がその住んでいるネイバーフッドの総意（collective voice）に意見を加えることで、平等に利害（equal stakes）を持っているべきです。南東ディストリクト・カウンシルはディストリクトの選挙民を正確に責任をもって反映しています。特定条件にだけ過大に注目し、もっと構造的（systematic）な問題について考えず、ディストリクト範囲での問題解決の可能性を見ないで、古い意見対立を永続させているように見えます。

　行政監察報告書は多様な論点を含んでおり、わかりやすくまとめることが困難であったが、日本のまちづくりの参考として筆者が理解した点について述べる。CNC/DC 体制取りやめのプロセスの中には団体の自治と、代表制をどのように築くかという民主主義の根本問題が含まれていた。市議

会と近隣組織の間に立つCNC/DCという中間組織は個別利害と公共的利害を調整する機能に関わっていたと思われる。アメリカでは市町村議員の数が非常に少ない。CNC/DC体制は、増大する都市行政の量に対して、市役所にニーズを伝え対話する、議員以外のルートの設置を試行錯誤していたと思われるのである。

しかしここでは、シアトル市においてディストリクト・カウンシルという中間組織が機能しなくなったとみなされた要因のみについて整理してみたい。行政監察報告書の中では次の3点を指摘している。

①組織を規定する条文づくりが未熟であったこと

②会議体がパワーポリティクスを志向する人々に牛耳られたこと

③コミュニティづくりという基礎的な価値観が行政機関の中に根付いていなかったこと

が挙げられる。

筆者はそれ以外に、当事者には見えにくい別の要因を発見した。

④まちづくりの現場の当事者たちと、行政監察チームの感じ方の違い

⑤ディストリクトの統合に気を使っていない

ことを挙げておく。

ディストリクトのレベルでは喧嘩腰の人間関係や混乱は当然、会議運営の巧拙レベルが多様であるのは当然で、それを見て上手くいかないので制度を廃止するという判断は、現場レベルの人々の感覚と管理部門や組織を代表する立場にある人々の感覚の違いを表すとともに、官僚制度がいかにして問題解決の芽を摘むかを教えてくれる。

注

1) Seattle's Department of Neighborhoods: Enhancing Government Effectiveness by Empowering Communities By Jim Diers. 本節は、ジム・ディアス氏の講演録の抄訳である。2018年12月9日のコミュニティ政策学会シンポジウムで、上記のタイトル「シアトル市のネイバーフッド部：コミュニティが強くなると地方政府は充実する」で講演された。シアトル市の行政参加のしくみをかみ砕いて説明した草稿が用意されたので、ここに訳出した。

2) 本稿は『江戸川大学紀要』に掲載された2本の論文に基づいている。「シアトル市のネイバーフッド議会 （CNC / City Neighborhood Council）、ディストリクト・カウンシル（District council）、コミュニティ会議（Community council）の研究」2019年、『江戸川大学紀要』pp.350-367、2020

年同名（その2）論文、pp.495-506。

3）Chris Leman, *History of Seattle City Neighborhood Council and the District Council System*, 2013

4）Jim Diers, *Neighbor Power: Building Community the Seattle Way*, 2004, pp.49-50

5）Leaman, 2013, p.5. なお、この付則は付則で取り扱うべき内容ではないであろう。しくみの本質にかかわることである。

6）第1節 Jim Diers 講演 参照

7）Office of City Auditor, *Seattle District Council System Needs Renewal*, June 22 2009, p.43

8）この点については2017年の現地ヒアリングで、怒りに近い反応が見られた。ディストリクト単位でまとめたNMF事業リストを請求したところ、存在しないとのことであった。このヒアリングの時点ではもうDCは制度上廃止されていた。しかし実際には生きて活動していた。
その他のファンドとして、「ネイバーフッドストリートファンド（Neighborhood Street Fund）」がある。1997年から全市域からの申請を平等に受理し、ディストリクト・カウンシルの評価を参考にしてCNCではなく、交通局が直接評価する方法が生まれた。

9）Leman, 2013, p.17。CNCはすべてのネイバーフッドの計画策定の権利について主張しているが、市のホームページによると最後に策定されたネイバーフッド計画は1999年の38地区であるように見える。しかし、本稿31頁で引用した2015年のCNC資料によると、2015年の総合計画改定に合わせてネイバーフッド計画の策定に取り組んだ形跡がある。リーマンはまた、土地利用と総合計画（Land Use and the Comprehensive Plan）について次のように述べている。1998年のCNCの要求はマルチファミリーゾーン（共同住宅）開発規制の変更についてであった。「ネイバーフッド計画の一部には上記土地利用コードの変更が必要だが、プランニングされていないエリアは変更を必要としないため、CNCは市長と市議会に、これらの変更を推奨しているネイバーフッド計画がある地区でのみ変更を適用し、上記の土地利用の変更を市全体に適用しないよう要求する（Leaman, 2013, p.22）」。この要求は共同住宅地区に反対する居住者の利害関心を代表している。ポートランド、シアトルではアパートが嫌われるあまり、ホテル化している状況である。

10）Leaman, 2013, p.20

11）Office of City Auditor, *Seattle District Council System Needs Renewal*, June 22 2009

12）原文：District Councils shall provide a forum for consideration of common concerns including physical planning, budget allocations and service delivery and for the sharing of ideas for solutions to common problem.〔Resolution27709, Attachment A, section 2d, 1987〕

13）この趣旨は Resolution27709 付則 A2e に反映されている。（原文：Neighborhood business and residential groups will continue to determine their own boundaries and remain free to deal directly with City departments and elected officials as they in the past. ）

14）Southeast Action Agenda と Community Renewal Act

15）以下は、報告書本文第4章「知見と結論」(IV Findings and Conclusions, p.8)の意訳と要約である。

16）（以下原文：Recommendation 5 Avoid characterizing the district council and City Neighborhood Council as representative bodies 。Office of City Auditor, 2009, p.13）

17）（原文）"a 2009 report issued by the City Auditor（a）observed a lack of clarity around City objectives for the District Council system,（b）identified a need to establish distinct conditions and levels of City support for District Councils, and （c）recommended the City avoid characterizing District Councils as representative bodies reflective of the communities they serve "

【アメリカ-2】

第3章 多様化する地域を
いかにして新しく組織するか

—コミュニティの ICT 活用とその課題

廣田有里・大内田鶴子

1 シアトル市におけるコミュニティの IT 化とデジタルデバイド

　市政にコミュニティの声を反映させる仕組みとして、シアトル市は 1987 年にネイバーフッド・カウンシル（CNC : City Neighborhood Council）という制度を導入した。市の 13 の地区から選出されたメンバーからなる市民主導の諮問グループである。しかしその制度は 2016 年に廃止され、代わりにコミュニティ参加委員会（Community Involvement Commission）が設置された。第 2 章で述べたように、2006 年に行われた監査報告書によると、制度の目的が不明確で役割分担の見解の違いにより混乱が生じたためと、市役所が決議にある役割を果たしていなかった等の理由が挙げられている。

　シアトル市は、これまで市と市民との間にネイバーフッド・カウンシルを置き、市民とコミュニケーションを取るという形をとってきたが、現在は、情報通信技術（ICT）を使用して情報発信と市民同士や市民グループのネットワーク化の取り組みを積極的に開始した。

　時代背景としても、1987 年当初はコミュニティを再生してボトムアップで住民の抱える問題を解決する力が必要であり、その成果はジム・ディアス氏の著作『シアトルのやり方でコミュニティを築く（Building Community

Seattle Way)』にも表れている。その後の急速な人口増加や多民族化・多様化、市役所の組織変更などにより当初の指針が形骸化し、また、時代にそぐわなくなった中で、近年のICTの発達によりツールの一つとしてICTを利用したコミュニティ形成に取り組んでいる。

シアトル市役所でコミュニティ形成を推進している部署はネイバーフッド部（DON：Department of Neighborhoods）であり、ICT化に取り組んでいる部署は情報技術部（Department of Infomration Technology）である。2つの部署は連携してICT利用によるコミュニティの活性化に取り組んでいる。本稿では特に情報技術部が取り組んでいるコミュニティ政策に着目して話をする。

近年、世界各国でICTを用いた地域コミュニティ支援が様々な方法で行われており、地域活動の活性化や公共サービスの効率化に活用されている。本節では、シアトル市が行っているICTを使用したコミュニティ支援の内容と、実際のコミュニティでのICT活用状況を、現地調査に基づいて報告する。

1-1　シアトル市のICT使用状況とデジタルデバイド

シアトル市は、2000年から4年ごとに情報技術の使用状況を測定するために調査を実施している。特に2018年の調査レポートでは、「デジタルエンゲージメント」という言葉を用い、デジタル情報とコミュニケーションツールを使用して市民活動やコミュニティの参加などの日常活動を行う能力のレベルを表す指標としている。

これらの調査レポートより、シアトル市のICTの使用状況をまとめる。調査はメール、オンライン、電話、対面でのマルチモードで実施された。

シアトル市では、2000年の調査開始以来、インターネット利用率が上昇しており、2014年の調査では調査対象者の85％が、2019年の調査では調査対象者の95％が自宅でインターネットにアクセスすることができると報告されている。シアトル市のデータを国勢調査（2016 ACS）データと比較

すると、全米の81.4％より高い数値を示しており、シアトル市民のデジタルコネクティビティの高さがうかがえる。またこの数値は、2018年の日本のインターネット利用率（個人）の79.8％（令和元年版 総務省情報通信白書）と比較（世帯ではないので直接の比較はできない）しても高い。

　また、モバイル端末の所持率が高く、2017年以降、インターネット対応デバイスを報告する世帯の数が増加している（98％）。これは、国税調査（2017 ACS）の95％と比較しても高く、日本の世帯のモバイル端末保有率の95.7％（令和元年版 総務省情報通信白書）と比較しても高い水準である。総括的に見ると、シアトル市は世界的に見てもデジタル化が進んでいる都市といえる。

　しかしながら、シアトル市はデジタルデバイドの問題も深刻である。市は現在、市を7つの評議会地区に分けて市政を行っている（図1）が、南東に位置する南部シアトル地区（DC2）では、インターネットへのアクセスまたはインターネットの使用に支援が必要である人の割合が他の地域に比べて非常に多いという結果が出ている。インターネットのアクセス率が最も低い南部シアトル地区（DC2）と、アクセス率が最も高い中部、北東、北西シアトル地区（CD 3、4、6）を比較すると、約4％の差が出ている。インターネットのアクセス率だけでなく、パソコンやタブレットなどのスマ

図1　シアトル市の評議会地区
（出典：シアトル市役所ホームページ（Seattle. gov））

ートフォン以外のデバイスの所持率にも差がみられる。

　オンラインでの活動状況でも地区による格差が大きく、中部シアトル地区（CD3）は、オンラインでの活動レベルが最も高い住民を擁しているが、シアトル北部、南部、西部地区（CD1、2、5、7）では、活動レベルが低い傾向がみられる。

　人々のつながりという面からみると、2014年のコミュニティへの参加についての質問では、電話回答者の半分（53％）とオンライン回答者の77％がコミュニティグループに参加していると回答している。2018年の調査では、5人の住民のうち約2人（42％）がコミュニティグループに参加していると回答しており、デジタル化が進んでいる一方でコミュニティへの参加の割合が減少している結果が見て取れる。

　シアトル市のウェブサイト（Seattle. gov）を閲覧している割合は高く、コミュニティのリソースの一つととらえられている。2013年の67％から増加し、73％が市のウェブサイトにアクセスしている。ただし、頻繁にウェブサイトにアクセスする人は少ない。シアトル市が運営するローカルテレビであるシアトルチャンネルの視聴者は、2013年の51％から16％と大幅に低下しているが、これは市の情報チャネルが多様化している結果ともとらえることができる。

　実際に市民がどのように市やコミュニティグループとコミュニケーションしたいかの結果をみると、インターネットを通じての通信が手紙や電話を利用した通信よりも好まれており、4分の3以上が電子メールでのコミュニケーションが好ましいとしている。Facebook、コミュニティミーティングは多数派ではないが、20％くらいの人がそれぞれの手段を利用している。シアトル市民の66％がFacebookを使用しており、33％がTwitterを使用していることが分かっていることから、市民にエンゲージメントする手段としてSNSの有効性は明らかである。もちろん、SNSだけでは、すべての市民に接することはできない。そこで市は、市民との効果的なエンゲージメントには、オンラインとオフラインのマーケティング戦略の組み合わ

せが必要であると結論づけている。そして、インターネットへの接続度とテクノロジーとの親和性で8つの層にカテゴリ分けして分析し、各層に向けた施策を実施している。

8つの層はインターネットへの接続度が低い方から、「意図的に切断された層（3%）」「アクセスが制限された層（4%）」「デバイス限定層（4%）」「デジタルスキル限定層（14%）」「アクセスにストレスがある層（18%）」「デジタルに慎重な層（24%）」「デジタル接続層（13%）」「ハイパー接続層（19%）」と分類し、具体的なプロファイルを作成して問題に対応している。

1-2　デジタルデバイド解消の取り組み

デジタルエクイティについて先進的な取組みを行うシアトル市役所情報技術部は、デジタルデバイド問題の解決策として「インターネットアクセスの推進」「低価格での通信速度確保」「デジタルスキルトレーニングの強化」という3点について強化施策を実施している。デジタルデバイドの解消により、全市民やコミュニティグループがつながり、情報が均一に行き届き、市民生活が向上することを目指している。

シアトル市役所情報技術部へのインタビューで、市民へのアプローチ方法としてテクノロジーとエンゲージメントで市民を大きく4つのカテゴリに分類し、各カテゴリへの働きかけ方を検討して実施していることが分かった。そこで、筆者が4つのカテゴリ区分とシアトル市が実施している施策の相関をまとめ、図2に示した。シアトル市ネイバーフッド部と情報技術部の目標は、市からの情報提供と市民同士の相互作用で図の右上のテクノロジーとエンゲージメントが共に高い市民を育てていくことだと考えることができる。

そのために、市所有施設での公共のコンピューターキオスクとWi-Fiへのアクセスの提供や、非営利団体の無料インターネット接続やローカルプロバイダの低コストインターネットサービスの認知度を拡大するための広報活動に力を入れ、物理的なネットワーク資源の問題の解決を図っている。

物理的な資源の解決だけではなく技術的なサポートとして、コミュニティのデジタルデバイドの問題を改善するために、テクノロジーマッチングファンドにより有望な地域ベースのプロジェクトをサポートしている。テクノロジーマッチングファンドは、1998年以来300件以上が採択されて実施され、デジタルスキルのトレーニングやリソースセンターの改修などに使用されている。

　具体的には、低所得の若者や高齢者、障害を持つ者へ基礎的なコンピュータスキルのトレーニングを提供するプロジェクトとコンピュータを所持するセンターのリニューアルのプロジェクトが多いが、その他にホームレス経験者への職業訓練を行う教える側を育てるプログラムや、若者を対象にICTを利用して調査とプレゼンテーションスキルを育てて実践するプロジェクト、3DCGやゲームプログラミングを学ぶことができる高度なプログラムを提供するプロジェクトもあり、様々な難易度のプロジェクトが実施されている点が興味深い。

　デジタルスキルトレーニングの強化策として興味深いものに、デジタルエクイティの確保のためにワシントン大学と協力して作り上げたスキル指

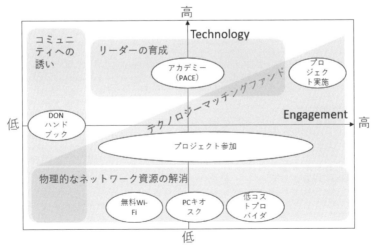

図2　テクノロジーとエンゲージメントでのカテゴリ分けとアプローチ

標とカリキュラムがある。これらのフレームワークにより、トレーニング
を提供する側とスキルが必要な市民のマッチングが的確に行われる。

　市やコミュニティと全くつながりを持たない人々のために用意されてい
るのが「DON ハンドブック」である。このハンドブックでは、必要な情報
の検索方法や、地域社会とつながり自分のアイデアを共有する方法、市の
リソースへアクセスして問題を解決する方法等を Q & A 方式で分かりやす
く説明している。このハンドブックの内容はネイバーフッド部がホームペ
ージで公開している「Community Resource Hub」とリンクしており、市民
がアクセスしやすいようにリソースが一か所に集約されている。

　「Your Voice, Your Choice」は個人の意見を公園や街路等の改善に反映させ
るしくみの一つで、一定期間に公共施設や図書館、市役所の支部等で実施
されるイベントで直接、または Web や郵送で意見を提出することができ、
提出されたアイデアは評議会地区ごとに行われる会議やイベントで優先順
位をつけて実施可能なプロジェクトとして検討される。最終的に投票で実
施されるプロジェクトが決定されて、公園や街路の改善に市の予算が当て
られる。その他、個人の意見をくみ上げる仕組みとして、「Find It, Fix It」
というスマートフォンアプリケーションを公開し、道路の修復が必要な個
所の吸い上げを行っている。

　市民やコミュニティグループのエンゲージメントを図るため、ネイバー
フッド部はコミュニティのリーダーを育成するアカデミー（PACE：
People's Academy for Community Engagement）を開催している。このプロ
グラムでは、①コミュニティのリーダー同士のネットワークを作ること、
②市とのかかわり方を知ること、③リーダーシップ力を学ぶことの３つを
目的にカリキュラムが組まれている。

　2014 年のアカデミーでは、情報技術部は「Online Community Building &
e-Activism」というプログラムを実施し、コミュニティ活動への ICT の利
用を推進している。このプログラム資料に掲載されていた「THE CIVIC
PROCESS」を筆者が整理して改変したものを図３に示す。この資料では、

| ①問題の意識 | ②仲間を集める | ③解決策を考える | ③解決策を磨く | ⑤決定 | ⑥通知 | ⑦実行 | ⑧フィードバック |

| オンラインで行えること | 仲間を作る市場 | 意見・アイデア・議論コメント | | 投票 | 広報 | 意見・アイデア・議論コメント |

図3　シアトル市の市民活動のプロセスとオンラインの関与

市民活動を8つのプロセスで示し、図3の「②仲間を集める」以降のいずれの活動もオンラインで行うことができ、マルチチャネルにすることにより様々な階層・人種の人々の意見をくみ上げることができると示している。

　また、ネイバーフッド部と情報技術部が協力し、市役所のホームページにてあらゆる審議会や委員会、コミュニティの会議等の内容や開催場所、参加方法、参加資格を明記したイベントカレンダー（図4）を公開して誰もが参加や聴講しやすい情報を公開している。「コミュニティコネクター（The Community Connector）」（図5）は、コミュニティに関する情報を収集する方法と、情報を一般市民に公開する方法を提供するシステムである。このサイトでは、組織のミッション・場所・定期的な会議時間・スポンサー・資金提供のパートナーを探したり、自らの組織の情報を登録できる機能を有している。このシステムにより、市民とコミュニティのネットワーク化を推進することができる。

図4　イベントカレンダー（出典：シアトル市役所ホームページ（Seattle.gov））

図5　コミュニティコネクター（出典：シアトル市役所ホームページ（Seattle.gov））

1-3　コミュニティでの ICT 活用の取り組み

　以下に、シアトル市役所から紹介された先進的な ICT 利用のコミュニティである「WWRHAH Group」の事例と、現地調査によりヒアリングを行った旧来のしくみが残る「LCNA」のコミュニティの取り組みを紹介する。

　西シアトル地区（DC1）は、シアトル市の南西に位置し、シアトル市の情報技術の使用状況調査によると、戸建てで子どものいる家庭が多く、また子どものいる家庭はスマートデバイスなどのデバイスの所持数が多いという報告がなされている。

　西シアトル地区の「WWRHAH Group」は、Westwood と Roxhill と Arbor-Heights の 3 地域が集まって結成されたコミュニティである。3 つのコミュニティが一緒になることで、1 万 1000 人規模のコミュニティになった。Facebook を活動拠点とし、活発な活動を行っている。オンラインで活動するポイントは、ホームページを定期的・継続的に更新すること、コミュニティ内に力を貸してくれる ICT の専門家を探すこと、ホームページを魅力的でプロフェッショナルに見せるように努力すること、と言っている。しかしながら、ウェブサイトがひとつのツールであること、それは単なる掲示板とオンラインライブラリであることを念頭に置き、次の行動につなげていくことが重要だと言っている。

　WWRHAH Group はまた、WSTC（West Seattle Transportation Coalition）というグループと関連が深い。WSTC は、キング郡の地下鉄の西シアトルへのダイヤの 27％カットを受け、2013 年 9 月に結成された西シアトル地区の交通問題に対処する組織である。問題を共有することで、西シアトル地区のコミュニティグループのリーダーのほぼすべてが出席して WSTC を結成し、交通に関連する他の問題にも取り組み始めた。それらの問題について Facebook、Twitter、電子メールリスト、電話で意見を述べ、6 か月でメディアの注目を集めて問題を解決に導いた。

　北シアトル地区（DC5）は、シアトル市の最北端に位置する。シアトル市の情報技術の使用状況調査によると、南シアトル地区（DC2）と傾向が

似ており、高校以下を卒業している人口が多く、英語以外の言語が家庭で使われている割合が高い。

　北シアトル地区のレイクシティは地区の東に位置し、総人口は約2万5000人で中心に位置するハブアーバンビレッジ（HUV）と周りを囲む5つの地区で構成されている。HUVsには、ビジネス地区や図書館やコミュニティセンターなどのコミュニティ領域とアパートメント群があり、低所得者層が多く住んでいる。5つの地区は主に一戸建て住宅である。

　LCNA（Lake City Neighborhood Alliance）は、市が少数のコミュニティ組織と話し合い、設立された草の根組織である。レイクシティを代表するいくつかのグループが運営委員会を形成し、他の組織は2012年6月頃にミーティングに招待され、LCNAを設立した。このモデルは、当時の市が後援した地区評議会で使用されたものと同じモデルである点が興味深い。LCNAの役割は、合意形成を行うことである。市や市長、市議会議員、州の職員に手紙を書き、合意形成を行う。

　日常の情報発信はWebサイトと電子メールで行っており、メールアドレスはLCNAから組織には25くらいのリスト、各組織は4000くらいの登録がある。月に1回（第2木曜日の夜）会合があり、だれでも参加することができる。また、街角の掲示板（図6）やコミュニティセンター（図7）が情報交換の手段としても有効だと話していた。

図6　掲示板

図7　コミュニティセンター

1-4 コミュニティをつなぐツールとしての ICT の役割

　デジタルエクイティについて先進的な取り組み行うシアトル市役所は、デジタルデバイドを解消し、市民が生活とコミュニティ参加に ICT を利用するサポートに積極的に取り組んでいる。物理的にインターネットにつながる、利用できるデバイスを準備するだけでなく、スキルトレーニングにも力を入れている。テクノロジーマッチングファンドにより、有望な近隣地域ベースのプロジェクトをサポートし、コミュニティで問題解決できる力を育てようとしている。その考えは、コミュニティカレンダーやコミュニティコネクターなどのシステムにも表れている。

　インターネットマーケティングの世界では、2010 年頃より個の発信の重要性が注目されており、消費者は商品を通じて社会の期待に応えることに価値を見出すとされている。そういった考え方を市民活動の原動力と考えると、インターネットを通じて個が活動に直接かかわっていける機会を提供することは、今後のコミュニティの活動でも重要であると考えることができる。

　シアトル市の取り組みは、コミュニティを組織化して意見をくみ上げていた CNC の時代から変わり、多様化に対応すべく多様な方法で緩く組織化し、コミュニティの中で問題解決を行う力を養う方向に転換している。そのように変化しなければならない要因としては、人口の増加や多様化、予算や人員不足の問題等が窺える。「Your Voice, Your Choice」は CNC の時代に行っていたマッチングファンドの形を、より公平かつ公正に行うべくできたしくみであり、現在の人口増加と多様化に沿いつつかつてのシアトル市の市民の力を生かす市政のあり方を感じさせる試みである。シアトル市役所の情報技術部は、様々なデータをオープンデータとして公開し、一部「Tableau」というデータ可視化ツールを使用して Web 上でも分析できるように提供している。それこそ、すべてをオープンにすることにより、市民との信頼関係を築こうとしている姿勢を感じる。

　ICT を利用した西シアトル地区の「WWRHAH Group」のコミュニティの事例を見ると、問題が発生した時には爆発的な力を発揮して結束力が高まるが、それがコミュニティの継続性につながるかは、問題が解決した後も

コミュニティへの興味を持続するような情報発信力やコミュニティでのつながりに依存する。この地区が ICT をうまく利用できたのは、共通の問題意識と年齢層、デジタルへの障壁の少なさも関連している。

　対照的に、北シアトル地区の「LCNA」は、組織としての形ができており、長い年月、定期的に会合が行われている。デジタルデバイドが大きい地域であり、メールや Facebook の利用はあるが補助的な役割で、従来のコミュニケーションが力を発揮している。

　コミュニティでのネットワーク化と情報発信の方法は、その組織に合った形で行い、多様であることが最適である。しかしながら、その手段を知らないだけで取り残される者があってはならない。また、情報を発信し、拡散する能力がある者の声が届き、その能力のない者の声は届かない懸念は消えない。今後、ICT の利用がさらに拡大すると予想されるなかで、このデジタルデバイドをいかに埋めていくかが課題である。

（廣田有里）

2　巨大 IT 産業社会における生活者のコミュニティと政治活動者のコミュニティの分断

　私たちがこの研究に取り組んでいる間に、世界史の転換とも思われる巨大な風圧が起こった。アメリカ西海岸地方で住民参加のトップモデルを競ってきたシアトル市は、マイクロソフトやアマゾンの生誕の地でもある。IT 産業が育ちあがる頃、ネイバーフッドによる参加制度が廃止された。シアトル都市圏はアメリカの他地域と比べると中産階級の層が厚く、一戸建て住宅所有者の利害が強く反映される土地柄と言われている。グローバリゼーションと古き良きコミュニティとの対立が起きている現場である。第2章、第3章はこの4、50年に起こったデジタル革命下のアメリカ近隣社会の回顧であるともいえる。以下では最新の状況について、ネットニュー

スを賑わした事件を取り上げておく。

　ネット企業群のなかでもマイクロソフトは古いタイプであり、ソフト開発のための「工場」をレドモントに持つとともに、関連企業が周辺に立地することで固定資産税が隣接自治体を潤している。その従業員構成は国際的であり、中国人とインド人が有力な人材資源である。その従業員がシアトル市を通って通勤するためマイクロソフトはこれまでシアトル都市圏の交通渋滞の原因と言われてきた。そこにアマゾンが加わって問題を拡大した。シアトル市では2018年5月に、アマゾン第2本社の立地について市議会と会社（CEO：ジェフ・ベゾス）の対立が起こり、アマゾンのこれ以上の立地拒否にまで発展した。充実した市民参加制度のもとでも、グローバリゼーションの力と地方レベルの対決では折り合いがつかず、アマゾンが他の地域に第2本社の立地を求めて退避するという、企業と住民との新しい難しい関係を顕現させた。市は近年のホームレス滞留と移民の流入という都市問題解決を目的として、アマゾン第2本社の新規従業員1人に対して3万円の課税という提案を行った。アマゾンは連邦政府からも州政府からも所得税を免税されているのであった。アマゾンはシアトル市の提案を拒否してシアトル立地をあきらめた。固定資産税が主な税収源であるシアトル都市圏は、一戸建て住宅所有者と工場などの敷地を持つ企業群がいわゆる旦那衆である。インテリの多い中間層を中心として築かれた、繊細なコミュニティを大切に思っているシアトルっ子にとって、アマゾンは地価上昇を煽る受け入れがたい巨大企業であった。西海岸地方で住民参加のトップモデルを競ってきたシアトル市とポートランド市ともに、結果としてトランプ政権に変わる2016年頃、ネイバーフッドによる参加制度を廃止した。その原因の精査は今後の課題である。

　2020年の大統領選挙直前には、シアトル市とポートランド市の中心部に「自治区」という無法地帯が生じた。2016年以降、マスコミ、SNS両サイドでの虚偽報道と偏向ニュースと検閲が、共感にもとづく話し合いの政治活動を掘り崩した。実体験できる近隣社会レベルでは相互の罵倒、原理的なシュプレヒコール、直接

的なデモや破壊行動で訴えられるようになったのは映像にして拡散するのに適しているからだろうか。「自治区」の外観は、1970年代日本の大学闘争時代のキャンパスを思い出させる。

2020年の大統領選挙運動期間と相前後して、ミネアポリス市における黒人市民の警察官による殺害事件と、BLMとアンティーファというプロテスターグループによる暴力や破壊の運動が生じている。政治的左派や進歩派とみなされる民主党系の政治勢力の強い都市、筆者が関心を持ってきた、シアトル、ポートランド、ミネアポリスで特に過激化していることに瞠目している。

これらの政治混乱を引き起こす手段としてAIで合成した映像や、嘘のニュースなどがSNSを媒体として世界中に流布されている。グローバルな民間サイトであるSNS（FacebookとTwitter）による政治的主張の検閲は2021年になっても続いている。これら3都市のみならず、アメリカの近隣組織は選挙運動期間と相前後して発生したCOVID-19に怯え、マスクの着用を勧め、近隣にもかかわらずZoomで会議を開催し、ホームページでワクチン接種の広報をしている。伝統的なネイバーフッドウォッチによる外部者による破壊行動を防止する活動にまでは至っていない。

生活者のコミュニティよりも政治活動者のコミュニティがいち早くIT戦術を使いこなしたといえる。直接的人間関係と直接民主主義の伝統はどうなるのだろうか。「新しい生活様式」と近隣における人間関係がどう影響しあうのか、IT技術を今後どう使いこなしていくべきなのか大いに検討の余地が残されている。

（大内田鶴子）

参考文献
・ 前山総一郎（2006）「アメリカにおける「ネイバーフッドカウンシル」の構築─市民の公共参加をめざす新しいコミュニティ自治組織─」『コミュニティ政策』4巻、pp. 65-101
・ City of Seattle：http://www.seattle.gov/ （2019年10月20日参照）
・ 総務省情報通信統計データベース：https://www.soumu.go.jp/johotsusintokei/whitepaper/r01.html （2019年10月20日参照）
・ Jim A Diers, 2004, *Neighbor Power: Building Community the Seattle Way*
・ 2019, *Seattle IT Connectedness Segmentation Study Full*, Seattle Information Technology
・ 2014, *Technical Report Online Community Building & e-Activism*, Seattle Information Technology
・ Lake City Neighborhood Alliance：http://lcna-seattle.org/ （2019年10月20日参照）

【イギリス-1】

第4章 イングランドにおける近隣自治体
Parish Council / Local Council

鯵坂学・齊藤麻人

1 イングランドにおける地方自治とコミュニティ組織

1-1 地方自治システムの特徴

19世紀の終わりごろに近代的な地方制度が確立していく中で、当時の農村部（＝当時の特権自治都市（Borough）と首都ロンドン以外の地域）には、おおよそ旧教区ごとに Parish Council（以下 PC と略すことがある）が設立された。この組織は、地方自治法で認められたイングランドの草の根の自治を保障する正式の自治体＝近隣自治体[1]である。日本では江戸期の町（チョウ）や村（ムラ）の自治が、明治以降の近代化（市制・町村制）の中でその公的な権限を失い、民間の私的な領域に閉じ込められてきたこととは大きな違いである。

21世紀になってイングランドでは長年の取り組みにより地方自治法が改正され、大都市地域でも Parish Council/ Local council の設立が認められるようになった。我々にとっても平成の大合併による基礎自治体の広域化による自治体内分権をどう保証するのか、また町内会・自治会の加入者の減少による既成住民組織の弱体化がみられる中で、地域コミュニティの再生をどう構築するのかを考えるとき、このイングランドの地方自治制度は大きな示唆となる。

1-2 イングランドにおける地方自治のながれ

1-2-1 広域化・分権化・民営化

　イギリス（= UK）では、中央政府による NHS（National Health Service）や各種の社会福祉政策の実施を見てもわかるように、第 2 次大戦後に福祉国家をめざすなかで中央政府の権限が強く、地方自治体の権限は相対的に弱かった。しかし、21 世紀になって地域主義・地方分権が叫ばれ、イングランドをはじめ、スコットランド、ウェールズ、北アイルランド各地域でも自治の権限が拡大されてきた。

　1972 年の地方制度改革以来、基礎自治体の合併がなされてきたが、さらに 21 世紀になって地方自治体の合併・再編が行われ、日本でいう府県と市町村をまとめたユニタリー・オーソリティという一層制の基礎自治体が、かなりの地域で形成されている。つまり、イングランドの地方自治の体系は、County-district（2 層制）と Unitary Authority（1 層制）が併存している（表 1）。それらの結果、ヨーロッパの主要国やアメリカと比べて、また 21 世紀初頭に平成の大合併を行った日本と比べても、イギリスの基礎自治体の人口規模、面積はかなり大きい[2]。

　これらのこともあって、イングランドでは多くの地域において本稿でとりあげる狭域の近隣自治体である Parish Council /Local Council が存在し、

表1　イングランドの地方自治体の構成

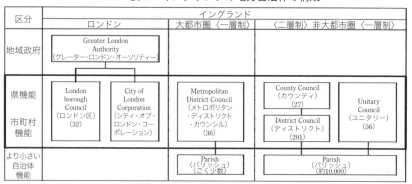

（出典：自治体国際化協会ロンドン支部 2016、『英国の地方自治』（概要版）より）

地域に根付いている。一方で、中央政府の政策により民間活力の導入を目指す PFI[3)]、PPP などが導入され、民間活力の利用が目論まれている。

1-2-2　地方議会と執行機関の特徴

　イングランドをはじめイギリス (UK) の多くの地域の地方自治体では行政システムの在り方として地方議会と執行機関の一元制システム（多数派の議員が首長・執行部を占める）となっている。近年、中央政府は大都市圏の大規模自治体に、日本の都道府県・市町村に近い首長（独自の選挙による選出）と議会の二元制の模索を試みてきた。しかし、住民投票を行ってもこの二元制についてはあまり支持がなく、地方議会と執行機関の一元的な旧来型をとる方が、ほとんどである [4)]。

1-3　イギリス社会（福祉国家）の揺らぎと地域コミュニティの多様な担い手の存在：社会問題解決の担い手としてのサードセクター

　第 2 次世界大戦後の労働党政府の主導により確立された NHS（National Health Service）や公的年金制度などの社会福祉政策を推進する政策は国民により支持されたが、国家の財政的な負担の増加や行政の非効率性が目立つようになった。これに対して 1970 年代中期以降の保守党による福祉制度の切り下げ、民営化や効率化政策による「福祉国家」の揺らぎがみられる。その一方で EU 加盟やクローバリゼーションの進展による人・モノ・資本・情報文化の相互浸透・流動化のなかで、イングランドは多エスニック社会としての多様性が深まり、豊かな中間階層の形成と貧しい労働者やマイノリティの増大がみられる。その結果、階級・階層的な対立とこれらと絡み合う人種や宗教の複雑な利害の裂け目がみられ、それに対応する階層間の調整や地域的な統合・融合が求められているが、その解決の難しさは 2016 年に始まる Brexit への対応や最近の新型コロナへの対応を見てもよくわかる。

　このなかで、国家財政の減少による地方財政の削減傾向がみられる。またローカリズム法（Localism Act 2011）にみられるように、地方分権・地

域コミュニティへの権限の委譲が進み負担が増している。イギリスでは長い伝統により形成されたNPO・NGOなどのボランティア組織＝サードセクターが成熟している。ボランティア団体や社会的企業が市民からの寄付やEUを含む行政からの補助金を受けて、社会福祉活動や施設の維持、地域コミュニティの活動を支援している[5]。こうした状況の中で、地域コミュニティにおける近隣生活の共同関係をどう形成するかが課題となっており、近隣自治体といえる Parish Council/Local Council[6]がボランティア組織とも協力して草の根の地域活動を支えている。

（鯵坂学）

2 Parish Council /Local Council（近隣自治体）

2-1　Parish Council / Local Council の歴史

　Parish はもともとイングランドの教会の「教区」を意味し、宗教上の布教と監督を目的とした区域であり、8世紀ころから存在していた。産業化、近代化が始まった16世紀ころから宗教的な役割以外に貧民救済・道路管理・治安の維持などの役割を果たしていた。17世紀からは資本主義化のもと、救貧法（1601年）により Parish に貧民監督官がおかれ、教区委員の協力を得て救貧税の徴収と救済事業を行うことになった。1888年の地方自治法の改正により、イングランドとウェールズには地方自治体としての County が置かれ、Parish は主要な自治体としての役割を次第に失っていった。

　1894年の地方自治法（Local Government Act 1894）の改定により、現在の Parish Council につながる以下のような規定がなされた[7]。

①いくつかの Parish は合併により Urban District Council と呼ばれる基礎自治体に統合された。

②人口300人を超える Parish は Parish Council を設置することが義務付けられた。

③ Parish の宗教的役割は、Vestry（教会区委員会）が担い、Parish Council は行政的な機能・権限を担うことになった。

④ 1897 年から Parish Council には法人格が与えられた。

1972 年の地方自治法（Local Government Act 1972）により、それまでの Urban District や Rural District が合併され、その結果これらの旧 District が Parish Council として存続することになった。なお、近年まで大都市や地方中心都市域には Parish Council の設置は認められなかった。

2-2　Parish Council の役割と権限

現在、イングランドには 1 万以上の Parish Council（以下 PC と略することがある）が存在しており、人口規模は 500 ～ 2000 人のものが多いが、8 万～ 10 万人を超えるものまである。PC の役割・活動範囲を見ると以下のような権能（PC が裁量で実行できる施策）が 1997 年の「地方自治体及び地方税法」に挙げられている[8]。

市民農園、浴場、洗濯場、市民プール、墓地、火葬場、遺体安置場、検死室、公共の時計、住民集会場、運動場、体育施設、ボート池などの設置、バス停の提供および維持管理、公園、サイクルパーク、遺体安置場等の利用規則の制定、池や排水溝の管理、レクリエーショングランドやオープンスペースに供する土地の購入、戦争記念施設の維持管理等などの共同事務である。さらに 1972 年法で重要なのは、都市計画についての協議である。我々が調査した複数の Parish Council の議会でも、地域の道路や建物の建設計画に対して審議が毎回なされていた。

なお、上記の役割に対して、PC はすべてを担っているわけではなく、可能な権能であって、財源及びマンパワーの範囲で活動を行っており、全体として住民の意見を集約し上位自治体である County や District に提言していくというスタンスのようである[9]。

2-3 Parish Council /Local Council の組織と財政：
March Town Council の事例

　PC の活動について、ケンブリッジシャーの Fenland District にある 16 の PC の一つである March Town Council（MTC と略す）を例に紹介する [10]。March Town はロンドンから列車で北東にあり、Cambridge 駅経由で 2 時間ほどの位置にある農村地域の中心都市であり、1894 年以降は Rural District であった。地方自治制度の改正の中で、1974 年に近隣の自治体と合併し Fenland District の一部となったが、Town Council が設立され、それ以降独自の近隣自治体として存続してきた。

　PC は議員（Councilor）と事務職員によって担われている。議員は 4 年に一度の住民の直接選挙によって選ばれる（8 人〜 12 人程度)。多くの場合は District などの議員選挙の時に同時に行われることが多い。選ばれた議員の中から Mayor ＝ Chair（首長）が選ばれる。Mayor には年間 50 万円ほどの手当てが出るが、議員は交通費などの歳費以外は無償である。MTC では 4 選挙区に分けられた選挙区からの立候補者が選挙によって議員となっており、数は 12 人であった。保守的な農業地域を反映して、議員の職業は農地や不動産の地主や経営者層が多く、

図 1　March のタウンホールとマーケット

高校の現職教員も１人いた。党派的には９人が保守党、労働党と自由民主党が各１人、無所属の議員が１人であった。全員がイングランドをルーツとした人々のようであった。Mayer（首長＝「町長」）は多数派の保守党から出ており、2017年では、30歳代の地域有力者の一族と思われる女性が首長であった。毎月１回程度、決まった日の夕方か週末の午後に、２〜３時間程度、議会（Council Meeting）や特別委員会が持たれる。MTCの場合は、毎月の議会はタウンホールの２階の体育館（図2）を利用して開かれている。この議会では、さまざまな地域問題が議論されるが、建築や土地開発をめぐる申請書の可否をめぐっては、激論が交わされ、最後は挙手による採決がなされていた。

　実際の行政事務の執行は、Mayerによって選任されたClerk（事務長）と事務員（１〜２人程度）＋非常勤事務員によって担われている。事務所はある場合でもかなり小規模なもので（図3）、日本の大都市（ex. 名古屋市や札幌市）の小学校区のコミュニティ・センターよりかなり小さい。また特定の事務所を持たず、地域の文化センターなどの部屋を定期的に使用しているPCもあるようである。タウンホールや地区のコミュニティ・センターは、かなり立派なものもあるが、それは様々な地域組織が利用しており、PCが使用している部分はかなり狭い。

　Parish Councilの主な財源は地方税（Council taxのPrecept）であるが、上位自治体であるDistrict Councilが徴収してPCに配分している。それ以

図2　MTCの議会のMeeting風景　　図3　MTCの事務室

外に駐車場等の料金収入、コミュニティ・センター、市民農園やスポーツ施設などの賃料、寄付（Community Fund）がある。各世帯の年間負担額はおおよそ30ポンド（4500円）〜50ポンド（7500円）程度である。MTC（人口：2万2000人、世帯数：6318）に配分

図4　ともに並ぶ MTC と Fenland district の掲示板

表2　March Town Council の支出表（2015年度）

費目	決算額	費目	決算額
給与	34,955	雑多な寄付	2,000
首長への手当て	3,150	特定の寄付	3,500
選挙費用	20,000	博物館	9,000
保険	9,156	修理・再生	5,000
賃貸料	2,160	宣伝・広報	250
用役・点検	9,544	クリスマス・ライト	17,500
電話代	1,445	花壇	3,000
修理	853	アート・フェスティバル	1,750
事務所の備品	2,542	セントジョージ・クリスマス	7,500
文具	667	姉妹自治体	1,500
郵送料	300	吹奏楽コンサート	2,075
広告	243	村の維持	1,082
寄付金	1,538	予備費	17,765
会計監査	1,400	CCTV の維持費	16,110
記章	500	サマー・フェスティバル	7,500
祝儀	77	スポーツグランド	110,197
歓待・研修	315	公衆トイレの維持清掃	14,953
交通費	100	共同基金	4,000
単位：ポンド		総計	313,672

される Precept は、2015 年度では 21 万 6070 ポンド（当時の日本円で約 3200 万円）、2016 年度では 28 万 2202 ポンド（約 4090 万円）であった。詳細な会計は表 2 を参照されたい。

　支出としては MTC が所管するスポーツ施設（サッカー場やテニスコート、クラブハウスなど）への支出[11] 以外では、事務員の給与（約 500 万円）、クリスマス・ライト、公共トイレ、監視カメラ（CCTV）、博物館の維持費などが目立つが、花壇の維持などかなり広範な公共的な共同事務が行われていることがわかる。

　MTC では、中央政府や上位自治体からの配分金が減少していること、東欧からの農業従事者の増加への対応、平らな低地が多いのでその治水が課題となっている。

（鰺坂学）

3　ローカリズムを支える全国組織 NALC

3-1　NALC の設立趣旨

　National Association of Local Councils（以下「NALC」）はイングランドとウェールズにあるローカルカウンシルを会員とする全国組織である。1947 年に設立され、現在 1 万以上の会員を持ち、それらからの会費で運営されている。NALC は各地のカウンティに設けられた支部や、パリッシュカウンシル以外の自治体（カウンティやディストリクト）の利益を代表している地方自治体協議会（Local Government Association）と協力して様々な活動を行っている。予算の規模は会計年度による差はあるものの、概ね 120 万ポンド程度（2019 年度）である。収入の大半は会費で賄われているが、他に受託調査による収入もある。支出としては人件費が半分以上を占め、他に施設の維持管理費や宣伝広告費の割合が大きい。財産としては土地とオフィスをロンドンの中心地に所有している。通常の運営であるが、議長と 9 名の委員からなる執行委員会と各地の支部代表からなる代表委員

会が意思決定機関として置かれ、実務はパートタイムを含む 15 名～ 20 名程度の職員によってなされている。

　その設立の趣旨は住民に一番近いレベルの自治体をより効率的にかつより民主的なものとし、地域社会におけるリーダーシップを担うことができるようにすることである。そのため、会員であるローカルカウンシルに対する無料の法律的、技術的そして一般的アドバイスの提供、国会その他の政府機関に対して会員であるカウンシルの利益の保護と増進を図るためのロビー活動などを展開している。

3-2　ローカリズムへの対応

　NALC は 50 年以上の歴史を持ち、それぞれの時代の課題に対応しながらローカルカウンシルの振興を図ってきた。しかし、長く続いた自治体規模の拡大や効率化の中では、ローカルカウンシルは時代遅れで重要性の薄いものと一般に認識される傾向が強く、NALC の活動の中心は会員の権利と利益を保護するという、利益団体的な側面が強かった。

　近年においては地方分権とローカリズムの見直しに伴う法改正や制度改正により、ローカルカウンシルの新規設立が増えるにつれて、NALC としてもその動きを積極的に応援することが重要な職務となっている。例えば、ローカルカウンシルの議員や職員向けの研修やアドバイス、出版物を通じての啓蒙活動などである。これは、多くのローカルカウンシルが小規模で、運営も無給の議員と非常勤を含む少数の職員に支えられているという現実があるからである。特に新しく設立されたカウンシルでは議員や職員の経験や専門知識も乏しい場合があり、スタートアップのための大きな助けとなっている。

　また、特色としては単にローカルカウンシルの自治体としての利益を代表するだけでなく、地域における住民活動やそこでのデモクラシーの強化を目指した活動が重視されていることが挙げられる。例えば、2017 年に出版された*"A prospectus for ultra-localism : working with government to help com-*

munity to help themselves"（超ローカリズムへ向けて：自立したコミュニティを助けるための政府との協働）の中ではコミュニティのエンパワーメントが強調され、ローカルカウンシルの存在意義は草の根の声を民主的に反映させ、地域の様々な問題を解決に導くことにあるとしている。また、そのためにこそ、より多くのローカルカウンシルが作られなければならないと論理を進めている。これは、民主主義を支える規範的な言説を利用したNALC 自身の組織勢力の拡大という面もあるかもしれないが、実際はそう単純ではないと思われる。つまり、イギリスにおいても地域の課題に興味関心を持ち、積極的に参加しようとする市民の数は限られてきている。深刻な財政難に喘ぐ政府や自治体にとって、自主的に地域活動に参加してくれる市民の存在は、予算の面からも、また政治的な批判をかわすという意味からもありがたい存在であろう。ブレキジットにも通じるが、市民の側にも、今まで他の誰かに決められていたのを「自らの手に取り戻す」ことに喜びやプライドを感じ、歓迎している人たちがいるのも事実である。そうした意味で、実際のローカリズムは住民・ローカルカウンシル・政府の間の微妙なバランスの上に成り立っていることが垣間見える。

3-3　ロンドン内でのローカルカウンシルの設立動向

　2007 年の地方自治法の改正により、それまで認められてこなかった大都市でのローカルカウンシルの設立が可能になった。現在までのところ、ロンドンで一つ（次の章で扱うクイーンズパーク・コミュニティカウンシル）、バーミンガムで二つ、またリーズとニューカッスルでも存在が確認されている。ロンドンでは他にもローカルカウンシルの設立を計画している、または設立手続きの途上にある地域があるものの、2012 年にクイーンズパークが設立されて以来、新たに設立されたカウンシルはない。そこには法改正だけでは乗り越えることが難しい、それぞれの地域の課題がある。2017年の段階では、ロンドン市内の 21 地域で設立の動きが見られた。しかし、その経緯は設立のため住民による署名集めが行われている段階から、少数

のコアメンバーが集まって設立の可能性を模索している、というごく初期の段階まで、様々であった。注目すべきなのは NALC は全国の支部を通じてこれらのローカルカウンシル新設の動きをつかみ、データベース化するとともに、相談があった場合には適切な対応が取れるように準備をしていることである。

　ローカルカウンシル設立は法の定めるところにより下記のような手順に従って行われる。

①地方議会への請願のための署名活動

②地方議会での請願の審査と受理/不受理の決定

③ローカルカウンシル設立の可否を問う住民投票

④議員の選挙と議会の発足

　これらすべての手続きが満たされた場合に初めて設立が許可されるので、そのハードルは高い。例えば①の請願については、法律によって有効とされる最低数が定められており、小規模なカウンシルの場合はかなり高いハードルがある。また、設立にあたってはその圏域も地図上に明示しなければならず、村落と違い、市街地が連続しているロンドン市内では境界線を定めるのが必ずしも容易ではない場合がある。請願を提出された議会（ロンドンの場合は区議会＝ Borough Council）は住民や関係者に対して調査を実施し、最終的にはその請願を受理するかどうかを 12 か月以内に決めなければならない。受理された場合は対象地域で選挙資格を持つ人全員を対象に住民投票を行い、最終的な決定となる。従って、長期に渡るプロセスとなり、それなりの年月が必要とされる。NALC のウェブサイトには「新しいローカルカウンシルを設立する運動を進めることは、競争ではなく旅路である」との言葉がある。これには、カウンシルの設立には一時的な熱意ではなく、息の長い活動を継続していくことが重要であるとのメッセージが込められている。

　NALC における聞き取り調査の結果、法改正の直後にはロンドン各地でカウンシル新設の運動が見られたが、その後数年を経過して、多くの地域

で運動が停滞していることが判明した。これは、それぞれの地域の事情があるが、大都市圏以外の地域では新設が続いていることを考慮すると、大都市特有の問題があると考えられる。一つには大都市住民の移動や生活の広がり、それに起因する「地元意識」の乏しさである。例えばロンドンに生まれて、そのままロンドンで生涯を過ごす人は多くない。多くの住民はロンドン以外の場所で生まれたが、教育や仕事のためロンドンで生活している。そして、家族ができると比較的住宅の安い周辺のカウンティなどに移動する人も多い。また、地域によっては住民の半数以上が国外で生まれたか、国外につながる家族から生まれたとされ、エスニシティの面でも多様化が非常に進んでいる。つまり、人々のネットワークは近隣を超えて広範囲に広がっており、居住地域にアイデンティティを感じられるとは限らない状況がある。

3-4　ロンドンにおけるパリッシュ新設運動の今後

　2021 年以降、イギリスの EU からの離脱が決定したが、これがローカリズムやロンドンにおけるパリッシュの新設にどのような影響を与えるかを見通すことは現時点では不可能である。しかし、政府・市場・市民社会の三角形の構図を考えた場合、大陸欧州の伝統的な社会民主主義による福祉国家的な体制からはさらに遠ざかることが予想される。その中では、政府による規制や介入よりも、市民の自発的な社会参加や政治参加が期待されるかもしれない。しかし、イギリスでのローカリズムが今後も勢いを保ち続けられるかは予断を許さない。NALC でのインタビューにおいて印象的だったのは「ローカルカウンシルの新設は（一般的な）イギリス人にとって自然なものではない」という発言だった。確かに歴史的にはパリッシュは多くのイギリス人の生活を規定してきた単位であり、身近な行政組織だった。しかし、それは 100 年以上も昔の話であり、現代に生きる多くの人には「近隣」という単位の持つ意味（行政組織であれ、場所へのアイデンティティであれ）は薄れてしまっているのではないか、ということだった。

その意味ではローカルカウンシルの設立は「伝統の再興」ではなく、市民と社会や政治との21世紀における新しい関係を結びなおすことである。市民は新しい権利を得たということであり、同時に新たな挑戦が始まったということも言えよう。

（齊藤麻人）

4　日本への示唆：近隣自治体という選択肢

　イギリスでは、成熟社会の豊かさがみられる一方で、社会的な問題の噴出（ex. 新移民を底辺とした貧困層の形成、労働者階級の分裂：マニュアル・ワーカーとプロフェッショナル・ワーカー、旧中産階級と新中間階級の価値対立）があり、それらの錯綜する利害対立は Brexit をめぐる混乱でもみられる。2018年夏のロンドン都心の大規模共同住宅での火災による80名に及ぶ死者、テロの頻発、新型コロナウイルス感染症に対する医療崩壊現象がみられる。また、環境問題や農業・食料問題への関心の高まり、新しいライフスタイルやニューローカリズムの広がりもみられる。

　社会問題解決の担い手として NPO/NGO などのボランティア団体・社会的企業が期待される一方で、都市内分権や小地域：近隣地域における絆の形成（日本における地域コミュニティづくり）についての評価・関心も高まっている。我々が検討してきた Parish Council には法人格があり、小さいながらも事務所と事務吏員、独自の財政をもち、地域コミュニティの生活の Rule を提示できる法律に基づいた権限がある。その結果として、全国的に Local Community、Local Council への関心の高まりが徐々にみられる。自治体財政のひっ迫のなかで District や County、地域企業などとのパートナーシップの必要性が言われている。また、次章で紹介されるロンドン中心区の Queen's park community Council のように多エスニックな地域社会における地域コミュニティの形成のための共同自治組織としての PC の形

成の動きは注目される。さらに、近年 PC では全国組織である NALC の指導により、インターネット上での情報の開示、WEB による会議の放映や議事録の公開なども行われており、市民への広報の努力がなされている。

　最後に、国際比較の観点を挙げておこう。PC は地方自治法に規定される公的な自治体＝近隣自治体であり、ドイツの自治末端代議機構・地区協議会やフィリピンのバランガイ、中国の居民委員会との比較が可能である。日本では、大都市都心でのマンション居住が広がる中で、人々の個人化がすすんで町内会などの加入率がかなり低くなり、地域活動が弱まってきている。1970 年から叫ばれたコミュニティづくり活動が言われたころよりも地域コミュニティの絆はさらに弱化してきている。こうした状況における町内会や連合町内会制度の民主的な制度的発展、平成の大合併後の地域自治区制度を検討する際の参考になるのではないだろうか。

（鯵坂学）

注
1) Parish Council/ Local Council の訳語として、これまで「準自治体」と訳されることが多かったが、筆者らはこれらを正式の「自治体」として積極的に受け止める立場から「近隣自治体」という訳語を使うこととした。
2) 山田光矢（2004）
3) PFI とは Private Finance Initiative のことであり、行政に民間とのパートナーシップを導入する手法である。
4) 自治体国際化協会ロンドン支部（2016）
5) 西村康夫ほか（2008）、西川麦子（2009）・清水洋行（2010）
6) Parish Council は、Parish という用語の「教区」というキリスト教的な響きから自由になるために、Community Council とか Town Council という用語を使っているものもある。中央団体である NALC はこれらを総称して Local Council という用語を使っている。
7) Poole, K. P. & Keith-Lucas, B. 1994
8) Tharmarajah, M. 2013
9) 自治体国際化協会（2016）、柳沢盛仁（2016）
10) March の場合は、人口規模も 2 万人余もあり、Fenland District の中心地でもあるので、1974 年の発足当初から Town Council という名称を使っている。
11) この年度には、クラブハウスなどスポーツ施設の臨時の支出があったようである。

参考文献
・　Poole, K. P. & Keith-Lucas, B. 1994 “ *Parish Government 1894-1994*” NALC Publication
・　Tharmarajah, M. 2013, *Local councils Explained*, NALC Publication
・　自治体国際化協会ロンドン支部（2016）『英国の地方自治』（概要版）
・　自治体国際化協会ロンドン支部(2004)「イギリスのパリッシュについて」『諸外国の地域自治組織』
・　大内田鶴子（2017）「最小議会の研究―2016 年イギリス調査による社会学的試論―」『江戸川大学紀

要』27
- 後藤澄江（2000）「イギリス」中田実編著『世界の住民組織』自治体研究社
- 西川麦子（2009）「ロンドン、ハマースミスにおける住民活動の場としての「地域」の創出」『甲南大學紀要、文学編』156 巻
- 西村康夫・西山八重子（2008）『イギリスのガバナンス型まちづくり』学芸出版社
- 清水洋行（2010）「自治体サービスの再編過程における社会的企業の展開―ロンドンの荒廃地区における事例研究から―」『地域社会学会年報』第 22 集
- 塚本一郎ほか（2007）『イギリス非営利セクターの挑戦』ミネルヴァ書房
- 柳沢盛仁（2012）「イングランド大都市における都市内分権査報告」『Community Governance』日本都市センター
- 山田光矢（2004）『パリッシュ―イングランドの地域住民組織（準自治体）の歴史と実態』北樹出版

第5章 【イギリス-2】 近隣自治体の新設による地域コミュニティの再生

―ロンドン・クイーンズパーク地区の事例から

齊藤麻人

1 住民投票で近隣自治体を設立したロンドン・クイーンズパーク地区

　2012年の5月はクイーンズパークの住民にとって記憶に残る月になったかもしれない。住民投票の結果、この地域に近隣自治体である、クイーンズパーク・コミュニティカウンシル（以下QPCC）を設立することが正式に決まったからである。前章でも触れられているように、2007年の地方政府法の改正により、それまで50年以上にわたり認められてこなかったロンドンでのパリッシュカウンシルの設立が可能になった。クイーンズパークはその記念すべき第一号となったのであり、イギリス憲政史上に残る歴史的出来事とも言える。しかし、地域住民以外でこのことを知る人はほとんどいないし、ロンドンの他地域の住民の話題に上ることもまずない。結局のところ、クイーンズパークはロンドンの北西部に位置する、人口1万4000人あまりの「ごくありふれた街」であり、外見上は大きな特徴もない。クイーンズパークの住民にとっても、近隣自治体ができたことにより日常生活が急に大きく変わった実感はないかもしれない。

　しかし、本書執筆の2020年現在に至るまで、QPCCはロンドンで唯一のパリッシュカウンシルである。なぜQPCCはパリッシュカウンシルとして

設立されるに至ったのか、そこにはイギリスのローカリズム政策と密接に関連しながらも、地域独特の事情や長年にわたる地域コミュニティの運動があった。本章では、どうして／どのようにして QPCC は誕生に至ったのか、またその設立は地域にとってどんな意味を持っているのかを探求する。また、それを通じて、イギリスでのローカリズムのあり方や、日本のコミュニティ政策に与える示唆についても考えていきたい。

2 クイーンズパーク地区の政治的・社会的背景：多様性と社会的排除

2-1 社会・経済的プロファイル[1]

　クイーンズパークは国会やバッキンガムパレスなどがあり、観光客でも賑わうウェストミンスター区の北西の端に位置している（図 1）。この地域は北をブレント区、南と西をケンジントン＆チェルシー区に接しており、ウェストミンスター区の中では本体から突き出た「半島」のような形をしている。南北をグランドユニオン運河と鉄道線路に挟まれることによって、地形的にも他の地域と区別しやすい条件を持っている。地下鉄やバスのネットワークでカバーされており、30 分〜 1 時間程度で容易にロンドンの中心部にアクセスが可能である。

　この地域が開発されたのは 1870 年代のことである。名前の由来となっ

図 1　QPCC の位置（出典：注 1 の文献より）

たクイーンズ・パークが地区の北側（QPCC の範囲外）に公園として作られたのをきっかけに、住宅地として開発された。その後、地下鉄の開通などによりアクセスが向上し、人口も増え、20 世紀の初頭にほぼ現在の街の概観

が出来上がった。

　現在のクイーンズパークは人口約1万4000人、内訳は65歳以上が約10％、18歳未満が25％、残りの65％は18〜64歳の生産労働人口である。これはウェストミンスター区の平均と比べて、高齢者がやや少なく、64歳以下がやや多い人口構成となっている。家族構成としては単独世帯が一番多く、全体の40％を占めている。特に65歳以上が10％に上り、高齢化と独居化が進んでいることがわかる。

　ロンドンはグローバル化の最前線にあり、住民の民族構成が多様なことでも知られている。クイーンズパークの場合、イギリス国内で生まれた人の割合は人口の57％、国外生まれの人で割合が高いのはアイルランド、ポルトガル、スペインなどのEU諸国からである。また、家庭で話されている言語としては、アラビア語やベンガル語も多く、それらの地域出身者も相当数が居住していると思われる。そのため、クイーンズパークはウェストミンスター区の中で最も民族的多様性が高い地域に分類されている。

　この地域の住民の特徴を最も端的に表すのがDeprivation（生活にとって必要なものの欠乏）である。特にMultiple Deprivation Index（生活環境・住宅・治安・収入・職業・健康・教育などを指数化した複合的欠乏指数）によると、クイーンズパークはイギリスの中で10分類の下から2番目に相当する。先述のようにウェストミンスター区は国会やバッキンガム宮殿など、ロンドンでも最も富の集中した地区を含んでいる。しかし、豊かな南部とは対照的に、クイーンズパークを含む「北ウェストミンスター」はかなりの貧困レベルを示している。2011年の統計によると、この地域に居住する家族の40％が18歳以下の子供を持つ片親世帯である。2017年にはこの地域の子供の31％が学校給食の無料支給の対象となっている。また、429世帯が「困難を抱えた家族」と認定されており、子供や家族に貧困に起因する問題が起きていることがわかる。一方で、65歳以上の経済状態も貧困を反映している。16％は社会福祉サービスに依存しており、収入・身体的移動性・家庭内や近隣での人間関係・健康・安全などの観点からロン

ドンで最も「社会的に排除された状態」にあるともいわれている。世帯収入としても 2017 年の中央値で 2 万 8500 ポンドであり、これはウェストミンスター区全体の中央値の約 65％のレベルである。これらの「欠乏」は各種の公的支援の受給にも反映されている。生産労働人口のうち 17％の人が何らかの手当を受給しており、多いのは障碍者手当（10％）、求職者手当（2％）などである。これはウェストミンスター区の平均の 4 倍にあたり、区内でも最も数値の高い地域の一つである。

　もう一つのこの地域の経済や生活の特徴は住宅事情に表れている。地域内の住宅の 20％が民間賃貸、22％が自己所有、そして 55％が一定以上の収入のある人は入居できない社会賃貸となっている。しかし、クイーンズパークでは路上を歩いていても明らかな貧困を感じることはほとんどない。窓の破れて荒れ果てた家があるわけでもなく、道端や公園にホームレスの姿を見かけることもない。イギリスでしばしば貧困や欠乏の象徴とされる、1960 年代から 1980 年代にかけて地方自治体によって造られた集合住宅も数棟しかなく、その周辺も特に荒れた雰囲気は感じられない。この地域の社会賃貸住宅はビクトリア様式の 2 階か 3 階建てであり、民間所有や民間賃貸の住宅と外見上の区別はない。しかし、社会賃貸住宅は入居にあたって厳しい条件（所得上限や家族構成、公的支援受給状況など）があり、入居住民は貧困層と判断できる。このことから、クイーンズパークの貧困は家庭内にあり、外から見えにくいことがわかる。また、この地域は都心に近いこともあって、最近では住宅価格が上昇している。地域の平均住宅価格は平均年収の 20 倍以上に達することから、所有できるのはかなりの所得のある層に限られる。住民の健康状態についても気になるデータがある。2011 年の統計によると、20％近い住民が長期の疾病や障碍を抱えており、これはウェストミンスター区の平均の 14％を上回る。12 歳児の肥満率も 24％に達している。

　以上、家族構成・経済状況・住宅事情・公的支援の状況などから見えてくるのは、様々な複合的な困難を抱えた住民の姿である。特に独居老人、

片親世帯での子供の貧困、障碍者の貧困や移動の困難さなどが挙げられる。一方で地域での近隣関係や社会参加については比較的良好であり、2017年の都市調査によると、異なった背景を持つ人々と日常的にうまくつきあっていけている、と答えた人の割合は90%を超えている。また、地域コミュニティを向上させることに意欲や興味を持っていると答えた割合も20%程度に上る。

2-2　社会的・政治的文脈

　次に現在のクイーンズパークの置かれている社会的・政治的な文脈を、ロンドンのグローバル化の進展と都市再生という観点からとりあげる。ロンドンのこの30年間の変化は1990年代の初め頃を境に人口減少が増加に転じたことに端的に示されている。世界的な情報通信技術の発達や産業構造の転換により、シティの金融や企業向けビジネスは活況を呈し、文化やテクノロジーの融合した創造的産業も加わることにより、世界をリードする「グローバル都市」としての性格を鮮明にした。世界中から、高い知識や技術を持った高学歴・高収入の人材と、日常生活で必要なサービスや役務を提供する低収入の外国人労働者が流入した。また、EUの拡大による東欧諸国からの移民や、近年ではアフリカや中東からの移民・難民なども増えた。ロンドンは元来世界とつながった、外国人の多い都市ではあったが、近年における変化は「超多様化」と言われるような住民構成を作り出した。また、所得や経済の分極化やホームレスの増大などの問題を引き起こしている。

　1997年に政権に就いた労働党はブレア首相の下、地方分権に着手したが、その一つの象徴が2000年の大ロンドン庁（Greater London Authority ＝ GLA）の創設であった。これは既存のグレーターロンドンを範域とした総合的な行政組織で、それ以前の36の区に細分化されていたロンドンの行政機能を統合し、ロンドン全体としての方向性を示す狙いがあった。GLAはロンドンの世界都市としての役割を積極的に生かすためのロンドンプラ

ンを 2004 年に策定し戦略的な開発に乗り出した。そのため、旧来の都心部であるシティの金融街やウェストエンドの商業地域だけでは増大したビジネスニーズを賄うことができず、元は周辺部であったところにオフィス・小売業・ホテル・住宅などの複合された新たな開発が行われた。その一つがクイーンズパークから 5 キロ圏内にあるパディントン駅周辺である。パディントン駅はイギリス西部・南部、ウェールズからの長距離列車の発着するロンドンの玄関口であり、駅の周辺は物流の拠点や旅行者のためのホテル街として発展してきた。しかし、物流の近代化による駅周辺の倉庫などの施設の遊休化・老朽化、大規模な鉄道線路による地域の分断などにより経済の停滞や環境悪化を招いた。そこで、1998 年以来、駅に隣接する運河を生かした再開発によりこの地域を再生させるプロジェクトが進められ、現在ではオフィスや商業施設などによる新たな開発と歴史的な運河の遺産を組み合わせた人気のある地域となっている。この開発により地域経済は活力を取り戻したが、同時に周辺の地価や家賃を引き上げる「ジェントリフィケーション」が進行した。それはクイーンズパークの周辺にまで及んでおり、地価や家賃の上昇と同時に、新たな中流階層の流入や既存の低収入層の流出を引き起こしている。先述のように、近年ロンドンの分極化が問題となっているが、その中でもウェストミンスター区は旧来からの富裕層、ジェントリフィケーションと共に流入した高収入の外国人を含む新たな富裕層、そしてエスニックマイノリティを含む低収入の下層労働者といった様々な階層の人々からなるパッチワークとして構成されている。そして、その中でもクイーンズパークはかなりの低収入の労働者や福祉に頼って生活する住民を含んだ地区となっているのである。

　政治的にはウェストミンスター区は伝統的に保守党が強く、区議会も保守党に支配されている。しかし、その中でクイーンズパークは労働党の確固とした地盤であり、一種の「ねじれ現象」を生じている。これには、地理的、歴史的要因が影響している。地理的には区の西端に位置しており、他の区に囲まれている（図 1）ためウェストミンスター区単独の施策では

効果の計測が難しい。また政党間対立のため隣接自治体どうしの連携が悪く、効果的な施策が実施しにくい。その結果、住民はウェストミンスター区に対する期待を持つことができなくなっている。区議会で万年野党の労働党の地盤であるから、様々な施策が実施されないのか、政策が実施されずに貧困が解消されないので労働党支持が増えるのかは「鶏が先か玉子が先か」の議論だが、この地域が政治上の一種の「空白地帯」となっていることが QPCC の設立に影響したと言われている。

　歴史的な要因としてはロンドンの行政区の区割りの歴史が関係している。現在、クイーンズパークはウェストミンスター区に属しているが、これは 1962 年に決定された区割りで比較的最近のことである。それ以前は 1899 年に設立されたパディントン区の一部であった。同区はウェストミンスター区のように南北の縦長でなく、パディントン駅の北西部に限られており、地域の経済社会的性格も一体性があった。そのため現在の住民の中にも古い行政区のまとまりに親近感を感じるという声がある。また、別の歴史的事件としてシャーリー＝ポーター事件が挙げられる。これは 1980 年代のサッチャー政権当時にウェストミンスター区で起こった汚職事件である。区の保守党のトップ（実質的には区長）だったポーター氏によって、保守党支持の住民を増やすために公共住宅政策が動員された。これが政治的スキャンダルとなり、住民による住宅反対運動や訴訟が起こされたことから、保守党との関係が悪化し、その後の区の開発計画からも疎外されたという経緯がある。以上の分析からわかることは、クイーンズパークは現在のウェストミンスター区の中で、やや特殊な政治社会的状況にあり、同区と住民との関係は悪いとまでは言えないものの、必ずしも満足のいくものではなかったことである。その中で「複合的な欠乏」と表されるような状況を一部の住民は抱えており、地域としてはその解決が課題となっていた。

3 クイーンズパーク・コミュニティ・カウンシル（QPCC）設立の経緯

　QPCC の設立に至るには前史がある。それは実質的に生みの親とも言える役割を果たしたパディントンディベロップメントトラスト（PDT）の活動である[2]。PDT はクイーンズパークを含むウェストミンスター区北部を対象地域とする NPO 法人で、地域に根差した再生事業に取り組んでいる。先述のシャーリー＝ポーター事件のため、公共投資の削減により経済が低迷し、犯罪や薬物問題、ホームレスなどが深刻化する中で、地域再生を目指して 1997 年に設立された。この節では PDT の活動を紹介し、それがどのように QPCC の設立につながったのかを論じる。

　PDT の目的とする地域再生は貧困・失業・健康・住宅・教育など多岐に渡り、また相互に複雑に関連しながら住民の生活に直結している。その改善のためには行政をはじめ警察・医療・学校などの公的主体や民間企業、NGO など多くのセクターの協力が不可欠である。2000 年に当時の労働党政権は地域再生への補助金交付の条件として「地域戦略パートナーシップ（LSP）」を設立することを義務化し、状況の改善を図った。LSP は自治体を中心とした官民によるパートナーシップを組んで、地域に必要な施策やサービスを提供すること、また、その過程で地域住民が積極的に意思決定に参加し地域を変革できる、「コミュニティエンパワメント」を目指していた。PDT はウェストミンスター区の LSP の一員として住民と自治体・企業・NPO などの間に入り「調整役」「促進役」として重要な役割を果たした。さらに、PDT は対象地域の中に近隣地域運営センターを作り、その下に「近隣地域フォーラム（NF）」を置いた。NF は地域の代表からなり、地域の声を吸い上げることにより LSP の活動に住民の意思を反映させることを目標にした。

　このような経緯をたどり、2003 年にクイーンズパークコミュニティフォーラム（以下フォーラム）が設立された。フォーラムのメンバーは、選挙

で選ばれた地元住民に加えて、地域のボランティア団体の代表や警察・消防などの公的組織の代表が加わった。政党的な背景はなく政治的には独立した団体であった。フォーラムは LSP の枠組みを利用して住民の日常に密着したサービスや行事（例えば公園の清掃や管理、公園を使ってのフェスティバルや花火大会）を組織したり、地域の子供たちのための旅行やイベントを企画した。フォーラムは地域住民に支えられて活発な活動を展開したが、2008 年の金融危機の後、政府の大規模な補助金削減に見舞われ窮地に立たされた。住民らが楽しみにしてきたイベントや行事などが行えない状況となり、フォーラムは新たな道を模索しはじめた。しかし、LSP の枠組みのままでは政府からの補助金に頼らざるを得ないため、自主財源の確保が懸案として挙げられた。一方で住民たちはフォーラムの活動を通じて地域の決定に関してより深く関与したいとの思いを強くしていた。またフォーラムメンバーたちも地域運営に関してそれなりのノウハウを蓄積し、手ごたえや自信を得ていた。そんな彼らにパリッシュカウンシルの設立という道を示唆したのは PDT だった。2007 年の法改正により、ロンドンでもパリッシュカウンシルの設立は可能になっていた。しかし、これは広く一般に知られた情報ではなく、フォーラムのメンバーたちは当初はそのことに注意を払っていなかった。パリッシュカウンシルとして自治体になる、ということはそれまで行ってきた、住民による自主的活動とは違う次元のように思われたからである [3]。しかし、熟考してみるとこの提案にはいくつものメリットがあることがわかった。一つは法的な根拠を得ることにより、地域のパートナーとより強力な関係が作れること。また、額は少ないながらも自前の財源を確保できること。これは財政危機を乗り切るために必要であった。そして、公的な選挙により住民の代表としての民主的な正当性を手にすることができる、ということである。確かに、それまでもフォーラムは選挙を行い住民の代表を選んでいたが、あくまでそれは市民による自主的な行動であった。公的な選挙となれば、法に従って選挙管理の組織や資金も用意されるし、全く意味合いは変わってくる。当然ながら公

的な自治体になれば地域住民に対する法的責任が生じる。フォーラムのメンバーの中にはその責任を考慮して、QPCC には立候補せず、サポート的な役割にまわった人も多かった[4]。

　その後の QPCC 設立までの経過は「請願書提出」「ガバナンスレヴュー」「住民投票」「議員選挙」と続いていく。2011 年 1 月 22 日にウェストミンスター区に対してカウンシル設立を求める運動が開始された。運動の中心を担ったのはフォーラムのメンバーと PDT であった。彼らは住民集会を開いたり、戸別訪問を繰り返したりして、粘り強くカウンシル設立の必要性を訴え、その結果、同年 4 月には 1500 通を超える請願書が提出された。提出を受けたウェストミンスター区は直ちに「ガバナンスレビュー」に入った。これは当該地域にとってカウンシルの設立が本当に適当なのか判断するためのものである。そのため、地域に利害や関心を持つ多くのグループや個人に対して聞き取りが行われた。その中には同区内の別地域の住民やグループも入っていた。カウンシル設立による区全体への影響についても調査するためである。レビューは約 1 年間続き、最終的には 2012 年 5 月の住民投票が行われた。その結果、20% の投票率のなか、投票総数の69% の得票を得て、カウンシルの設立は正式に認められた。その後、2014 年 5 月に行われた最初の議会選挙により 12 名の議員が選ばれ、自治体としての業務が実質的に始まった。

4　QPCC の活動

　この節では QPCC が実際にどのような業務を行っているのか見ていく[5]。QPCC はイギリスの他の自治体と同じように、選挙で選ばれた議員による議会と事務局で構成されている。議員定数は 12 であり、地域内の 4 つの選挙区からそれぞれ 3 人ずつが選ばれている。2019 年時点の構成は男性 5 人、女性 7 人、年齢層やエスニックバックグラウンドはばらばらであり、住民の多様性を反映しているように見える。全員がこの地域に住み、何らかの

仕事を持ちながら議員活動を行っている。議会の特色としては政治色をなるべく排除した運営を行っていることである。ほとんどの議員が「無所属」であり、選挙活動及び議員としての活動において、政党から資金援助や政策指導を受けていない。これは、地域で実際に活動するにあたって政党政治を持ち込むことは住民の分断や対立の火種になる可能性があり、有害と判断されているからである[6]。月に一度の全体ミーティングの他、各種の委員会に分かれて活動している。一方事務局は2人のパートタイムスタッフと数名の臨時職員で運営されている。議員は無給で実質的にボランティアであるのに対して、事務局職員は有給であり、事務局に常駐していることから、日常的な住民への対応の最前線にいるのは彼らである。

QPCCは独自の課税権を持ち、地域のフェスティバルやイベントなどでの売り上げや寄付と合わせて年間約16万9000ポンド（約2400万円）程度の収入がある。課税はプリセプトと呼ばれ、ウェストミンスター区によってカウンシルタックス（地方固定資産税）の一部として徴収され、のちに区から返還される。徴収額は2018年度の場合、平均的な家庭で年間に約50ポンド（約7000円）となっている。一方、支出としては大きな項目は正規職員の人件費や事務局の家賃などの運営費の他、住民の自主的な活動を応援するための助成金として合計で5万ポンド（約700万円）を地域のNPOやボランティア団体に支出している。

QPCCは以下の7つをそのミッション（使命）として掲げている。

- クイーンズパーク地区の全ての住民の声を代表する
- 地域の社会的多様性を尊重しコミュニティ精神と一体性を増進させる
- 地域で（経済社会的に）弱い立ち場にある人々のためのサービスや施設を守る
- 公私を問わず地域に関わりのある様々な団体と協力関係を強化する
- 犯罪や事故を減らし、安心・安全な街にする
- 雇用環境や経済を改善させ地域の再生を図る
- 地域の文化資源を守り、自然環境を改善する

紙幅もあり、ここでは全ての活動についてふれることはできないので、代表的なものを以下に解説する。助成金の単独で最大の受給者はAvenue Youth Project（以下AYP）で、2018年度の場合、約半分を占めている。AYPは40年以上にわたり8歳〜18歳までの地域の子供や若者たちを助けてきたNPOである。教室、体育館、ラジオ放送スタジオなどを持ち、毎年400人以上が集まり何らかの活動に参加している。前述のように地域の多くの家庭が厳しい経済社会状況に置かれており、AYPはそうした困難を抱えた家庭の子供たちを援助することに力を入れている。具体的には、子供たちには週に1〜2回の放課後や夜間のクラスを設け、スポーツ、ダンス、音楽、番組制作、授業の補習や学習支援など、また若者たちへは職業訓練やスキルトレーニングなどの活動を行っている。また、子供たちのために長期の休みには家庭を離れ1週間程度のキャンプや旅行を運営している。こうした活動は子供たちの学校での不登校や学業不振、その後の失業、薬物依存、犯罪などを未然に防ぎ、貧困から抜け出すために大きな働きをしている。

　もう一つの優先分野が独居高齢者へのサービスである。彼らの多くが低収入や健康不安などの問題を抱え、家に引きこもりがちだと指摘されている。そのような状態を改善するべく、地域でのイベントを企画するNPOなどを補助し、人々のつながりを築き、社会資本を増やしていく取り組みが進んでいる。例えば、チェルシーとウェストミンスター区で主に活動しているNPOであるOpen Ageに補助金を支給して、パソコンやヨガ等の教室や催し、イベントを行っている。その一つが50歳以上の住民を対象にクリスマス行事の一環として行われるパーティーで、多くの住民から支持を得ている。

　また、空間的にもクイーンズパーク地区の中心であり、様々な地域活動が行われるという意味で重要なのがクイーンズパークガーデンである。QPCCの活動としてもガーデンを使った年間行事は大事なものとなっており、その運営や普段からの維持管理に注力している。毎年8月の第1土曜日にSummer Festivalが行われ、音楽やダンスのライブパフォーマンス、ス

図2　Summer Festival の様子（鯵坂学撮影）

ポーツ・園芸・リサイクルなどのワークショップが開かれる（図2）。食べ
物の屋台も出店し、毎年多くの訪問者を集めて盛大に行われる。また、11
月5日はイギリスでは「ガイフォークスの日」として花火を打ち上げるこ
とで知られているが、このガーデンを会場に花火大会が行われる。近隣の
道路を通行止めにするぐらい多くの観客を集めている。またロンドンの冬
は日が短く、気分的にも落ち込みやすい季節だが、12月中旬にはWinter
Festival が行われ、ガーデンに各種遊具やポニーなどの動物たちが運ばれ、
即席の遊園地が設営される。クリスマスの飾りつけや音楽も演奏され、多
くの子どもたちで賑わうイベントとなっている。なお、これらの行事はカ
ウンシルだけでなく、AYP などの地域の NPO からも協賛金を得て開催さ
れる。これ以外のカウンシルの具体的な活動としては、地域内で計画され
た開発に関して住民を代表して意見を述べることや大気汚染のモニタリン
グ、地域情報誌として『Queen's Park Voice』の発行などがある。

5　日本への示唆：地域の機動的な結節点としての近隣自治体の可能性

　本章で論じてきたQPCC の特徴とその設立が持つ意味としてはどんなこ
とが挙げられるだろうか？　一つ特徴的に思えるのは、法的な枠組みと実際
の活動とのギャップであり、良い意味であまり自治体らしくないところで

ある。前述のように、QPCC は 2007 年の法改正の結果設立された近隣自治体であり、選挙や徴税権など一般的な自治体が備える全ての権能を有している。しかし、実際にはその予算規模は非常に小さく、職員のマンパワーもなく、実際に行われている施策もかなり限られた小規模なものである。このギャップはどう理解すればいいのだろうか？　一つには既存の自治体、特にウェストミンスター区や他の公的なサービスの提供者の存在がある。つまり、福祉・保健・教育・警察・消防など住民が基本的に必要とする公的サービスについて、そのレベルには議論があるかもしれないが、既存の組織が提供できているという前提がある。QPCC の設立以前もそれらのサービスは提供されており、QPCC は何かの欠損を埋めたり、肩代わりするために作られたわけではない。ただし、ウェストミンスター区という比較的面積も大きく、多様性に富んだ人口を抱える地域で、区の基準で一律のサービスを提供するだけでは、住民の実情に合わないことが多く、そのためもっと地域に密着したきめ細かな対応が求められていた[7]。例えば AYP の活動が挙げられる。公的な学校教育としては区で一律の基準が設けられ、それに従って学校規模・学級サイズ、カリキュラム編成などが決められている。しかし、この地域の多くの子どもたちは家庭環境からくる困難を抱えており、何らかの助け（それも家庭が負担できる金額の）が無ければ、通常の義務教育課程を終えることも、その後に安定した職についたり、さらに教育を受けることも非常に難しい。これは地域の将来に関わる大問題ではあるが、既存の行政だけの努力では解決が難しく、そこに QPCC の働く余地がある。Open Age の活動やガーデンでの年間行事なども含めて、QPCC の助成金の多くは人のつながりを増やし、地域のソーシャルキャピタルを増大させるという目的のために使われている。困難を抱える住民を支援し、地域でのつながりを強めることに重心をおいて活動していることがわかる。日本では「自治体」というと、どうしても「役所」を連想してしまいがちだが、QPCC はそのような「政府機関の一部」という枠組みのみで理解することはできない[8]。むしろ、それは地域の様々な活動を行う

NPO やボランティア団体を支える「結節点」のような役割をしている。それらの団体と行政をつないだり、新しい活動を開始するための（少額の）資金援助をしたり、活動に公的な承認を与えたりという側面からの支援が中心となっている。限られた分野であっても、このような住民に近いところで仕事をする近隣自治体には新しい可能性が感じられた。

　しかし、懸念がないわけではない。既に述べたように QPCC の活動は地域内で困難を抱える住民や家族に向けられている。それは地域の歴史的な成り立ちや現在の住宅構成から来ている。しかし、パディントン駅周辺の再開発の波はこの地域にもおよび始めている。近隣の Kensal Rise 駅周辺にはこじゃれたレストランが開店し、QPCC のエリア内でも新築のコンドミニアムの建設が行われている。近い将来、ミドルクラスの住民が増えてきた時、今までと同じような政策が続けられるのかは予断を許さない。今後もどのような形態と機能が望ましいのか、模索が続いていきそうである。

　翻って日本でも地域内分権が議論になっている。日本では住民の任意団体である町会や町内会が長い歴史を持っているが、高齢化や役員のなり手不足などの課題を抱えている。また、都市部では新たに地域に移ってきた住民が積極的に参加しにくいとの意見も聞かれる。一方で、地域の様々な課題に対処するための NPO やボランティア団体も多く設立されたが、必ずしも地域での認知や連携が進んでいないケースもある。紹介した QPCC の事例は、それまで住民の自主性に任されてきた地域活動に近隣自治体という公的組織を導入し、「結節点」を作ることを目指していた。また、ともすれば民意と離れた場所になりがちな「役所」とも違い、QPCC は柔軟で機動的な組織であり、形式は自治体ながら実質は住民と近い関係を築いていた。日本の状況に対して、QPCC の事例が示唆することがあるとすれば、このような「公」と「私」の関係性や、選挙で民意を代表した正統性に基づくリーダーシップではないだろうか。多様性や流動性を増している日本の都市部の地域社会にとっても、共同性の回復のための一つの方向として参考になる部分があるのではと考える。

注

1) この節での記述は Queen's Park Ward Profile 2018 (City of Westminster) を参照した。
　　https://www.westminster.gov.uk/sites/default/files/queens-park-ward-profile. pdf
2) PDT の設立と活動については、坂本（2008）を参照した。
3) Fabian Sharp 氏（AYP）へのインタビュー（2019 年 10 月 24 日）から。
4) Fabian Sharp 氏（AYP）へのインタビュー（2019 年 10 月 24 日）から。
5) QPCC の活動内容は Queen's Park Community Council Annual Report 2018-2019 を参照した。
　　https://queensparkcommunitycouncil.gov.uk/wp-content/uploads/2019/06/annual-report-2018-2019.
　　pdf
6) QPCC オフィスにおけるインタビュー（2017 年 9 月 6 日）から。
7) Fabian Sharp 氏（AYP）へのインタビュー（2019 年 10 月 24 日）から。
8) Richard Brown 氏 （Center for London）へのインタビュー（2019 年 10 月 22 日）から。

参考文献

・ 坂本利子（2008）「ロンドンの多民族多文化コミュニティにおける地域再生―北ウェストミンス
　ターの NPO 法人、「パディントン開発基金」とローカルパートナーシップ―（上・下）」『立命館
　産業社会論集』第 44 巻 1 号、2 号
・ 大塚大輔（2012）「英国における地方分権の進展―地域主権法の制定―」『都市とガバナンス』
　Vol. 18

<table>
<tr><td>第 **6** 章</td><td>【スウェーデン】
**"個"を基礎とする
コミュニティ活動**

小内純子</td></tr>
</table>

1 スウェーデンの地方政治とコミューン合併

　スウェーデンの国土は、南北に細長く、北緯 66 度 33 分以北は北極圏に含まれており、自然環境や地理・歴史は地域によって大きく異なっている。このうち本章が対象とするのは、スウェーデン北部に含まれるイェムトランド県の事例である（下図）。我々は、人口希薄地域のイェムトランド県の農村部を訪ね歩く中で、日本の町内会・自治会と極めてよく似たビアラーグ（byalag）と呼ばれる地域住民組織に出会った[1]。本章では、このビアラーグに焦点を当て、その設立の経緯と活動状況を把握し、日本の町内会・自治会との比較検討を試みる。

　まず、スウェーデンの地方政治のあり様をみておこう。スウェーデンの近代地方政治は 1862 年の地方自治法の制定に

図　イェムトランド県と 8 つのコミューン
（出典：イェムトランド県行政委員会資料（一部加筆））

始まる。これによりそれ以前は一体化していた教区と自治体（コミューン）の事業分担が明確化される。すなわち、地方の教区は、1807年及び1843年の法令により地方自治体として位置づけられてきたが、1862年の改正により、教会事業と世俗事業の分離が明確化され、教区が教会事業を、コミューンが世俗事業を所管することになる。その後、教区は教会事業を所管するアソシエーションに純化し、その一方でコミューンには課税権が付与され、住民に必要な公共サービスを担う組織として重要性を増していく。また、広域自治体としてランスティング（県）が創設され、国、ランスティング、コミューンという三層構造もこの時点で確立される。

　地方政治のあり方が大きく変わるのは19世紀半ばである。1951年時点のコミューンの数は2498で、農村部中心に小規模コミューンが多く、人口500人以下のコミューンが全体の4分の1を占めていた。そのためコミューン合併が遂行されることになる。1952年の第1次コミューン合併では、1コミューンあたり2000人以上にすることが目指され、結果として、コミューンの数は1037に減少した。翌1953年にはすべてのコミューンに地方議会の設置が義務付けられる。

　しかし、その後も都市への人口の流出が続き、地方では高齢化や過疎化が進行し、コミューンの財政基盤の弱体化が進んだため、1962年に第2次コミューン合併が遂行される。今回は、1コミューンあたり8000人以上という基準が示された。しかし、合併するかどうかは、各コミューンの判断にゆだねられたため時間を要し、終了したのは1974年であった。これによりコミューン数は278と激減した[2]。この合併は、行政の効率化と地域間の均衡化を同時に進めようとしたものであったが、一定の成果を収めた反面、コミューンの広域化と議員数の減少（1951年約20万人から1974年約5万人）が進み、住民の声が政治に反映されにくくなり、住民の孤立感を深める結果を招いた。また議員の減少により政党支配が強まるとともに、行政職員の力が強くなり、官僚主義化が進むという問題も生み出した。

2 分権化の推進と地方自治の現状

　そうした問題への対応として、1970 年代末から地方分権化政策が推進されていく。これは国による地方自治体に対する指揮・監督を廃止し、住民の身近なところで行政を行うという地方民主主義の実現を目指したものである。とくに 1980 年代に行われたフリーコミューン実験が大きな契機になったといわれる。フリーコミューンとは、行政事務を行う組織を自由に改変することが許されたコミューンのことである。この実験は 1984 ～ 91 年に実施され、1991 年時点で 28 のコミューンと 23 の県が指定を受けた。実験終了後の政府による評価は概ねプラスで、1992 年の地方自治法改正によってすべてのコミューンに適用され、コミューンの裁量権が拡大する。以上の政策の推進を通じて、地方自治とはコミューン自治であるという状況がつくられていく。コミューンが担う住民サービスの範囲は次第に拡大し、コミューン行政は住民生活の全領域に関わるようになる。

　コミューンでは、直接選挙によるコミューン議会が最高の意思決定機関である。スウェーデンには、選挙で選ばれた市長や知事はおらず、議員の中から選ばれた議長がその市や県の代表になる。行政は議会とその下にある委員会の決定に従う。コミッショナーと呼ばれている執行委員会の委員長を務める議員等はフルタイムであるが、他の多くは議員以外の仕事をもっており、基本的に無報酬である。ただし、1991 年の地方自治法改正で、議員職務遂行のために失った給与補償は行われるようになった[3]。

3 過疎化の進行と地域再生運動の展開

　さて、本稿が対象とするイェムトランド県は、スウェーデンの北部に位置し、8 つのコミューンから構成される。北側で北極圏に接しており、スウェーデンでも有数の人口希薄地帯である。2 回のコミューン合併により、

地域住民の間に生活不安と危機感が広がったとされるが、イェムトランド県はそうした状況が最も深刻に表れた地域である。それだけに何とかしなければという思いも強かった。例えば、前述のフリーコミューン実験を提案したブレッケはイェムトランド県のコミューンである。こうした動きは、住民の間でもみられ、イェムトランド県では、1980年代に、閉塞感を打ち破るための住民運動が盛り上がりをみせる。それは以下の3つの流れが合流して展開していく [4]。

　第1は、地域活性化をめざすボランティアグループの活動である。例えば、伝統的な編み物・刺繍や郷土料理の復活、郷土資料館や博物館の開設、スポーツイベントの開催など、埋もれていた「地域資源」を見直し、地域再生の動きにつなげていく取り組みが多数現れた。もともとこの地域は、ストックホルムから遠いこともあり、住民自身で問題を解決してきた歴史がある。牧草地、漁業水域、村の水車などの共有がみられ、道路、街灯などの維持・管理やスポーツ、コーラスなどの文化活動に取り組む多様なアソシエーション（förening）が存在していた [5]。

　第2は、「新しい協同組合」設立の動きである。もともとスウェーデンは協同組合の国として知られるが [6]、この時期、既存の大規模化した協同組合とは異なり、地域のニーズに応えるかたちで小規模な協同組合が結成されてくる。イェムトランド県では、親（保育）協同組合を中心に、高齢者ケア組合、工芸や食品加工、村の売店などの協同組合が結成され、1995年頃にその数は140以上にのぼった [7]。

　第3は、女性たちの運動である。イェムトランド県の人口減少は特に女性において顕著だった [8]。女性の流出は地域の将来にとって深刻な問題と捉えられ、女性にとって暮らしやすい地域をつくることは行政の大きな課題であった。1991年には県行政の後押しを受けてクビンヌム（女性）・プロジェクトがスタートし、特に、地域で孤立している女性たちを結びつけるためのネットワークづくりが積極的に進められた。

4 集落自治会（ビアラーグ）の定義

　以上のように、1980年代の地域再生運動は、多様なアソシエーションによって展開されていった。禁酒運動や自由教会運動に始まり、労働者運動、消費者協同組合運動、国民教育運動などの歴史をもつスウェーデンでは、アソシエーションが代表的な活動形態である。

　それに対して、調査で出会ったビアラーグ（byalag）は、近隣関係をベースとして結成された組織であった。ビアラーグは日本の町内会・自治会に類似した住民組織で、我々はそれを「集落自治会」と呼ぶことにした。まずはビアラーグの定義からみていこう。『スウェーデン語—英語』辞書（Norstedts）によると、ビアラーグ（byalag）は、① neighbourhood council (body, organization)、② neighbourhood improvement (protection) association、③ residential association、④ association of local residents と解説されている。「近隣協議会」「地域住民のアソシエーション」といった意味である。また、Lorendahl は、その論文のなかでビアラーグについて、「ビアラーグは、歴史的に、地方の事柄に対応したり、決定したりする際の重要な組織形態—村落コミュニティ（village community）—となってきた。今日では、例えば、特定の目的をもった協同組合や自発的組織よりも、より全般的で、すべての包括的な目的や仕事を担う地方アソシエーション（local association）と定義することができる」と説明している[9]。

　上記の英語による説明には association（アソシエーション）が用いられているが、スウェーデン語では förening（アソシエーション）という単語は使われていないので、いわゆるアソシエーションとは性格を異にする住民組織とみることができる。

　このような解説を読むと、日本の「むら」や町内会・自治会によく似た組織であることがわかる。特に、「包括的な目的や仕事を担う地域組織」という指摘は、日本の町内会・自治会を想起させる。これは当地域で一般的

にみられる住民組織であるが、イェムトランド県のすべての地域に存在するわけではない。後にみるように、住民が必要と判断した地域で結成されるもので、調査の過程で集落自治会が存在しない地域にも遭遇した。

5 イェムトランド県の集落自治会の存在形態

5-1 エーデ・ロンニングスベリ集落自治会の活動実態

　イェムトランド県の8つのコミューンのうち、我々はこれまで、クロコム（Krokom）・コミューンの3つの集落自治会（エーデ・ロンニングスベリ、オーセ・トロング、モー・トロングスヴィーケン）とオーレ（Are）・コミューンの2つの集落自治会（フーソー、クビッツレ）の計5つの集落自治会について調査する機会を得た。以下では、まず、エーデ・ロンニングスベリ集落自治会（以下、集落自治会は省略）を取り上げ、その活動を考察したうえで[10]、それとの比較を通じて5つの集落自治会の特徴を浮き彫りにする。

　さて、エーデ・ロンニングスベリができたのは1960年頃とされる。街灯をつける運動を契機にアソシエーションが結成され、街灯の設置が実現した1960年頃に2つのアソシエーション（エーデとロンニングスベリ）が一緒になって集落自治会が誕生する。街灯設置のためにできたアソシエーションをそのままなくすのはおしいと考え、村の寄り合い的な組織として残した。2006年現在、20戸で構成されている。なお、イェムトランド県には、かつて街灯の維持・管理に関するアソシエーションが多数存在し、集会所を所有し、あたかも村のクラブのような役割を果たしていたという[11]。ここに集落自治会のルーツをみることができる。

　表1は、集落自治会の規約である。規約によれば、この会の最大の目的は、エーデとロンニングスベリの共通の利益のために活動することである（第1条）。構成員は、エーデかロンニングスベリの住人もしくはそこに不動産を所有する人々で、構成単位は世帯ではなく個人である（第2条）。年

1回の総会は4月30日までに開催しなければならず（第4条）、その2週間前までに招集状を送付する必要がある（第5条）。理事会選挙の際には、住居登録をしている、もしくは不動産を所有している15歳以上の人は、1人1票の投票権を持つ（第6条）。総会では、①理事会メンバーの選出、②議長の選出、③会計の選出、④年会費額の決定などが行われる（第8条）。規約の改正は、総会出席者の過半数の賛成で可能であるが、改正案は総会への招集状と一緒に送付する必要がある（第9条）。また、集落自治会は3分の2以上の構成員の賛成で解散することができる（第10条）とされる。

　実際の集落自治会の運営は、年次総会で選出された5〜7人の理事と、その中から選出された議長を中心に行われ、年次総会のほかに、年に4、5回の理事会が開催される。ちなみに、2006年9月時点の議長は、他地域から転入してきた20代の女性が担っていた。自治会活動の活性化のため

表1　エーデ・ロンニングスベリ集落自治会規約

1	エーデ・ロンニングスベリ・ビアラーグは、エーデ集落とロンニングスベリ集落の共通の利益のために活動することを最大の目標とするものである
2	エーデ・ロンニングスベリ・ビアラーグの構成員は、エーデ集落かロンニングスベリ集落の住人もしくはそこに不動産を所有する人々とする
3	エーデ・ロンニングスベリ・ビアラーグは、政治政党的に中立を保ち、他の組織や組合とのつながりを持たないものとする
4	年次総会は、毎年4月30日までに開かれるものとする
5	年次総会への招集状は、総会の14日以上前には送付されるものとする
6	理事会選挙の際、どちらかの村に住居登録している、もしくはそこに不動産を所有している15歳以上の人は、1人1票の投票権を持つものとする。不動産所有者が投票権行使に際して代理人をたてる場合、委任状が必要となる
7	特別総会を開くには、構成員の3分の2以上が参加する必要がある
8	年次総会では、以下の事項が扱われるものとする ー 理事会メンバー5〜7人の選任、任期2年 ー 理事会メンバーの中から，議長を選任する。議長は年に1度選ばれる ー 会計2人　選任 ー 理事会の責任免除 ー 年会費額の決定 ー 基金に署名する権利に関する決定
9	エーデ・ロンニングスベリ・ビアラーグの規約は、年次総会出席者の過半数が賛成した場合、変更することができる。その場合、規約変更の提案が年次総会の召集状と共に送付されることが前提条件である
10	エーデ・ロンニングスベリ・ビアラーグは、3分の2以上の構成員が賛成した場合、解散するものとする

（出典：エーデ・ロンニングスベリのビアラーグ資料）

に、若い層からの役員登用に積極的で、適任者がいれば性別を問わず選出される。また、集落自治会内には道路班、街灯班、水浴場班の3つの班がある。

　集落自治会では様々なイベントに取り組んでいる。2005年を例にとると、4月にヴァールボリ祭（火を焚いて春が来たことを祝うお祭り）、8月に発酵にしんパーティー、12月にルシア祭などスウェーデンの伝統的な行事が行われる。この他に、年によっては遠足、研修旅行、散策などが企画されており、住民間の親睦がはかられている。

　また、夏の間だけ開設されるサマーカフェ「マガジン」に、集落自治会として週30時間のボランティア労働を提供している。これは近隣の3つの集落自治会が協力して運営されており、お金儲けというよりも自分たちもそこに集まって楽しむことが優先される。この他に、共同作業として、水浴場班を中心にエーデ湖周辺の清掃や草刈りを行う。

　一方、地域が抱える様々な課題の解決に取り組むことも集落自治会の重要な活動である。道路班は、県やコミューンの担当者に対して道路のアスファルト舗装の要求活動を行っている。この問題は1997年には取り組まれているが、2006年現在も実現されておらず、今もなおこの地域での最重要課題となっている。街灯班は、街灯の修理や電球の取り替えなどを担当する。2006年の総会議事録には、「夏には街灯修理を行う必要がでてきたためボランティアを募る」という記録がある。

　このようにエーデ・ロンニングスベリの活動は活発で、毎年、集落自治会の活動に貢献した人に対して、総会の場で表彰しその労をねぎらっている。

　表2は、2004年の集落自治会の会計報告である。まず収入からみると、主に年会費とコミューンからの運営助成金で構成される。2004年の年会費は、一世帯当たり100kr（1kr ≒ 17円：2008年3月時点）、高齢者世帯50krである。構成単位は個人であるが、年会費は世帯単位で集められている。ただし、この年の繰越金を除く全収入に占める会費の割合は21.9%にすぎず、全体の58.2%はコミューンからの運営助成金で占められている。

繰越金を加えた予算規模は約1万5500kr（約26.4万円）でそれほど大きな
ものではない。

　一方、支出はその70.2%が街灯の電気代で占められる。また、街灯に関
しては、「新しい街灯設置費をコミューンからの援助金だけでは賄えない
ので、1不動産につき500krずつ徴収する」という文書（2001年1月17
日：理事会議事録）も存在する。

表2　エーデ・ロンニングスベリ集落自治会の会計報告（2004年）

	日付	項目	収入（kr）	支出（kr）
	1月1日	昨年度からの繰越金	7,923	
1	1月20日	銀行普通口座　手数料		200
2	1月29日	請求書コミュニティセンター		385
3	2月12日	運営助成金	1,584	
4	3月23日	電気代2004		2,613
5	3月23日	運営助成金	1,568	
6	6月28日	電気代		1,253
7	7月8日	運営助成金	752	
8	7月25日	野外トイレ		495
9	8月20日	発酵にしん代	790	
10	8月20日	年会費	1,650	
11	9月1日	柱　売却	700	
12	10月2日	電気代		808
13	10月13日	運営助成金	485	
14	10月26日	請求書コミュニティセンター		400
15	11月16日	アッフェへの花		500
16	12月31日	利子	7.47	
		計	7,536.47	6,654
		昨年度繰越金	7,923	
		本年度繰越金		8,805.47
			15,459.47	15,459.47

2004年12月30日	
積立預金	7,473.0
普通口座	1,331.57
基金	0
繰越金	8,805.47

（出典：エーデ・ロンニングスベリのビアラーグ資料）

5-2 イェムトランド県の集落自治会活動の特徴

　以上、エーデ・ロンニングスベリの集落活動についてみてきた。集落自治会のイメージが具体的になったと思うが、それぞれの集落自治会の活動内容がみな同じというわけではない。そこで本項では、他の4つを含め5つの集落自治会の活動を比較検討してみる。

　表3に5つの集落自治会の概要を示した。まず設立年であるが、エーデ・ロンニングスベリの設立が1960年頃と最も早く、他の4つはいずれも1987年以降である。この結成時期の違いは結成の経緯の違いでもあり、古くから存在した街灯組合や道路組合のアソシエーションの活動と直接結びついているのはエーデ・ロンニングスベリのみである。比較的新しくできた他の4つの集落自治会は、街灯組合などのアソシエーションをルーツにもちつつも、より今日的な課題へ対応するために新たに結成されている。オーセ・トロングは、16、17世紀に建てられた当地域で最古といわれるヨー農場を保存するための推進母体として結成され、モー・トロングスヴィーケ

表3　各集落自治会の概要

集落自治会名	設立年	設立の契機	規約	会員資格	年会費	内部の サブ組織	備考
エーデ・ロンニングスベリ	1960年頃	街灯設置の完了	有	居住者および不動産所有者	1世帯 150kr、高齢者世帯 75kr	道路班 街灯班 水浴場班	
オーセ・トロング	1987年	ヨー農場保存の受け皿の必要性	無	居住者（サマーハウス所有者も含む）	無	街灯委員会 パーティー委員会	道路組合はビアラーグとは別組織
モー・トロングスヴィーケン	1990年頃	水浴場整備のための補助金申請	有	居住者	無	なし	道路と街灯は道路組合、ビアラーグとは別組織
フーソー	1992年	多種多様なアソシエーションを包括する組織の必要性	有	居住者及びフーソーに関心がある人	無	多くのアソシエーションを包摂する	街灯はコミューン
クビッツレ	1997年	補償金申請のため、地域活動をしやすくするため	有	クビッツレの活動に賛同する個人および団体	家族 200kr、個人 100kr	なし	道路組合はビアラーグとは別組織、街灯はコミューン

ンは地域にある水浴場の整備のための補助金を受けるため、クビッツレは
電力会社から補償金を受けるための受け皿としてそれぞれ組織されている。
補助金や補償金を受けるためには地域を代表する組織が必要とされるので
ある。これに対し、フーソーは、「協同組合の村」と言われるほど多くのア
ソシエーションが存在している集落であるが、多様なアソシエーション間
の連絡・調整をするために、全体を包括する組織が必要ということで1992
年に結成されている。

　以上のような経緯で設立された集落自治会は、住民の自治組織であり、
会の目的や活動内容の点で、日本の「むら」の区会や町内会・自治会活動
と共通する面をもっている。5つの集落自治会のうち規約がないのはオー
セ・トロングのみで、あとの4つには規約がある。規約によれば、会の目
的は、地域住民や各集落の共通の利益のために活動することにあり、その
活動の柱は、親睦活動、施設・建物の維持管理、無償労働奉仕（共同作業）、
要求実現活動におかれている。日本と同様に、地域生活全般に関わる活動
を行う組織であることがわかる。

　しかし、その一方でその組織原理には日本との大きな違いもみられる[12]。
まず第1に挙げられる点は、構成員についてである。構成単位は世帯では
なく個人であり、投票の際には、1人1票が原則となっている。しかも、
投票権は15歳以上（エーデ・ロンニングスベリ）、16歳以上（クビッツ
レ）と、未成年者も含まれるケースもあり、10代後半から集落自治会の構
成員として認められている。

　また、会員の条件は、集落自治会の居住者とは限らず、集落自治会内に
不動産を所有する人も含まれることもある。フーソーの場合は「フーソー
に関心がある人」、クビッツレの場合は「本団体の活動及び目的に賛同する
個人及び団体」にまで対象が広がっており、日本にはみられないオープン
な性格を備えている。

　第2に、会費についてである。会費があるのはエーデ・ロンニングスベ
リとクビッツレの2つのみである。会費を集めていない場合、サマーカ

フェやパーティーなどの収益を活動費に充てている。会費を集めている場合でも、近隣のお祭りの際の清掃を受託し、その報酬を集落自治会の活動に充てているところもあり、収益活動をして活動費を捻出するというスタンスは日本よりも強い。

第3に、情報が全構成員に届くことを重視する姿勢がみられる。先のエーデ・ロンニングスベリの規約においても、「総会の招集状は14日以上前に送付する」、「規約を改正する場合は、その改正提案を招集状と一緒に送付することを前提条件とする」となっている。こうした配慮は、日本の規約にはみられない点であり、全構成員の意向を尊重する姿勢の表れと考えられる。

第4に、規約に解散条項があることもめずらしくない。エーデ・ロンニングスベリでは「3分の2以上の構成員が賛成した場合」、モー・トロングスヴィーケンでは「2年連続で可決された場合」、クビッツレでは「2回連続で、3分の2以上の賛成を得た場合」に、それぞれ集落自治会は解散する取り決めとなっている。現実的な課題へ対応して設立された以上、その課題が解決されれば解散もありうるということである。このことは1つに、この組織が必ずしも継続することを前提としていないことを意味する。ただし、「構成員の3分の2以上の賛成」や「2年連続で可決された場合」というように、解散に対して慎重な姿勢もみられる。いずれにせよ永続性が重視される日本とは異なる。

第5に、役員のなり手不足という点は日本と共通するが、20代という若い人が代表や理事になる点は日本と異なる。エーデ・ロンニングスベリとモー・トロングスヴィーケンでは、2007年時点で、20代の女性、しかもいずれも他地域から転入した女性が代表を務めていた。日本では、役員のなり手不足といっても、20代の女性が会長になるケースはほぼ皆無である。

このように会の目標や活動内容では共通点がみられるが、組織運営上の基本的な原理は大きく異なっている。

6 日本への示唆：個人を単位とする組織の柔軟性

　以上、イェムトランド県に存在する集落自治会についてみてきた。集落自治会は、特定のミッションを掲げて活動するアソシエーションとは異なり、「より全般的で、包括的な目的や仕事を担う組織」として存在していた。

　イェムトランド県にこのような組織が形成されてくる背景には、①地理的条件もあり、住民自らの力で問題を解決する必要があったことから元々自治の力が育っていたこと。②とくに街灯の維持・管理に関するアソシエーションが、「村のクラブ」のような役割を果たしており、かなり集落自治会に近い存在としてあったという歴史的経緯がある。

　とはいえ、1990年前後に結成されてくる集落自治会は、「村のクラブ」をルーツとしつつも、その結成理由は現実的な課題への対応にあった。①補助金や補償金の受け皿、②地域プロジェクトの推進母体、③多様なアソシエーションを束ねる組織の必要性というのがその理由である。これを一言でいえば、「地域の総意を代表する組織が求められるようになってきている」ということであろう。その理由として考えられるのは、2度の合併によりコミューンの広域化が進み、コミューン内部にある地域の代表として地域の意見を表明する組織の必要性が増してきていること、さらにはEUプロジェクトなどの取り組みが増え、地域としてその受け皿が求められるようになってきていることなどがある。このことはイェムトランド県のように様々なアソシエーション活動が展開されてきた地域でも、コミュニティ的な組織は、アソシエーション的な組織では代替できない機能を有していることを意味する。一言で言えば、それは「地域の代表性」という機能であろう。特定のミッションを掲げるアソシエーションが地域を代表することは難しい。我が国でも、町内会・自治会とNPOなどの団体が連携する必要性が言われて久しいが、連携に際しては、お互いの異なる存在意義を十分に理解することが重要であることを、この事例は教えてくれる。

加えて、本章の分析を通じて、スウェーデンの集落自治会と日本の町内会・自治会との違いも明確になった。スウェーデンの場合、①構成員の資格は個人にあること、②10代半ばの住民も集落自治会の構成員として認められるケースがあること、③居住者のみならず、会の活動や目的に賛同する人を会員に含むオープンな傾向がみられること、④地元出身ではない若い女性が代表になるケースもあること、⑤集落自治会の解散条項が設けられていること、⑥構成員全員への情報伝達の徹底を重視している点が、相違点として指摘された。また、本文では直接指摘しなかったが、⑦議事録がきちんと作成され保存されている点も、日本の町内会・自治会ではあまりみられない点である。世帯単位で構成され、性別役割分業が明確で、相対的にクローズドな日本の町内会・自治会とは明らかに組織原理を異にしている。スウェーデンの場合は、コミュニティ的な住民組織に関しても、その組織原理はアソシエーション的組織のそれに近く、これまでの活動の経験が、地域の包括的な組織としての集落自治会の運営方法にも反映していることがわかる[13]。

　なかでも加入資格が世帯か個人かという違いが持つ意味は大きい。本稿で、日本の規約として参考にした中田らの『自治会・町内会モデル規約　条文と解説』では、「会員は地域の住民の世帯および事業所をもって構成すること」、「総会は、会の最高議決機関で、一世帯一名の会員をもって構成する」ことが明記され、加入資格が世帯であることの理由として、「世帯は地域の一定の空間を占め、地域生活の基本的単位をなしている」[14]からとされている。

　しかし、地域社会をつくるのは空間ではなく人である以上、一定の年齢に達したその地域に住むすべての人を会員として尊重する姿勢から学ぶべき点は多い。わが国の現状をみるとき、加入資格が世帯であることにより、特定の性や世代の人たち中心に町内会・自治会を運営される傾向が顕著であり、「役員にお任せ」という態度を生み出す1つの要因にもなっている。地域社会の一構成員であるという自覚を育てるためにも、場合によっては

10代の意見に耳を傾ける姿勢も重要であろう。スウェーデンの事例では、構成単位は個人でも、会費や負担金の徴収は世帯や不動産単位となっており、状況によって柔軟に対応している。この「柔軟性」が、日本の町内会・自治会にはやや欠けているのではないだろうか。この点は、今後の町内会・自治会活動を考える上で大きな示唆を与えてくれているように思われる。

注
1) 中道仁美・小内純子・大野晃編著『スウェーデン北部の住民組織と地域再生』東信堂、2012年
2) その後、合併に反対だったコミューンのなかから再分離する動きが起こり、2004年1月時点のコミューンの数は290となっている。
3) 以上のスウェーデンの地方政治に関しては、藤岡純一「スウェーデンの地方分権―コミューン主体の参加の拡大」『特集　海外の地方分権事情』(『地域と自治体』第23集) 1995年、吉田啓子「スウェーデン」中田実編著『世界の住民組織―アジアと欧米の国際比較』自治体研究社 2000年、槌田洋『分権型福祉社会と地方自治』桜井書店 2004年、自治体国際化協会『スウェーデンの地方自治』2004年、を参考にした。
4) この住民運動について、注1の文献、および小内純子「スウェーデン"過疎地"における地域再生運動」、大森彌・小田切徳美・藤山浩 編著『世界の田園回帰 11カ国の動向と日本の展望』農山漁村文化協会 2017年、参照のこと。
5) Ronnby, Alf, 1995, *Mobilizing Local Communities* : Avebury, Ronnby, Alf, 1997 "Empowering People by Community Building" (http://www. socialmobilisering. nu/artiklar. html 2007/6/16 最終閲覧)
6) Pestoff, Victor, 1991 *Between Markets and Politics Co-operatives in Sweden*:Westview Press = 1996, 藤田暁男ほか訳『市場と政治の間で―スウェーデン協同組合論―』晃洋書房。
7) Länsstyrelsen Jämtlands län, 1995 *Local Development in Sweden, The Jämtland Model* : International Report.
8) 地元に女性の働き場所がないことや当時の農村には家父長的な生活様式が残っていたことなどが影響していた。
9) Lorendahl, Bengt 1996 "New Cooperatives and Local Developement: A Study of Six Cases in Jamtland, Sweden" *Journal of Rural Studies*, Vol. 12, No2, pp.143-150.
10) 5つの集落自治会の詳しい分析や用いた資料については、注1の文献を参照のこと。
11) 注5の文献を参照のこと。
12) 日本の町内会・自治会の規約については、モデル規約を掲載している中田実・山崎丈夫・小木曽洋司著『改訂新版 新 自治会・町内会モデル規約 条文と解説』自治体研究社 2016年を参考にした。
13) 岩崎信彦ほか編著『町内会の研究』(御茶の水書房、1989年) では、町内会・自治会を「住縁アソシエーション」と性格づけている。
14) 注11の文献の p.16。

第7章

【ドイツ】
地域によって多様な
コミュニティの制度化

太田尚孝

1 ドイツの自治体内分権の基本的特徴

1-1 ドイツの自治体内分権の特徴と多様性の背景

　ドイツの多くの大都市では、20世紀前半に大規模な市町村合併を経験し、さらに旧西独州では1960年代から1970年代、旧東独州では東独建国期及び再統一後の1990年代に繰り返された。時代背景に起因してそれぞれの市町村合併の社会的意味合いが異なるとしても、東独建国期を除きこれを一つの契機に自治体内分権制度の検討と実施が各州で進んだ。もっとも、連邦制のドイツでは現行の自治体内分権制度であっても地方自治制度と同様[1] に州ごと、さらに同一州内でも大都市と農村部では様相が異なる。

　まず、ドイツでは全16連邦州に、各州の地方自治法 (Gemeindeordnung) に基づき、自治体内をいくつか下位区分した単位ごとに組織化され、当該地域住民の意思・利害を自治体の行政や議会に代表する機関を設置することが法制度上可能になっている。ただし、その名称、規模、権限などは州によって様々である。総称として「地域協議会」と定義される当該機関の設置義務があるのは、バイエルン州の100万人以上の都市、3つの都市州（ベルリン、ハンブルク、ブレーメン）、ノルドライン・ヴェストファーレン州の独立市 (Kreisfreie Stadt)[2]、チュー

リンゲン州の Landgemeinde と呼ばれる市町村合併を見越した農村部の自治体のみである[3)]。また、全 16 連邦州の地域協議会の規定を俯瞰すると、①地区の設置基準に何らかの規定があるのは 5 州のみ、②委員の数は 9 州で範囲が定められているが各自治体の条例に委ねている州も 6 州ある、③委員の選出は全ての州で直接・間接選挙を通じて行われている、④代表者の選出は委員からの互選が 9 州と多いが 2 州では直接選挙に基づいている、⑤地域協議会がある事柄について最終的な意思決定を有する決定権を持つことが制度的に明記されているのは 8 州であり任意とされるのは 5 州である、⑥地域協議会を支援する行政支所の設置が義務付けられているのは 3 つの都市州とノルドライン・ヴェストファーレン州の独立市のみ、といった基本的性格が確認できる[4)]。

1-2　本章で取り上げる事例の位置づけ

　本章では、わが国の重層的で多様な地域コミュニティの構造や平成の大合併後の地域自治区を巡る議論、その担い手としての地域コミュニティ活性化の必要性と困難性等を鑑み、ドイツの中でも以下の 2 事例を取り上げる。

　第一に、前述した地方自治法に基づく市町村合併後の自治体内分権としてチューリンゲン州エアフルト市の地区協議会（2 節）である。第二に、市町村合併後に市の条例によって設置された自治体内分権がその後制度に基づかない任意の市民団体によって代替されたバイエルン州ニュルンベルク市の市民団体（3 節）である。そして、これらのドイツのコミュニティの制度化の事例をもとに日本への示唆を論じたい（4 節）。

　つまり、わが国では、新潟県上越市や愛知県豊田市などを代表例として、平成の大合併時に編入された旧自治体単位の従前の自治機能を維持することと同時に、受け入れ側の自治体内でもあらためて狭域の自治のあり方が検討・実現された経緯を持つこと、さらにこれらの先行的自治体でも既存の市議会や町内会・自治会などとの役割分担や地域自治が担う権限・予算、担い手の選出方法などが試行錯誤されていることから、ドイツの事例紹介と批判的考察は示唆に富むと考えられる。

2 地方自治法に基づくエアフルト市の地区協議会 （Ortsteilrat）[5]

2-1 エアフルト市と地区協議会

チューリンゲン州エアフルト市は、ドイツ中部に位置し、2018年末時点で面積は269.88km²、人口は21万3699人である。同市は州のほぼ中心に立地する州都であり、かつICEや空港などの交通結節点、大学都市としての拠点性も有している。これらの要因から、州人口の10.0％を抱えるチューリンゲン州最大の都市であり、2002年以降は人口増加局面となっている。

エアフルト市は、旧東独建国期の1950年に周辺の農村的特徴を持つ8自治体を編入する大規模な市町村合併を経験し、さらに再統一後の1994年にErfurt-Landの19自治体を市域に編入合併した。この際に、州地方自治法に基づき自治体内分権制度が導入された。エアフルト市の場合、特筆すべきことは、再統一後の合併自治体に加えて、旧東独時代に合併された旧自治体にも住民の要求に応じて自治体内分権を認めたことにある。この意味では、同市の自治体内分権は合併後の地域自治の確保と復権という二面性を内包している。その一方で、再統一後に合併された一部の旧自治体からは合併後の扱いへの不満から裁判にまで発展したことも事実であった。いずれにしても、自治体内分権の対象27地区の平均面積（1995年末時点）は7.8km²であり、人口は1151人であった。

制度上の特徴としては、州の地方自治法と市の条例に地区協議会の基本的性格が明記されている。まず、州地方自治法では、地区協議会の設置義務はないが設置される場合は空間的に区分された地区を持つ自治体であり、5名〜11名の委員は直接選挙に基づき、地区長（Ortsteilbürgermeister/in）も直接選挙で選出され、地区協議会には自治体の一体性や全体の利益を侵害しない範囲で決定権が付与されている、ことが明文化されている。さらに、①地区長及び地区協議会委員は名誉職である、②地区長は議会や議会

内委員会における当該地区の利害に関わる全ての会議に参加し、意見を述べ提案することができる、③地区協議会からの提案は3か月以内に決定権を持つ自治体の部局によって処理されなければならず、予算審議の前に意見を述べる機会が設けられている、④地区協議会は文化・スポーツ・福祉に関連して地区に与えられた予算の利用と伝統的慣行や文化的伝統保護、文化的生活の促進、消防団の支援に関わることを審議・決定できる、ことも記されている。

　これを受けて市条例では、①地区長や地区協議会は任務を行うために地区施設を利用できること、②地区協議会に関わる準備や支援を市の担当局が対応すること、③軽微である場合や緊急を要する保全や修繕を行う場合のほか重要度が高くない投資的行為を行う場合に一定の予算範囲内で地区協議会が意思決定を行うこと、④地区に関するあらゆる重要事項に関して市議会や専門委員会での決定前に聴聞を受けること、が認められている。なお、③に関連して、市側の予算として、2020年予算では地区協議会を導入している各地区へ諸団体の支援や地域文化等の育成に関して25万ユーロ（＝2925万円）[6]、軽微のものや緊急を要する保全・修繕活動等に28.4万ユーロ（＝3323万円）の拠出が予定されている。

2-2　ギスパースレーベンの事例

　ギスパースレーベンは2018年末時点で面積は10.05km²、人口は4056人である。エアフルト市の旧市街地から旧東独時代に建設された大規模集合住宅団地を越えて市の北側に位置する農村的景観が今も残る。市街地に近い利便性とコミュニティ意識が強い住宅地として子育て世代を中心に人気が高く、1995年から400人の人口増加となっている。また、65歳以上の高齢者率は21.9%（市平均：21.8%）、外国人居住者率は4.8%（市平均：7.7%）である。

　地区自体の歴史は長く、12世紀には記録に登場し、数多くの団体（Verein）が結成され、小学校を中心とした地域活動や夏祭りなども盛んで

ある。行政組織としては、もともとは独立した自治体であったが、東独建国後にエアフルト市に合併された経緯を持つ。また、市が農村的地区のモデル事業として、1996年にかつては学校・幼稚園施設として利用されていた施設を「市民の家 Bürgerhaus」に改装し、地区協議会だけではなく周辺住民や諸団体が自由に使えるスペースとなっている。

　地区協議会委員は地区長とともに5年に一度の住民の直接選挙によって選出されており、2019年10月時点では地区長1名、委員10名から構成されている（図1）。地区協議会委員のプロフィールとしては、2012年6月のデータとして、男女比は半々であり、年齢層も30代から80代まで幅広く、職業も幅広いことが報告されている。さらに、在任期間も1期目が3人、地区長を含めて4期目が5人と必ずしも特定の人物によって担われていないことや、政党所属については地区長及び委員の1名がCDU（ドイツキリスト教民主同盟）だが、それ以外は無所属であることも明らかになっている。なお、地区長自身も、組織化が進み党派色が強いドイツといってもローカルレベルでは政党はあまり重要ではなく、むしろ生活環境を住民が主体的により良くすることが何よりも重要と理解している[7]。

　地区協議会の定例会は毎月1回、19時から「市民の家」にて開催される。会議では、予算措置の審議やギスパースレーベンとしての意思決定が求められている案件への対応、住民や諸団体からの意見を聞く機会などが主たる議題であり、市のHPでも議事概要は誰でも確認できる。また、ギスパースレーベンでは独自のHPや全戸無料配布型の広報

図1　現在のギスパースレーベンの地区協議会委員
　　　（前列中央が地区長）
（出典：ギスパースレーベン地区協議会提供資料より）

誌『Gispi-Journal』を発行し、地区協議会の活動だけではなく広くコミュニティ内の情報共有を図っている。一連の活動を支援するのは、市の「地区及びボランティア担当課」であり、地区協議会に関しては定例会の資料準備や議事録の作成、行政各部局への取り次ぎなどの業務を担当している。直近の課題として5期目を迎えた地区長[8]は、公共施設や公共空間の修繕・維持管理を挙げており、自身も生まれ育ったギスパースレーベンで新旧居住者が豊かにこれからも住み続けられることを願っている[9]。

2-3　地区協議会の位置づけ・展望

　エアフルト市の地区協議会は、制度的に担保され、長や委員は住民からの直接選挙により選出、少額とはいえ独自の予算に関わる利害調整や意見表明を行う権限などを含めて、地域自治の確固たる担い手といえる。この意味で、まさに「ミニ議会」とも呼べる組織と理解できる。

　狭域的な地域自治に関わる市民の関心の度合いについては、2019年5月に開催された地区長及び地区協議会委員選挙結果をみると、地区長選挙の投票率は53.2％、地区協議会委員選挙は53.3％と、同時に行われた市議会議員選挙58.4％と大差ないが、1994年6月の地区長選挙投票率の71.3％と比較すると減少していることは確かである。ただし、これは再統一直後の市町村合併による地域自治の確保や旧東独時代に失われた地域自治の復権への期待の大きさの反映とも考えらえる。そのため、50％以上の投票率が現在もあることは地区長や地区協議会委員への関心があると肯定的に捉えることができる。

　一方、この間、地区協議会は当初の27地区から41地区に増加し、地区協議会選挙の有権者数も3万人から8万人となった（図2）。この背景には、既存の地区協議会の範囲が大きすぎ住民からの要望に応え細分化されたことと、同時に政治勢力により票田確保と地域課題の解決のために旧東独時代に建設された集合住宅地にも地区協議会が設置されたからである（図2の05、06、10、23、25など）。しかし、後者の新規設置地区では地区長の

立候補者が少なく投票率が低いことも明らかになっている。例えば、ギスパースレーベン地区（図2の22）の地区長選挙の投票率は60.9％であったのに対して、南側のモスクワ広場地区（図2の23）では39.7％でしかなかった。

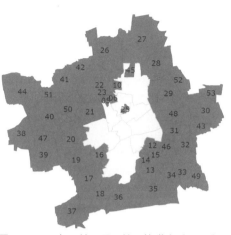

図2　2019年に地区長・地区協議会委員選挙が行われた地区（地図中に番号が明記されている地区）（出典：エアフルト市のHPより）

このようにエアフルト市では地区協議会の存在は、再統一後の合併自治体の自治を守るとともに、ギスパースレーベン地区に代表されるように新たな自治を発揮・育成し、地区の持続可能な発展に寄与する可能性のあるしくみといえ、この点では肯定的に理解できる。また、1950年や1994年の合併以外でも20世紀初頭のエアフルト市の産業発展や人口増加にともない開発された住宅地では、ボトムアップ型で地区協議会制度を導入したケースもある。それでもなお、地域自治の実質化という面では、近年の地区協議会の拡大傾向を批判的にみると、単純な上からの制度設計だけでは十分に機能しないことも考えられる。すなわち、住民自身の制度理解や主体性、自身の地区への興味関心が何よりも基盤になるといえる。

3　ローカルルールに基づくニュルンベルク市の市民団体（Bürgerverein）[10]

3-1　ニュルンベルク市と市民団体

バイエルン州ニュルンベルク市は、ドイツ南部に位置し、2018年末時点で面積は186.38km²、人口は51万8365人である。同市は広大なバイエルン

州の北の拠点都市であり、エアフルト市と同様に交通結節点、大学都市でもある。また、これもエアフルト市と同様に 2000 年以降は人口増加が続いている。

ニュルンベルク市では、1972 年に合併された 8 つの旧自治体に対して、暫定的な移行措置として市の条例に基づき地区協議会（Ortsbeirat）が導入された[11]。しかし、1984 年には地区協議会は解消され、市民団体と呼ばれる、地域的に活動を限定し地区レベルでの公共の福祉の向上を主目的とするボランティアの住民による地縁型組織が全市的に整備された。もっとも、市民団体自体は市壁が撤去され、都市が外延化し始めた 1870 年代半ば以降、郊外部の利害代表と地域の社会関係を醸成するために設置された組織であり、その後の市内各地で草の根の住民自治組織として活動していた。市側には、1980 年代前半に市内全域に地区協議会に類する制度的に担保された地域自治組織を導入する計画もあったが、政治的環境の変化や多額の導入コストの存在もあり断念した。これに代わって、市内全域に存在する市民団体を代替的存在として積極的に位置づけ、現在に至っている。

ニュルンベルク市には、2019 年 10 月現在、市内には 35 の市民団体があり、市内全域をカバーしている。各市民団体の規模や名称、設立年、会員数、活動形態は様々であるが、2018 年 1 月時点では、35 団体に 1 万 5659 名が会員として名を連ねている。なお、エアフルト市の地区協議会とは目的は類似しつつも制度的担保が異なるため、行政の下位区分と市民団体の設置単位は必ずしもイコールではない。もっとも、後述する市民と市側との対話機会としての市民集会の区分は、概ね市民団体を広域的に束ねた範囲となっている。

市民団体に関わる諸規定は州地方自治法や市条例ではなく、1932 年設立の「ニュルンベルク市民団体連絡協議会（AGBV）」の規約に根拠づけられている。ここには、①市民団体は政治や宗教等から独立した中立的立場をとること、②市民団体は 1 つの地区に 1 つしか存在が認められていないこと、③市民団体は各地区の市民の利益を守り促進すること、などが主たる

特徴といえる。これに加えて、各市民団体でも組織運営や目的に関わる独自の規約を有している。

　市民団体はあくまでも市民主体の地縁組織であるが、過去の経緯もあり、ニュルンベルク市では積極的に地域代表組織として位置づけ、連携しようと試みている。例えば、市民団体の地区割り図は市統計局により作成され、これに合わせて基本的統計データも市民団体に提供されている。また、AGBV の施設は 2010 年以降、市が用意した建物に事務所を構えているなど、一定程度の行政からの支援を受けていると理解できる。他方、政治的には、市長や市議会は各地区を代表するパートナーとして市民団体を位置づけており、州地方自治法で規定された市民集会（Bürgerversammlung）[12] の重要な担い手であり、議会での発言権もあるとみなされている。

3-2　ラングヴァッサーの事例

　ラングヴァッサーは 2018 年末時点で面積は 12.64km²、人口は 3 万 7896 人である。ニュルンベルク中央駅から地下鉄で南東方面に 12 分の位置にあり、1960 年代から 1970 年代にかけて森を切り開いて建設された大規模集合住宅団地が中心となる地域である。また、65 歳以上の高齢者率は 26.6％（市平均：19.9％）、外国人居住者率は 18.3％（市平均：23.7％）である。

　この中で、地域コミュニティ活動として、ラングヴァッサーの市民団体自身は 1953 年の市民委員会 Bürgerausschuss を母体とし、住民の利害を代表し、都市内での共同生活と相互交流に努める組織として発展した。市民委員会設立当時のラングヴァッサーは、ハード環境も未整備であり、加えて難民施設が隣接し治安問題が懸念されるなど、必ずしも良好な住環境ではなかった。組織的特徴としては設立当初から現在に至るまで概ね住宅ブロックごとに近隣コミュニティ組織が結成されていることにある（図3）。また、市民団体の会員は設立時には 41 名であったが、1958 年に 362 名、1977 年に 3609 名、1994 年に 4532 名まで拡大した。

具体的な活動としては、住民間の親睦・交流促進（例：新年会の開催、教会堂開基祭の企画運営、各種サークル活動の調整・促進、広報誌の発行）と、居住環境を改善するための政治活動及び実践活動（例：隣接する軍用地の騒音抗議運動や市民集会での意見表明、植樹・清掃活動）に大別される（図4）。市民団体の役員会議は毎月第一火曜日の夜に地区内のコミュニティ・センターにて開催され、さらに住宅ブロック長を含めた拡大役員会が役員会議の翌週に開かれる[13]。なお、会費は個人はわずか年間3ユーロ（＝351円）、企業等の法人会員は最低25ユーロ（＝2925円）であり、年3回の広報誌は会員の有無にかかわらず全戸無料配布されている。また、市民団体からの退会も可能である。

　全8名の役員の代表者（女性）は、ラングヴァッサー出身者であり、1992年の結婚を機に地区に戻り、市民団体で活動していた父親の影響を受け2002年から広報誌の編集を手伝うようになった。その後、2014年から代表となっている。市民団体としての課題は第一義的には担い手の減少と高齢化といえ、2018年1月時点の会員数は2980名まで減少しており、役員の高齢化・固定化も顕著である。もう一つは、様々な居住者との共生であり、高齢者だけではなく、市の平均値よりは低いとはいえ増加傾向の外国人との共生も課題として認識されている。さらに、ニュータウン地区ならではのインフラ施設の更新などにも直面している。それでもなお、同市民団体の積極的な地区への関わりや活動内容が認められ、市

図3　ラングヴァッサーの近隣レベルでの市民団体
　　　の活動単位（図中のアルファベット部分）
　　　（出典：ラングヴァッサー市民団体のHPより）

図4　ラングヴァッサーの市民団体の活動内容（左：創刊1958年の広報誌、中央：2019
年の教会堂開基祭の案内、右：2019年のカレンダー）
（出典：ラングヴァッサー市民団体のHP及びニュルンベルク市のHPより）

から「ニュルンベルクのハート賞」を受賞するなど、ボトムアップ型の活
動は高く評価されている。

3-3　市民団体の位置づけ・展望

　市民団体は、任意の住民による地域の環境改善のための自発的地縁組織
であり、市域全域をカバーし、住民間の親睦や意見代表を担っている。こ
の意味で日本の町内会・自治会に通じる点も多い。それでもなお、実態と
してはニュルンベルク市側の理解や社会的機能等をみると、意思決定への
参加も可能とされ、地域自治組織としての機能も垣間見られる。

　しかしながら、市民団体の将来展望が明るいとは言い難い。既に、2013
年1月の地元紙『ニュルンベルク新聞』では「市民団体の活動に乏しい関
心」と題して、239名の回答者の61％が「市民団体は教会の夏祭りやワイ
ン祭りを企画するだけの存在」と積極的な参加には否定的であり、2010年
1月の記事では82名の移民のうち市民団体の存在を知っていたのはわずか
2名だったとも報道されている。加えて、市全体での市民団体の会員数も
2000年以降に4つの新たな市民団体が結成されたとはいえ、近年減少傾向
である[14]。このような状況下で、市民団体関係者は、制度や権力に縛られ

ることは望まず、住民に近い場所で住民のために親睦や意見代表をすることこそが市民団体の存在意義と考えている。この背景には、ドイツでは政党組織が地域コミュニティレベルまで組織化されているため、市民団体はボランティア的組織であり続けることが望ましいと考えていると解釈できる。

　ここからは、市民団体の基本的性格は維持しつつも、他方で地域側の物的・居住者構造の変化も生じている中で、中長期的にも持続可能で実行力のある組織運営をいかに現実的に構築するかが問われているといえる。その際には、例えば、市民団体間の協働機会をより多く設けること、市民団体の存在意義をよりわかりやすく当該地区内の新規の居住者にも広報すること、活動内容が特定の分野に縛られないことのメリットを生かしたより柔軟で多様な協働ネットワークを構築することなどが求められる。さらに、見方によっては、地域の合意形成や意見収集という場面で市側に都合よく使われるリスクも市民団体には内在している。つまり、この点では、市民団体が自身の対象地区における生活の質を向上させるために、いかにして市政に対する批判的・建設的関係性を維持していくかというバランスのとり方があらためて問われているといえる。

4　日本への示唆：地域の実情に応じたオープンな制度をどうつくるか

　以上、ドイツの地域自治のしくみと実態を旧東独地域のエアフルト市、旧西独地域のニュルンベルク市の事例をもとに概観した。ドイツと日本との地方自治の考え方や歴史的背景、自治体内分権の制度設計の自由度の違い、あるいは行政の公共サービスが担う領域の大小等を差し引いたとしても、ドイツの試みは市町村合併が契機になっているという前提条件や地域自治組織の公募公選制、「参加」と「協働」のバランス、抱えている人材不足の問題等、わが国の地域自治の今後の方向性を考える上でも興味深い。

本章のまとめとして、日本への示唆は、次の2点といえる。

　第一に、地域の実情に応じた制度設計の必要性と地域自治組織に必要な機能である。わが国は、自治体の立地環境や人口規模、抱えている地域課題など多種多様であり、その自治体の中の地域コミュニティも同様に様々である。つまり、全国的に住民主体の地域自治への需要があり、この際に正統性の担保の観点等から何らかの制度的位置づけが必要であるとしても、全国画一的な制度はもはや不要である。換言すれば、各自治体が目的に応じて柔軟に制度を運用できるしくみや、実験的・段階的取り組みがますます必要であるといえる。本章で取り上げたドイツの2事例のうち、エアフルト市の地区協議会は「参加」を、ニュルンベルクの市民団体は「協働」に重きを置いた事例とも解釈でき、それゆえに制度設計も異なっていると理解できる。それでもなお、日本と比較するとニュルンベルク市の市民団体であっても、地域自治組織としての「参加」の役割も担っている。エアフルト市では、地区協議会の近年の拡大傾向が必ずしも地域側では現状では十分に機能していないとも評価できることから、地縁型組織が地域自治の担い手として制度化されることが全て肯定的に推進されることはできない。とはいえ、地域コミュニティの利害を調整し、自治体の意思決定に関与するのであれば一定の制度化はあらゆるレベルでの説明責任が問われている時代環境を鑑みても避けて通れないともいえる。

　第二に、地域コミュニティレベルでのオープンで透明性のある個人や組織の連携のあり方である。わが国でも盛んに地域コミュニティの活性化が叫ばれ、町内会・自治会に代表される地縁組織の再評価が進み、その一方で担い手不足の問題が一層深刻化し、あるいはSNS等の普及から新しいネットワークや多様な地域との関わり合いも拡大し、クラウドファンディングのような試みも存在している。そのため、エアフルト市の地区協議会のような「ミニ議会」ではなく、仮に町内会・自治会を地域の核にするとしても、外部人材や地域に関わる多様な組織、企業等との連携が強く求められている。つまり、現実的には単独の組織だけで地域を運営することはも

はや困難であり、中長期的視点から持続可能なしくみ作りが急務である。ドイツでもニュルンベルク市の市民団体の事例を見る限り類似の構造的課題を抱えていると言え、これは日独共通の論点といえる。管見の限り、わが国では、今も昔も自分たちが暮らしている地域をより良くしたいという願いや気持ちに大きな変化はないと考えられ、防災や防犯、交通安全などのリスクがかつてないほど高まっている中で地域に向けられる関心はさらに高まっているのではないかとも思われる。すなわち、地縁をベースに内向きでなく義務感や使命感にとらわれないオープンで透明性のある信頼関係の中でお互いを尊重しつつ、個人も組織も地域も Win-Win が最大化できることが重要であろう。

注
1) ドイツでは、基本法第 28 条において、市町村及び市町村連合（人口 5000 人以下の小規模自治体が周辺の同規模の自治体と連合体を設置することも可能）に、自治権を認めている。そのため、市町村としての団体自治と住民自治は憲法上で確保されつつ、州によって地方自治のありようが異なる構造になっている。なお、本章では、自治体内分権を文字通り、自治体内を分権するしくみととらえるため、当該自治体が都市的・農村的環境なのかは問わない。この意味で、都市内分権は自治体内分権の一部と理解する。
2) 独立市とは、概ね人口 10 万人以上の都市は郡に所属しない都市自治体を意味し、2017 年末時点で全国で 107 を数える。なお、連邦や州が直轄する地域も含めて合計で 1 万 1054 を数える自治体（Gemeinde）の多くは 294 の郡（Landkreis）に所属し、この場合は独立市の 1 層性とは異なり、郡と自治体の 2 層性となる。
3) 山崎（2013, p.73）に基づく。
4) 名和田（2015, pp.7-11）に基づけば、ドイツの都市内分権の特徴としては「協働」ではなく「参加」のためのしくみであることから、①法律上の根拠をもっている、②都市自治体の全域をくまなく分割している、③国際的に見ても政治的な色彩を帯びている、④都市内分権の単位である都市区の規模は数万人から 10 万人単位である、との指摘もある。
5) 本節は、山崎（2000）、山崎（2013）に基づき、最新情報を追記した。
6) 本章では、2020 年 4 月末日のレートとして 1 ユーロ＝ 117 円で計算した。
7) 1994 年 6 月の地区長選挙では全 26 名のうち 16 名が政党所属であったが（その後 1994 年 10 月に Töttelstädt でも地区長選挙が行われ全 27 地区となった）、2019 年 5 月の地区長選挙では政党所属は 41 名中 7 名となったことからも政党は重要視されていないことが垣間見える。
8) ギスパースレーベンの地区長（女性）は現在 63 才であり、職業はエアフルト市の職員、2019 年 5 月の選挙でも 92.0％の高い得票率を獲得している。
9) Thüringer Allgemeine の WEB 版記事 "Gispersleben ist lebenswert liebenswert und streitbar"（2019 年 10 月 9 日付）。
10) 本節は、山崎（2003）、（2004）に基づき、最新情報を追記した。なお、山崎（2003）によれば、市民団体の全国的展開はドイツでも不明とされるが、ニュルンベルク市以外にはハンブルク市、ブレーメン市、フランクフルト市などの 9 都市には存在が確認されたとしている。
11) そもそもバイエルン州では、自治体内分権制度の導入に消極的と言え、義務化されているのはミュンヒェン市のみである。
12) バイエルン州地方自治法第 18 条に基づく市長による市民との対話型の公聴会であり、市民団体

の区割りと公聴会の区割りとに整合性は認められないが、市側では市民団体に地域住民の意見集約を要請している。

13) その他の市民団体の活動スケジュールは、4月の総会、5月〜6月の春の旅行、8月の夏祭り、9月〜10月の秋旅行、11月の舞踏会、12月のクリスマス市及びクリスマスコンサート、1月の新年会、2月の謝肉祭である。

14) 山崎（2014、p.122）に基づけば2013年5月時点の市民団体の全会員数は1万6159名であった。

参考文献

・ 名和田是彦（2015）「第1章ドイツの都市内分権の歴史と特徴」名和田是彦・三浦正士『ドイツにおける都市経営の実践-市民活動・都市内分権・都市圏経営の諸相-』日本都市センター、pp.3-12

・ 山崎仁朗（2000）「ドイツ」中田実編著『世界の住民組織：アジアと欧米の国際比較』自治体研究社、pp.181-214

・ 山崎仁朗（2003）「ドイツの市民団体について-比較地域自治論のための試論」『岐阜大学地域科学部研究報告』（12）、pp.27-52

・ 山崎仁朗（2013）「エアフルト市における地区協議会の実態：地域自治の比較社会学の試み」『東海社会学会年報』（5）、pp.71-82

・ 山崎仁朗（2014）「ニュルンベルク市の市民団体について：「コミュニティの制度化」のもうひとつのかたち」『岐阜大学地域科学部研究報告』（34）、pp.97-150

付記

本章の執筆にあたり、ご尽力をいただいた関係者の皆様に感謝申し上げます。また、本来であれば本章を担当するはずであった、岐阜大学地域科学部教授の山崎仁朗先生（2017年に逝去）のこれまでのご活動にあらためて敬意を示したいと思います。

第 **8** 章

【フランス】
「近隣民主主義」の理念と住区評議会制

中田晋自

1 「近隣民主主義」：21 世紀フランスの新しい政治理念

1-1 近隣民主主義改革は何をめざすのか

　本章が考察の対象とするのは、フランスにおいて「近隣民主主義に関する 2002 年 2 月 27 日の法律」[1]（以下、近隣民主主義法と表記）により実施された地方制度改革（2002 年）であり、人口 8 万人以上のコミューン（commune）[2] に対し、当該コミューン内をくまなく区画した「住区（quartier）」に「住区評議会（conseils de quartier）」の設置を当該市議会（conseil municipal）[3] に義務づけた新制度である。以下、この新制度を「住区評議会制」と呼ぶとともに、21 世紀のフランスに登場した「近隣民主主義（démocratie de proximité）」の理念に基づく一連の地方制度改革を「近隣民主主義改革」と呼ぶことにする。

　近隣民主主義法自体は、非常に雑多な改革課題を対象とした数多くの条文から成っているが、公法学者のミシェル・ヴェルポーが述べているように、同法はなによりも「自治体活動への市民の参加」[4] を主要な改革課題としていたことを確認しておきたい。

　現代コミュニティの制度化と自治体内分権について国際比較を試みた法

社会学者の名和田是彦は、「コミュニティ」を「通常市町村の区域よりも狭い、その意味で地方自治制度上は制度的なまとまりとして扱われていない、区域に展開している社会関係」と定義した上で、「制度化されたコミュニティ」における住民代表組織の主要な機能を、公共サービスの提供であるか、公共的意思決定であるかによって、「協働型の制度化されたコミュニティ」と「参加型の制度化されたコミュニティ」とに類型化している [5]。

　フランスの政治学者フランソワ・ランジョンが明らかにしているように、同国の諸都市では、すでに 20 世紀初頭のボルドー市における「住区組合」の取り組み以来、地域住民団体が「住区委員会」などの名称で「住区」を区域とする要求集約活動を展開してきた経緯がある [6]。こうした住民に身近な合議空間としての住区が、今回近隣民主主義法により制度化された点に鑑みると、本章が検討の対象とする 2002 年の住区評議会制導入は、名和田が「コミュニティの制度化」と呼んだもののフランス版であり、同国における住民合議の場は、まさに「参加型の制度化されたコミュニティ」としての住区ということになる。

1-2　「近接化・近接性（proximité）」の二元的性格

　ただし、制度化された「コミュニティ」の理解に関して、フランス（語）には独自の概念が存在することに注意したい。

　コミュニティ活性化政策の米仏比較を試みたマリ＝エレーヌ・バケは、英語の「コミュニティ（community）」に対応するフランス語の概念について、communauté（共同体）ではなく、むしろ collectivité（集団）や quartier（住区）、そしてなによりも 21 世紀初頭のフランスに登場した「プロキシミテ（proximité）」が当てはまるとしている [7]。フランス語の「プロキシミテ」に対し、ここではさしあたり「近接化・近接性」の訳語を当てて議論を進めていくが、バケによれば、英語の「コミュニティ」に対応するフランス語の「プロキシミテ」は、「都市における住区や近隣（voisinage）の段階」と「社会集団的次元」とによって二元的に把握されるとしている（そ

表1 「プロキシミテ」概念の二重の意味

次元	事象	典型的用例	他言語における対応概念
地理的次元	住区のような都市内の地域的区画	近隣行政 (gestion de proximité)	英語の《neighborhood democracy》に対応
政治・行政的次元	治者・被治者間のコミュニケーションや意見交換	近隣民主主義 (démocratie de proximité)	ドイツ語の《Bürgernahedemokratie》に近い（ただし、使用頻度は低い）

（出典：Marie-Hélène BACQUÉ, Henri REY et Yves SINTOMER, « Introduction : La démocratie participative, un nouveau paradigme de l'action publique ? », BACQUÉ, REY et SINTOMER (dir.), *op.cit.*, 2005, pp.11-12.）

の意味で、上述の名和田による「コミュニティ」理解とは区別される）。さらにバケ、レイ、サントメールは、バケが見出した「プロキシミテ」概念における2つの次元を「地理的次元」と「政治・行政的次元」の2つで把握し、それらに対応する用語や概念について整理している[8]（表1）。

　以上の議論を踏まえ、本章では、近隣民主主義（プロキシミテのデモクラシー）を「地理的次元における物理的・空間的近接化」と「政治・行政的次元における行政と市民との社会的近接化」という2つの次元での近接化を通じた自治体の諸活動と諸決定への住民の参加の強化をめざす政治理念と定義する。その上で、以下この理念に基づく近隣民主主義改革がどのように実施されてきたのかをみていくが、次節では、まず、この地方制度改革がフランスの地方分権改革史のなかで、どのような位置にあるのかを明らかにする。

2 フランスの地方自治制度

2-1　第1次地方分権改革

　21世紀のフランスに登場した新しい政治理念としての「近隣民主主義」とこれに基づく一連の地方制度改革を、改めて1980年代以降のフランスにおける地方制度改革史のなかに位置づけてみたい。

　1981年の共和国大統領選挙に勝利し、フランス第五共和政初の左翼連合政権を成立させた社会党のフランソワ・ミッテラン（François MITTER-

RAND）は、自らの選挙公約に従い、「地方分権改革（décentralisation）」（1982年の地方分権法[9]）を実行に移した[10]。

　同国では、1789 年に始まるフランス革命の時代に、国土が県（département）の単位で区画されるとともに、国家の命を受けた官選県知事が配置され、所管する県内のコミューンに対する監督権を行使していた。しかし1982 年の地方分権改革により、そうした官選県知事制とコミューンに対する後見監督制は廃止され、これまで官選県知事が担っていた県の首長職は、当該県議会の議員により互選される議長が務めることになった。

　またこの改革によって、地域圏（région）[11] が正式な地方公共団体となった。上述の県と同様、首長は公選議会である地域圏議会の議員により互選される議長が務める。これにより、同国の地方自治制度は、「県―コミューン」の 2 層制から「地域圏―県―コミューン」の 3 層制へ移行した。

2-2　第 2 次地方分権改革

　こうした左翼連合政権主導の地方分権改革に対し、当時反対の立場を表明していた野党「共和国連合（新ドゴール派）」のジャック・シラク（Jacques CHIRAC）が、4 年ののち、フランス第五共和政史上初めての経験となった、いわゆる「保革同居政権」[12]（1986-88 年）の首相に就任したことから、改革の「後退」が危惧された。しかしそれは杞憂に終わるどころか、1995 年につづき、2002 年の共和国大統領選挙でも勝利した大統領としてのシラクが、第 2 期政権の最初の首相に任命した同じく新ドゴール派のジャン＝ピエール・ラファラン（Jean-Pierre RAFFARIN）は、就任当初から「地方分権改革・第二幕（Acte II）」への意思を表明している。実際、2003 年には憲法改正により第五共和政憲法第一条に「フランスの組織は地方分権的である」との一文が追加され、さらに国と地方自治体の権限配分に関する「補完性の原則」や国から地方自治体への権限移譲には財源の移譲を伴わなければならないとする「課税自主権に関する原則」が明文化されている。

このように、フランスでは、1980年代以降、二度にわたる大規模な地方分権改革が党派横断的に実施され、国から地方へと権限・財源が移譲されていったが、本章が考察の対象とする近隣民主主義改革（2002年）は、これら2つの改革（1982年の第一幕と2003年の第二幕）の「幕間（まくあい）」に実施された、もう一つの重要な地方制度改革と位置づけられる。近隣民主主義改革はどのような経緯で実現し、このとき導入された住区評議会制とはどのような制度なのか、以下具体的にみていこう。

3　「近隣民主主義」の理念と制度化

3-1　「近隣民主主義」の法制化：モーロワ委員会

　上で述べた1982年の地方分権法は、1953年以来、南仏の大都市マルセイユの社会党市政を率いてきたガストン・ドフェール（Gaston DEFFERRE）が、内相（地方分権担当相）として議会での法案審議を担当したことから、「ドフェール法」とも呼ばれる。他方、当時首相としてこれに関わっていたのが同じく社会党のピエール・モーロワ（Pierre MAUROY）であり、本章が注目するのはこの人物である。モーロワは、1973年から2001年まで、フランス北部の中規模都市リールの市長を務め、住区評議会制の原型となる市独自の都市内分権政策を実行に移している。

　元首相でリール市長（当時）のモーロワを委員長とする「地方分権化の将来に関する委員会」が、当時通算3度目となる「保革同居政権（コアビタシオン）」（1997〜2002年）の首相を務めていた同じく社会党のリオネル・ジョスパン（Lionel JOSPIN）に、報告書『地方公共活動の再建』（以下、モーロワ委員会報告書と表記）[13]を提出したのは2000年11月のことであった。ジョスパン率いる「多元的左翼」政府（社会党・共産党・緑の党が政権参加）は、早速その立法化に着手し、同委員会の提案は、2002年2月27日における近隣民主主義法の成立により実を結ぶところとなる。

　上述のモーロワ委員会報告書（2000年11月）が提出された際、委員長

のモーロワは、ある雑誌のインタビューにおいて、同委員会が住区評議会制を提案した趣旨を次のように説明している。

　　　今日、いかなるデモクラシーにも、国会議員など代表者の選挙を通じた代表制の要素が必須です。しかし、わが同国人たちは、新しく、また当然の要求をもっています。彼らが望んでいるのは、とりわけコミューンのレベルにおける政策決定に自ら参加することです。こうした考え方から、住区評議会制を創設し、全国に一般化（généraliser）させなければなりません。私はリール市でこれを実際に試みておりまして、私が市長職にあった30年間の大部分を住区への分権化に費やしてきただけに、確信をもってこれを語っているのです。近隣の日常的諸問題を規律するためには、市当局と専門諸機関そして住区評議会がしかるべき連携をとるなかで、決定が住区のレベルで下される必要があります。私が思うに、この市民参加機関は、人口2万人以上の都市に一般化（généraliser）させる必要があります。これは、ジョスパン政府が以前から実施を約束していたものです[14]（傍点は中田）。

　上述のように、モーロワは1973年から2001年までリール市長を務めていたが、市長が1977年に「自治体行政の都市内分権」へ向けた政治的意思を表明し、同市議会に提案したのが、まさに「住区評議会」の創設であった。それからおよそ23年の年月が経過していたが、モーロワのこのコメントに見出されるのは、モーロワ自身がリール市長として構築した「住区評議会制」の原型と同市での都市内分権の取り組みを、地方制度改革という方法を用いて全国の諸都市に「一般化（généraliser）」しようとする政治的意思である。

3-2 住区評議会制の原型：リール市議会

　リール市議会における 1977 年 10 月 20 日の審議では、市内にある 9 つ
の既存住区に市役所の「支所（mairie-annexe）」を置くとともに、「各住区
には、支所において会合を行う都市内分権組織を設置することとし、同組
織は『住区評議会』と呼ぶ」とするなど、住区評議会の概要に関する確認
が行われた。なお、モーロワは、同日の議会審議において、ある市議から 1
住区あたりの適正な人口規模を問われて、2 万〜2.5 万人を想定していると
答弁している。

　それ以降、およそ 4 年をかけて、住区評議会に関わる様々な規定が同市
議会で議決されていく。リール市議会の議事録によれば、住区評議会に与
えられる権限は「当該住区に関わるすべての問題について、評議会として
の意見を提出する」ことにあるとされたが、「住区評議会の権限外の諸問題
に関する意見や提案は無効」とされ、「無効か否かの確認は、市議会によっ
て行われる」とされており、このことは、住区評議会の運営をめぐる市当
局の主導性問題（後述）がこの段階からすでに存在していたことを示して
いる。

　また、同規定のなかに登場する「行政と市民との距離を縮め（rapprocher
l'administration du citoyen）、リール市の行政管理や方針への市民たちので
きるだけ多くの参加を保障する」という考え方は、その当時フランス社会
党が推進していた「地域民主主義（démocratie locale）」と呼ばれる政策思
想をモーロワのイニシアティヴの下で「翻訳」したものであり、1978 年に
同市において創設された住区評議会は、まさにこれを具現化したものであ
ったといえる [15]。そして、「近接化・近接性（proximité）」という用語こそ
使われていないが、ここに示された理念は、22 年ののち、上述のモーロワ
委員会報告書（2000 年）において「近隣民主主義（démocratie de proximité）」
へと「翻訳」されることになる。

3-3 住区評議会制の特徴：市議会による自由な制度設計

　2002年の近隣民主主義法は、上述のように、人口8万人以上のコミューンに対し、コミューン内をくまなく住区に区画し、各住区に「住区評議会」の設置を市議会に義務づけたが、注目すべきは、同法案に関する国会審議の結果、各コミューンに設置される住区評議会の「呼称(dénomination)」「構成（composition）」「活動様式（modalités de fonctionnement）」については、その規定を各市議会に委ねたことである（表2）。

　近隣民主主義法案の国会審議では主として次の2点が議論となった。すなわち、住区評議会が自らの政治的正統性を主張することで、直接普通選挙により選出された市議会と競合の関係になることを懸念する「常設型住民合議機関不要論」と、後述のアミアン市のように、市当局と地域住民団体との間で「憲章」を締結することで、市独自の住民合議システムをすでに構築しているコミューンから示された、各コミューンが享受してきた自由が制約されることを懸念する「リール型近隣政治システム押しつけ反対論」である。

　国会審議の結果、近隣民主主義法は人口8万人以上のコミューンに住区評議会の設置を義務づけたが、制度的安定性の観点にたてば、その制度設計を当該市議会に一任するとしたことにも意義は認められるのであり、ここではその意義を次の3点で整理しておきたい。すなわち、①住区評議会

表2　住区評議会制（地方公共団体一般法典 L2143-1 条）

コミューンの人口規模	人口8万人以上	人口2万人〜7万9999人
住区評議会の設置	義務（L2143-1 条）	任意（L2122-2-1 条、L2218-1 条）
市議会の役割	【審議事項】 ・住区の区画確定（同法の公布から6か月以内：2002年8月28日まで） ・呼称、構成、活動形態（自由に決定可能）	
	・住区評議会に対して、集会所の充当と毎年その活動に必要な予算の支給	
住区評議会の権限	・排他的に市長から意見聴取を受けることが可能であるが、決定権限なし ・市長の要請に基づいた当該住区に利害関係のある諸政策、とりわけ都市政策の名目において実施される諸施策の策定、実施および評価への関与	
住区担当助役職の特設	・当該市議会の議員数に対し10%以内で特設可能（L2122-2-1 条、L2122-18-1 条）	
市役所の支所の設置	・人口10万人以上（複数の住区を一つの支所が兼務可能）（L2144-2 条）	

の政治的正統性欠如問題については、公選議会としての市議会が有する政治的正統性に還元することで解消するとともに、②住民による熟議の場としての住区評議会とその直上段階に存在する公選議会としての市議会との間に生じうる「競合」を事前に回避し、さらに③従来から独自のしくみを構築しているコミューンの取り組みに不要な制約を与えることについても、同法はあらかじめ回避しているのである。

　公法学者のジャン＝リュック・ピサルーは、住区評議会の設置を義務づけられたコミューンが、「住区評議会」に関して、それぞれどのような規定を置いているのか、各市議会が定めた「憲章」などを検討している。その結果、住区評議会制の特質を表現するためのキーワードの一つは「多様性（diversité）」であるとされるが、実際に使用されている「呼称」の多様性はまさにその一例である（表3）。

表3　「住区評議会」の呼称と使用都市名

1	住区評議会 (conseils de quartier) パリ、マルセイユ、リヨン、ブザンソン、ディジョン、ルマン、ニース、ニーム、ポー、ポワティエ、ランス、レンヌ、ルベ、ストラスブール、ヴェルサイユ、ヴィルールバンヌ
2	住区委員会 (comités de quartier) クレテイユ
3	住区諮問評議会 (conseils consultatifs de quartier) アンジェ、ブレスト、カーン、モンペリエ、オルレアン
4	住区諮問委員会 (commissions consultatives de quartier) トゥールーズ
5	セクター諮問評議会 (conseils consultatifs de secteur) グルノーブル
6	セクター評議会 (conseils de secteur) トゥーロン
7	地域活動評議会 (conseils de la vie locale) トゥール
8	生活工房 (ateliers de vie) ナンシー

（出典：Jean-Luc PISSALOUX, « Les conseils de quartier : manifestation emblématique de la démocratie locale participative ou large mystification ? », Anne MARCEAU, *La démocratie locale à la recherche d'un nouveau souffle*, L'Harmattan, 2013, p.93.
※ このリストには含まれていないが、筆者が現地調査を実施したリール市はその呼称として「住区評議会 (comités de quartier)」を使用している。またアミアン市では、後述のように「住区委員会 (comité de quartiers)」や「住民評議会 (conseil d'habitants)」といった呼称が使用されていた。このことから明らかなように、表中の諸都市においても現時点では異なる呼称が用いられている可能性がある。)

4 住区評議会制の実践

4-1　アミアン市における実践①：中道右派市政下の「住区委員会」

　2002年の近隣民主主義法が制定された当時、フランス北部の中規模都市のアミアン市は、1989年の市議会選挙で勝利し、市長に就任したジル・ドゥ・ロビアン（Gilles de ROBIEN）率いる中道右派市政の下にあった。2002年に導入された住区評議会制の原型は、上述のように1970年代後半のリール市に見出すことができるが、アミアン市では、ロビアン市政下の1994年以来、「住区委員会（comités de quartier）」と呼ばれるアソシアシオン（日本のNGO・NPOに相当する自発的結社）を中心とした独自の近隣政治が展開されていた。アミアン市内を26の住区に区画した上で、各住区に設立された住区委員会とこれらを組織する「アミアン市住区委員会連合（l'Union des Comités de Quartier de la ville d'AMIENS）」が、1994年に市当局との間で「住区委員会憲章」を締結し、2000年にはその改定が行われている（表4）。

　この「憲章」が述べているように、26の住区委員会と住区委員会連合は、当該住区の住民、団体、社会的・経済的アクターを構成メンバーとし、市当局から自立・自律した政治的に中立な組織であり、市に対する住民から

表4　アミアン市「住区委員会憲章」（2000年1月14日締結）概要

1	住区委員会の性格：政治中立的で、自律的および自立的であり、当該住区に関わる諸問題・諸計画について、市当局やその他の機関と直接議論を交わす権限が与えられた組織
2	各住区委員会メンバー：当該住区の住民、団体、社会的・経済的アクター（政治・行政に携わる者は会長や執行委員となれない）
3	住区委員会の役割：地域民主主義の主要な担い手として、各住区委員会は当該住区に関わるすべての問題に関与。そのため、住民からの批判や要望を集約し、市当局へ届けるとともに、住区に関わる市の計画全体について意見を提出し、各住区における生活条件の改善へ向けたあらゆる提案を住民から集約。
4	住区委員会連合：住区委員会とともに検討作業を行い、必要な手段を提供し（検討委員会の設置や専門家からの意見聴取）、提案を策定の上、市当局に提出する。
5	市当局：無料で集会所を提供し、毎年、その活動に必要な予算を支出。少なくとも2年に1度、市長、市議会議員および諸機関の長の出席の下、各住区において公開討論会開催。
6	意見聴取委員会：市議会議員5名と住区委員会側の5名の合計10名の委員によって構成。「憲章」の円滑な執行を司る責任を負い、少なくとも年1回、同連合事務局または市当局の要請に基づいて招集。

（出典：Marie d'Amiens, *Le Guide de la Démocratie Locale* を参照して筆者が作成）

の批判や要望を集約し、当局へ届けるとともに、住区に関わる市の計画全般について意見を提出し、各住区における生活条件の改善へ向けたあらゆる提案を住民から集約することをその役割としている。

アミアン市住区委員会連合が市当局に政策を提案する領域は「治安」「都市計画」「市内交通」「祭典などの推進」「高齢者問題」「青少年への働きかけ」「住環境と自然環境」などであり[16]、逆に市当局側がこれらの諸領域に関わる計画を立案するにあたっては、当初の段階で当局側から、「市当局と住民の意見交換のための特権的パートナー」たる住区委員会に情報の提供が行われ、「領域セクター」のレベルで定期的に開催される公開討論会を通じて意見交換するしくみになっていた[17]。近隣民主主義法（2002年）の第4条（地方公共団体一般法典L2144-2条）が、人口10万人以上のコミューンに「市役所の支所の設置」を義務づけたことを受けて、アミアン市は、2004年に、市内を6つの領域セクターに区画した上で、市役所の支所を置いた。各領域セクターに担当助役（与党市会議員）を配置した上で、公開討論会は、同担当助役と当該領域セクター内の住区委員会役員が出席して、開催されていた。

上述の「住区委員会憲章」が市当局との距離を保つため、「政治・行政に携わる者は会長や執行委員となれない」としていることは、例えばリール市の住区評議会が、各評議会の議長を市の助役たちが務めるとし、市議会と住民との意見交換の場となっていることと対照的であるが、アミアン市では、領域セクターのレベルにおける公開討論会がその機能を代替していたといえる。

では、2002年に制定された近隣民主主義法が人口8万人以上のコミューンに住区評議会の設置を義務づけた際、ロビアン市政はどのように対応したのであろうか。この点を明らかにするためには、2002年6月27日のアミアン市議会議決第47号を確認する必要がある。すなわち、この議決は「アミアンにおけるこれまでの経緯に鑑み、アミアン市の住区評議会を今後も『住区委員会』と呼ぶ」とともに、「住区委員会の組織編成および活動形態

については、『住区委員会憲章』において定められているものと同一のものを今後も維持する」とするなど、アミアン市議会は、近隣民主主義法が各市議会に与えた裁量を、存分に活用しながら対応したといえる。

4-2　アミアン市における実践②：社会党市政下の「住民評議会」

　このように、2002年の近隣民主主義法による住区評議会制の導入が、アミアン市の近隣政治に影響を与えることはなかったが、2008年3月の市議会選挙は、中道右派のロビアンから社会党のジル・ドゥマイ（Gilles DE-MAILLY）への市政担当者の交代によって、その有り様を一変させることになった。すなわち、ドゥマイ率いる左翼連合市政は、上で述べたアミアン市議会の議決（2002年6月27日）を廃止した上で、市内を東西南北の4セクターに区画し、それぞれに「住民評議会（conseils d'habitants）」（近隣民主主義法が定める「住区評議会」）を設置する新制度を導入したのである。

　各住民評議会を構成する35名のメンバーは、「市議会議員枠（与党5名と野党2名）」と「住民枠（28名）」から選出されるが、後者の28名は次の3つの方法で決定することになった。
- フランス人有権者名簿から抽選：23名
- 欧州議会選挙有権者名簿から抽選：1名
- 有権者名簿非登録住民の応募に基づく候補者リストから抽選：4名

　このように、アミアン市におけるこの新制度では、市議会議員を住民評議会の出席メンバーとした点で、ロビアン市政時代の住区委員会と対照的である。ただし、後者はあくまでも1905年のアソシアシオン法に準拠した自発的結社であり、メンバーを多様化させるしくみを有していないことを考えると、住民評議会のメンバー選出に無作為抽出法が導入されたことは画期的であるといえる（無作為抽出法導入の意義については後述）。

　また、フランスにおいて参政権を有していないEU域外出身の定住外国人（有権者名簿に登録されていないアミアン市の住民）にも出席メンバーとなるチャンスを与えている点は、ドゥマイ市政が導入した住民評議会の

特徴の一つである。

　アミアン市の住民評議会が作成した『2009-2011 年活動報告―第 1 期回顧―』[18] によれば、同評議会のメンバーは「城塞跡の活用問題」「将来整備される専用レーン型公共交通」「持続可能な開発とエコ・カルティエ」といったテーマに取り組み、導き出した結論を市議会に伝達した。しかし、こうした住民評議会の活動は 2014 年の春に突然終焉することになった。同年 3 月に実施された市議会選挙においてドゥマイ市政の与党・社会党が敗北し、ロビアン前市長時代に第一助役を務めていたブリジット・フォーレ（Brigitte FOURÉ）が率いる中道右派市政が誕生したためである。

　フォーレ新市政は住民評議会を廃止し、ロビアン市政時代の住区評議会を復活させたが、2002 年の近隣民主主義法が、各コミューンに設置される住区評議会の「呼称」「構成」「活動様式」を当該市議会の決定に委ねたことが、まさにこれを可能にした訳である。

　2002 年に導入された住区評議会制が有する地方分権の論理（各市議会に住区評議会の制度設計を委ねる）は、6 年ごとに実施される市議会選挙により市政担当者の交代があると、当該コミューンにおける近隣政治のあり方を一変させる可能性があるという意味で、不安定化の要因でもあるといえよう。

4-3　ミニ・パブリックスの試み：活動参加者の社会学的な多様性を求めて

　上述のピサルーは、2002 年の近隣民主主義法に基づき各市議会が設置した住区評議会のメンバー構成原理をみれば、当該コミューンの市議会議員たちが「活動的で責任感のある公民精神」をどのように捉えているのかがわかるとし、それぞれに長短があることを認めた上で、実際に採用されているメンバー構成の様式を次の 5 つにタイプ分けしている[19]。

　①個人の自発性（地域住民団体へのボランタリーな参加）

　②くじ（無作為抽出）

③住民ボランティア名簿からの指名

④住区における直接普通選挙

⑤社会学的カテゴリー代表

　前節で紹介したアミアン市のロビアン中道右派市政が採用していたもの
が①であるといえるが、この①について、ピサルーは、活動に参加するに
は、時間的な余裕があり、当該住区について熟知している必要もあること
から、実際、こうした活動に参加できる者は、おのずと定年退職後の高齢
者などに限定されると述べている。

　この点に関連して、上述のランジョンは、7都市（パリ、リヨン、リー
ル、グルノーブル、ニーム、アミアンそしてトゥール）において、「住区委
員会」などの名称で活動している地域住民団体の会長や役員に対しアンケー
トを実施して、その結果から次のような会長の「プロフィール」（3つの
要素）を導き出している[20]。

● 男性（会長の80%）

● 退職者（会長の50%、平均年齢60歳）

● 自由業や公共・民間セクターの役員クラス（会長の40%）

　また、ランジョンは、住区委員会の役員たちの顔ぶれを見てみると、若
者、女性、外国人、貧困層の人々が代表されていない点に、その特徴が見
出されるとしている。上記のアンケートを通じて浮かび上がってきた住区
委員会が重視する諸価値（人的関係資本、専門的知識、無償奉仕、自由な
時間の利用）は、そもそも時間的余裕のある者にしか実践し得ないものな
のである。

　こうした問題点の克服を目指し、②を試みたのが、アミアン市のドゥマ
イ社会党市政であったといえる。同市政のように、一部のコミューンでは、
住区評議会のメンバー選出に、有権者名簿からの無作為抽出法が採用され
ており、われわれはこれを「ミニ・パブリックス（mini-publics）」の一形
態とみなすことが可能である。

　ミニ・パブリックスとは、メンバー選出に無作為抽出を採用すること で

社会を縮図化した合議体のことであり、その最初の実験は1970年代初頭のアメリカと西ドイツで、「まったく両者のあいだの連絡なしに、独自にはじめられた」という。1990年代半ば以降、世界的な普及を見たミニ・パブリックスの代表的なものとしては、アングロサクソン系で普及している「討議型世論調査（DP）」、デンマークの科学政策の評価問題から出発した「コンセンサス会議」、早くからドイツで着手され、少人数のグループに分かれて徹底した討議を繰り返す「計画細胞会議（プラーヌンクスツェレ）」、アメリカで開発され、のちイギリスに受け継がれていった「市民陪審」などが挙げられる[21]。

　こうした住区評議会のメンバー構成原理に無作為抽出法が導入されることで、クォータ制[22]を導入せずとも、社会学的に多様なメンバー構成が確保され、もしそれが評議会での議論にダイナミズムを与えるならば、フランスの地域住民団体が抱えてきた問題や停滞状況を改善していくきっかけとなることが期待される。

5　日本への示唆：人口2万人規模の住区における住民合議

　以上のように、本章では、21世紀フランスの新しい政治理念である「近隣民主主義」とこの理念に基づく都市内分権政策としての住区評議会制について、制度と実践の両面から考察してきた。2002年の近隣民主主義法は、上述のように、人口8万人以上のコミューンに対し「住区評議会」の設置を義務づけたが、他方で、設置される住区評議会の「呼称」「構成」「活動様式」といった制度設計は各市議会に委ねられている点に、住区評議会制の特徴をみることができる。その結果、自治体独自の制度を構築し、熱心に実践しているところから、その実践にほとんど熱意が感じられないところまで、活動実績において濃淡が生じている。

　とはいえ、上述のモーロワが、1977年10月20日のリール市議会において、1住区あたりの適正な人口規模は2万～2.5万人であると答弁している

ことを踏まえると、コミューンの単位では実効性のある住民合議が困難な人口 8 万人以上のコミューンに対し、制度設計上の自由裁量を認めた上で、都市内分権の制度化と実践を求めるフランスの住区評議会制は大変意義深いものといえる。そしてこのことは、コミュニティの再生という課題を抱える日本の地域自治に対しても、一つのヒントを与えているように思われる。

注
1) Loi du 27 février 2002 relative à la démocratie de proximité.
2) 日本の市町村に相当するフランスの基礎自治体。ただし、パリ・リヨン・マルセイユの 3 大都市の特別制度を除いて、日本の市町村のような制度上の区分はない。2020 年 1 月 1 日現在、フランス本土と海外県を合わせて 3 万 4968 のコミューンがある（フランス内務省資料）。
3) 6 年ごとに全国一斉で改選されるコミューンの公選議会。
4) Michel VERPEAUX, Droit des collectivités territoriales, 2ᵉ édition, PUF, 2008, p.34, pp.214-215
5) 名和田是彦「現代コミュニティ制度論の視角」、名和田是彦編『コミュニティの自治―自治体内分権と協働の国際比較―』日本評論社、2009 年、pp.1-14
6) François RANGEON,《Les comités de quartier, Instruments de démocratie locale》, Centre de recherches administratives politiques et sociales de Lille (CRAPS), Centre universitaire de recherches administratives politiques de Picardie (CURAPP), La démocratie locale : représentation, participation et espace public, PUF, 1999, pp.329-331
7) Marie-Hélène BACQUÉ,《Dispositifs participatifs dans les quartiers populaires, héritage des mouvements sociaux ou néolibéralisme? : Empowerment zones aux États-Unis et politique de la ville en France》, Marie-Hélène BACQUÉ, Henri REY et Yves SINTOMER (dir.), Gestion de proximité et démocratie participative: Une perspective comparative, La Découverte, 2005, pp.90-91
8) Marie-Hélène BACQUÉ, Henri REY et Yves SINTOMER, 《Introduction : La démocratie participative, un nouveau paradigme de l'action publique?》, BACQUE, REY et SINTOMER (dir.), op. cit. , 2005, pp.11-12
9) Loi du 2 mars 1982 relative aux droits et libertés des communes, des départements et des régions.
10) 戦後フランス左翼のリーダー的存在であったミッテランにとって、地方分権改革は彼が 1971 年に社会党の第一書記に就任して以降の政権獲得へ向けた党改革と不即不離の関係にある、戦略的政策であった。拙著『フランス地域民主主義の政治論―分権・参加・アソシアシオン―』（御茶の水書房、2005 年）の第 3 章を参照。
11) 複数の県を所管する広域行政圏。1950 年代からすでに、複数の県からなる国家行政上の区画として機能してきたが、ミッテラン政権によるこの改革により初めて正式な地方公共団体の一つとなった。2016 年に実施された合併により、フランス本土（コルシカを含む）の地域圏が 22 から 13 に削減された結果、現在フランスには、5 つの海外地域圏と合わせ、18 の地域圏が存在する。
12) 各国が採用している執政制度の違いにより、保革など敵対的な党派が政治権力を分有する「ねじれ」も多様な現れ方をするが、フランスの場合、政府を指揮する首相が国家元首である大統領にとっては敵対的な党派から選出されるかたちで現れ、「コアビタシオン（cohabitation）」と呼ばれる（1986 〜 88 年、1993 〜 95 年、1997 〜 2002 年の 3 回）。フランス第五共和政憲法は、国民の直接普通選挙により選出される大統領に首相の任命権や国民議会（下院）の解散権を与えているが、首相については、同時に国民議会による信任が必要とされているため、大統領が議会多数派の意向に反した人物を首相に任命することは困難である。
13) Pierre MAUROY, Refonder l'action publique locale : rapport au Premier ministre, Commission pour l'

avenir de la décentralisation, La Documentation Française, novembre 2000

14) Pierre MAUROY, 《ajuster la décentralisation à l'évolution du temps》, Regards sur l'actualité, Mensuel No 271, La Documentation française, mai 2001, p.7

15) リール市独自の住区評議会設立に向けた 1970 年代末の同市議会における審議内容については、議事録等を参照して検討を行った拙著『市民社会を鍛える政治の模索―フランスの「近隣民主主義」と住区評議会制―』（御茶の水書房、2015 年）の第 3 章を参照。

16) ロビアン市政下のアミアン市役所発行パンフレット『住区委員会』より。

17) アミアン市『地域民主主義ガイド（Le Guide de la Démocratie Locale)』

18) Les conseils d'habitants de la Ville d'Amiens, Bilan 2009 〜 2011: Retour sur un premier mandat, 2011

19) Jean-Luc PISSALOUX, 《Les conseils de quartier : manifestation emblématique de la démocratie locale participative ou large mystification ?》, Anne MARCEAU, *La démocratie locale a la recherche d' un nouveau souffle*, L'Harmattan, 2013, pp.95-96

20) François RANGEON, op. cit. , 1999, pp.332-338

21) 篠原一「はじめに」「終章　若干の理論的考察」、篠原一編『討議デモクラシーの挑戦―ミニ・パブリックスが拓く新しい政治―』（岩波書店、2012 年）、pp.vii-viii、pp.241-245。ただし、こうした合議体がミニ・パブリックスと呼ばれるようになったのは 2000 年代に入って以降の「新しい傾向」であり、例えば、アメリカの政治学者ロバート・ダール（Robert DAHL）は、1989 年に彼が提案した合議体を「ミニポピュラス（mini-populus）」と呼んでいたという。この時ダールが提案したのは、無作為抽出によって選ばれた 1000 人ほどの市民が、1 つのテーマごとに 1 年間討議して、その結果を発表し、議会を補完する機能を果たすというものであった（同前、p.243）。

22) 人種や性別といった属性のなかでの政治的平等を実現するため、一定数の枠を特定の人種や特定の性に割り振る制度。

第**9**章

【オーストラリア】
防犯を起点とした地域住民組織と住民参加

―Neighbourhood Watch と Precinct System

鯵坂学

1 防犯を起点とした Neighbourhood Watch と住民参加を目指す Precinct System

近年、日本では平成の大合併やその結果としての政令指定都市の増加、中核市などの形成により、自治体の広域化がみられ、それらの自治体行政の隙間を解消するために地域自治区制度が試みられている。この結果、草の根のコミュニティにおける市民・住民の要望や声を行政にどう反映するのかが、地域のガバナンスを考える時の課題として浮かび上がってきている。これらをふまえて、この章ではかつて筆者が現地調査したオーストラリアの地域住民組織と住民参加の試みについて、メルボルン都市圏とシドニー都市圏における状況を中心に検討する。

本章で扱うオーストラリアにおいては、日本の町内会・自治会にあたるような居住者全員の加盟を前提に、またその目的・機能が地域共同管理を基礎に、多様な活動を行っているような団体・組織は見当たらない。そのため、地域の防犯活動を起点として住民を組織し、活動を行っている Neighbourhood Watch と、地方自治体の行政施策に対して地域住民の草の根からの参加を目指している Precinct System について紹介する。

2 オーストラリアの地方自治制度

　中田實も強調しているように、地域住民組織を検討するとき、その社会の地方自治制度との関連が焦点の一つとなる。日本の約20倍の面積があり、2020年現在では約2568万の人口を持つオーストラリアの地方制度について、ここで簡単に述べておく。オーストラリアは17世紀ごろからイギリスの植民地として形成され、おおよそ現在の州ごと（ニュージーランドも含む）に植民地政府があった。1901年になって州の連合としての連邦が結成され、オーストラリアとして一つのまとまった国民国家となった。そのため、各州が独自の大きな権限をもっており、初期には地方自治体は存在しなかった。

　現在は行政体系としては連邦－州（北部特別地域［準州］を含め7つ、他にキャンベラ市の首都特別地域がある）－地方自治体（538団体）という3層構造をとっているが、依然として州政府の果たす役割、権限は大きなものがある（表1）。州は自治体およびその議会の解散権さえも持つ。人

表1　オーストラリアの各層政府の権限

連邦		州・特別地域	地方自治体
専属的権限	共管的権限	その他の権限	
連邦憲法に規定されている、連邦に専属する権限	連邦憲法に規定されている、連邦政府と州が行使し得る権限	専属的権限・共管的権限以外の権限（州のみが行使し得る権限）	各州がそれぞれの地方自治法により地方自治体に付与した権限
(例) ・関税・消費税の課税 ・通貨製造 ・連邦憲法改正の発議 　等	(例) ・関税・消費税以外の課税 ・防衛 ・外交 ・社会福祉 ・年金 ・郵便制度 ・度量衡制度 ・銀行運営 ・保険運営 ・著作権制度 　等	(例) ・警察 ・消防 ・救急 ・公立学校 ・公立病院 ・環境保全 　等	(例) ・地方道整備 ・山火事対策 ・公衆衛生 ・児童保育 ・ごみ収集 ・建築確認 ・土地利用計画 　等

（出典：自治体国際化協会シドニー事務所、2018、『オーストラリアとニュージーランドの地方自治』より）

口は 2020 年で約 2568 万人であるが、国土が広いためもあって、人口の多くは国土の主に南東部に集中しており、規模の大きな自治体もここに多い。

　1990 年代になって、行政改革の一環として自治体合併の政策がとられ、1990 年の 848 から、2017 年には 538 団体となっている。北部準州および 2 つの州では、人口がまばらなため地方自治体が存在しない地域もかなりあり、これは州および準州が直接管轄している。ちなみに、公務員は連邦・州・地方併せて約 150 万人いるが、その構成比率は連邦：2 割、州：7 割、地方自治体:1 割であるように、地方自治体の仕事は相対的に小さなものである。

　歴史的にみると 1960 年代までは白豪主義をとっており、ヨーロッパや北アメリカ出身者に移民を限ってきた。しかし、1970 年代中期からは白豪主義を撤廃し、アジア諸国からの移民を受け入れるようになり、現在の人口の 28％が海外生まれの移民であり、その 2 世を含めると約半数が移民出自である[1]。

　地方自治体は各州によって名称は異なるが、都市部では City Council, 農村部では Shire Council, District と呼ばれることが多い。規模としては平均で 4 万 8000 人となり、日本の約半分の規模である。最大の自治体は Brisbane City で 118 万人を越えるものもあるが、これは例外で、多くは 1 万人程度のものが多い。大都市圏の自治体は、筆者がかつて訪問したメルボルン都市圏にある Stonnington 市が人口 8 万 4300 人であったように、5 万〜10 万人までのものが多い。久保田（1998）によると自治体の主な事務は道路、資産税、ごみ処理の 3 つと言われてきたが、シドニーやメルボルンの都市圏の自治体では、表 2 にもみられるようにコミュニティサービス、図書館、美術館、芸術センターの建設運営、公園整備などの生活文化サービスに積極的なところもある[2]。 Stonnington 市では、こうした共同事務とともに、地域住民や住民組織の様々な活動に助成をしており（1999 〜 2000 年で約 230 の community organisation が 130 万オーストラリアドルに相当するサポートを受けている）、オーストラリアでも地域住民組織・集団と地方

表 2　地方自治体の施策例

ア	道路整備ほか土木事業（Road and Public Works） —道路・橋梁、上下水道、公会堂、公園等の建設および維持、駐車場メータの設置など
イ	都市計画（Planning） —ゾーニング、都市開発計画など
ウ	建築規制および保存（Building Control and Preservation） —建築許可、歴史的建造物の保存など
エ	ごみ処理（Waste Disposal） —ゴミ収集・処理、歩道・公園等公共施設の清掃など
オ	コミュニティサービス（Community Services） —チャイルド・ケア、保育所や幼稚園等の管理運営 —高齢者、病院への移動給食車サービス、高齢者用住宅の提供、高齢者参加事業の実施
カ	レクリエーションおよび文化事業（Recreation and Culture） —図書館、公民館、公園、テニスコート、ゴルフ場などの管理運営
キ	公衆衛生（Public Health） —害虫・毒草駆除、食品検査、公衆便所・ごみ箱設置、飼犬登録など
ク	山火事対策（Bush Fire Brigades） —山間部の自衛消防団の設置、訓練など

(出典：久保田治郎、1998、『オーストラリア地方自治体論』ぎょうせい、p.36)

自治体には一定の親密な関係があることが確認できた[3]。

　次の節では、こうしたオーストラリアの地方制度を念頭において、オーストラリアのメルボルン都市圏の地域住民組織について検討を加える。

3　メルボルンにおける地域住民組織

　はじめに、メルボルンにおける地域住民組織について筆者の共同研究者であった野辺政雄が1999年の8・9月にメルボルン在住の201人の成人女性（20〜55才）に行ったアンケート調査の結果から見ておこう。この調査において、現在加入している地域住民組織や集団について尋ねている。また住民組織の一つであるNeighbourhood Watch（以下NHWと略すことがある）についての参加もたずねている。これらの結果をまとめて整理したのが、表3である。詳しいデータは野辺の論文[4]を参照されたいが、表の右側の数字は何らかの程度において、当該の組織・集団に参加している人の実数とパーセントである。

表3　地域住民組織・集団への加入数・加入率
（メルボルン都市圏の女性を対象にした調査より）

	名称	加入数 （人）	加入率 （%）
1	parents citizen's association	34	16.9
2	baby-sitting group	6	3
3	children's playgroup	28	13.9
4	community association	10	5
5	resident's association	3	1.5
6	church, religious or spiritual group	38	18.9
7	trade union	7	3.5
8	sporting club (playing member)	45	22.4
9	sporting club (non-playing member)	19	9.5
10	special interest group (hobby group)	27	13.4
11	youth group	6	3
12	political party	3	1.5
13	protest group (political activities)	4	2
14	social service organisation	5	2.5
15	business organisation, professional organisation	35	17.4
16	nationality group	6	3
17	veterans' organisation	1	0.5
18	charity or welfare organisation	16	8
19	old school group	17	8.5
20	other group	4	2
21	neighborhood watch	63	31.3
	調査対象者数	201	

（出典：野辺正雄の「メルボルンに居住する女性の調査」（2000）より）

　参加率が高いものを順に並べると、Neighbourhood Watch、スポーツクラブ、教会などの宗教的集団、職業集団、学校などの父母会、子供のプレイグループ、趣味の会である。このメルボルンの調査結果と野辺がかつて首都キャンベラで行った調査結果[5]を比較すると、調査がなされていなかったNHWを除いて、メルボルン調査の女性達は職業集団、趣味の会に参加している率が高く、労働組合への参加率が低いことが分かる。そして、二つの調査から、オーストラリアの都市には、組織・集団の類型に照らしてみると、日本の町内会・自治会のように包括的機能・多目的をもち、原則として地域住民が自動的にかつ全員が加入するような組織・集団は存在し

ないといえる。ただ、父母会や子供のプレイグループは、子供をもつ住民のかなりが加入していることを窺わせる。また、筆者の短いが2度のメルボルン滞在中の経験からは、知人が所属している教会（バプテスト派）のように、子供や若い人の参加が多くみられ、活発な活動をしている宗教集団があることは注目に値する。さらに、知人も地域のテニスクラブに所属し、その会の役員をつとめ、近くにあるコートの整備に余念がなかった。このように、スポーツなど余暇の集団も活発である。

　ところで、このメルボルン調査の回答者が一戸建地域に住む女性であり、オーストラリアあるいは英語圏での生まれの人が8割を越えるためもあってか、この調査ではエスニック・グループ（national group など）に参加している人が極端に少ないことに注意しておく必要があろう。先に述べたようにオーストラリアはかつて白豪主義により、イギリスなどからのアングロサクソン系統の移民以外に、イタリアやギリシャなどの南欧、ポーランド、ロシアなどの東欧からの移民を受け入れてきた。しかし、1970年代中頃に白豪主義から決別し、多文化主義を標榜して80年代以降多くのアジア系住民を受け入れてきた。その結果として、オーストラリア最大の都市圏であるシドニーは多民族都市となり、多くのエスニック・コミュニティが形成されている[6]。筆者が入手して整理した、シドニーが州都であるNew South Wales 州のエスニック・グループの資料[7]からみても、多民族社会となったオーストラリアの都市では、新しい移民層を中心に、エスニック・グループの組織への参加はかなりの比率になると思われる。

　なお、メルボルン都市圏においても、さまざまなエスニック・コミュニティの形成がみられ、このエスニック・グループと宗教組織が関連をもっていることも指摘されている[8]。筆者がインタビューを行ったメルボルン都市圏の Stonnington 市では、123のエスニック・グループの存在が把握されている。ギリシャ、イタリア、ロシア、中国、ポーランド系の順に多く、アフリカ、南米、東南アジア系のグループがこれに続いている。そしてその内22のエスニック組織（association）を市は支援している。このように

組織・集団の類型からいえば、オーストラリアの都市では様々なボランタリー組織が形成されるとともに、新移民の住民たちを中心に同郷的・エスニック的集団・組織が族生していることを示している。近年になってますます新移民が増加する中で、オーストラリアでは中央政府をはじめ州政府、自治体の各層において、多文化主義が標榜され、各エスニック・コミュニティの多様で自律的な活動について注目が集まっている[9]。

　以下では最も参加率が高かった NHW について検討する。この NHW は任意参加であるが、後述するように、警察組織（オーストラリアでは警察は州の業務である）との連携が深く、原則としてビクトリア州の全ての地域に組織され、加入率も相対的に高いことから、日本における行政協力組織（例えば、防犯協会）の性格に近いとも考えられる。

4　メルボルン都市圏における Neighbourhood Watch

4-1　北米とイギリスにおける Neighbourhood Watch

　Neighborhood Watch は犯罪の防止を目的として、1960 年代以降にアメリカ合衆国やカナダ、イギリスで組織された住民組織であるといわれている。イギリスの犯罪学者である T. ベネットによると[10]、アメリカで最も早くNHW が結成されたといわれている Oakland では、1966 年に地域の犯罪、とくに家宅侵入や空巣を防止することを目的として‘Home Alert’というNHW にあたる組織が形成されたという報告がある。また、1971 年にはPhiladelphia で地域の犯罪防止を目的に、‘Block Association of Philadelphia’や‘Community Walks’という組織が作られている。これらの組織では、毎月住民会議を開き、防犯に関する情報交換を行ったり、市民によるパトロールなども行われていたようである。

　また、1972 年には Seattle 市で「地域防犯計画」（The Community Crime Prevention Program）が立ち上げられている。ここでは、住民の調査がなされ、家宅侵入・空巣にたいする関心の高さが明らかにされた。そしてこの

計画の内容は、①居住の安全点検を行うことによって家宅侵入を防ぐことができることを市民に知らせる、②個人財産に名前を付ける（marking）ことによって盗難を防ぐことができるという情報を知らせる、③伝統的な警察の防犯の幅を広げるために'Block Watch'を結成する、④家宅侵入を減らすための防犯意識を高める情報を提供することの四つからなっている。また、他の都市のNHWと違って、ここでは地方自治体と市民活動家によってこのプロジェクトがなされたことが特徴であり、その後NHWの活動として有名な事例となった。

　T. ベネットによると、イギリスでは、1943年にロンドン警視庁が「良き隣人は犯罪を防止する」を見出しとして近隣の力を結集して防犯組織を結成しようとしたが、上手く広がらなかった。1982年になってCheshire州のMollington村で'Home Watch'計画が実施されたのがイギリスにおける初めてのNHWの結成と考えられている。ここでは、住民たちが警察にたいして家宅侵入に対処してほしいとプレッシャーをかけたこと、そして、その警察署長が北米の近隣による防犯活動に興味をもって資料を取り寄せ、NHWの結成の戦略を住民にアドバイスしたことがきっかけとなった。Mollington村で成果が上がると、Devon州、Hampshire州、そしてロンドンなど全国に広がったようである。

4-2　Victoria 州の Neighbourhood Watch

　オーストラリアではNHWは、Victoria州の州都があるメルボルン都市圏のFrankston市のKananook地域で1983年に初めて結成され、しだいに他の自治体、他の州に広がっていった。結成のきっかけは、犯罪の増加、薬物の市民への浸透にたいして、警察と市民が連携して防ぐことであった。

　Victoria州内ではNHWは以下のような組織構造になっていて、理事会（Board of Management）［民間人3名、警察官3名で構成］、州評議会（State Forum）［民間名23名、警察官23名］のもと、5つの地域圏（Region）－23の地区（District）－1260の地域（Area）－約2万5000の小地域（Zone）

に組織化されている。理事長は民間人であるが、局長は警察官である。NHW の州事務所での聞き取りなどによると、地区の範域は、Victoria 州にある 79 の自治体の領域を基礎に編成したものであり、地域は多くの場合、道路や川など空間的なもので区切られた地域割がなされている。そして、NHW は州内の人の住んでいるほとんどの地域（Area）で組織され、地理的・空間的には 52% ～ 53% の範囲に存在している[11]。

　NHW の地域は大都市圏では 600 ～ 800 の世帯、農村部では 100 ～ 150 の世帯で構成され、その下位単位である小地域は主に大都市圏で見られるのだが、20 ～ 40 世帯で構成されていることが多い。NHW を構成している世帯数は州全体で 90 万世帯、人口 270 万人（Victoria 州の人口は 2020 年では 580 万人）とされている。

　具体的な活動としては、州レベルでは全体的な組織の統括・運営と広報紙 "Sentinel" の発行［年 4 回］を行っている。警察官以外はみなボランティアで、財政は州や自治体からの助成はなく、ほとんどが企業からの広告料などの寄付で賄われている。地域圏は地区を統括している。地区レベルでは、その本部が広報紙 "GOLF　DISTINCT　DRIVER" を月 1 回の割合で発行している。また、各地域の代表者（Area Manager）の研修、地域の NHW メンバーの訓練、一般警察官への指導、老人に対する安全講座の実施などを行っている。筆者が訪問した G 地区（人口約 60 万人）では当時、185 地域のうち 174 地域にその地域組織が結成されていた。以下では、NHW の草の根の活動の基礎組織である地域（Area）について紹介する。

4-3　Neighbourhood Watch の地域組織：G28 を事例として

　メルボルン都市圏（約 480 万人）の代表的な地域組織として、1999 年 8 月にインタビューした G28 について紹介する。この地域組織は地方自治体の行政区域としてはメルボルン都市圏の東南東に位置する Monash 市のなかにあり、950 世帯が住むミドルクラスの一戸建の家が多い地域である。G28 は地域の犯罪の増加という事態に対処するため 1985 年に結成され、そ

の年の9月に公式認定をうけた。結成の際には、4か月の準備を要し、初めての総会には1000人以上の人が集まった。しかしその後、参加者は減少し、今では総会に出席する人は60〜80人である。主な活動としては、月に1回の集会（meeting）をもつこと、月に1回の会報を編集発行し、全戸に配布することである。会報の印刷は地方自治体が無料で引き受けてくれる。会費は発足時に一人5ドルを集めたが、その後は集めておらず、財政は広告料や寄付によっている。

　筆者が出席した集会（出席者は30人弱）では、NHWの運営上のことや近隣の出来事を話し合ったりした後に、地域担当の警察官がこの1か月に地域で起こった犯罪や盗難などへの対策や留意すべき点を報告した。また、12月にはクリスマスパーティを開き、いつもは参加しない人にも声をかけ、親睦を深める活動も行っている。集会の参加者は50歳代以上の人が多く（図1）、お茶とお菓子、サンドイッチなどが出て、日本の町内会や老人会の親睦会のように、和気あいあいの雰囲気であった。

　役員は会長（1人）、副会長（1人）、参与（4人）、書記（1人）、会計（1人）、募金・広報・生活援助の各委員会（各4人）の委員である。それ以外に会報を全戸に配布する人が26人いる。メルボルン調査のQ19でNHWに参加している人に参与の程度を聞いてみると、役員になったり集

図1　NHWの地域（Area）の集会（中央が会長、右隣が地域担当の警察官）
（1999. 筆者撮影）

図2　街の電信柱に貼られたNHWのステッカー
（1999. 筆者撮影）

Partners in Safety

図3　NHW のステッカー―（ドアや壁、塀などに貼る）

会に出たりする人は約1割である。

NHW が地域住民に呼びかけている犯罪の予防としては、①戸締まり、②貴重品や家具などに自分の名前や免許証の番号などを刻み付けること、③怪しい人の報告、④安全対策の講演や訓練に参加すること、⑤家の壁や塀、電柱などに NHW のステッカー（図3）などを貼ることなどである。

ところで、NHW はその組織体制の全てのレベルで警察との関連が深い。そこで、野辺のメルボルン調査では Q20 で NHW がプライバシーを侵害していると思うかをたずねている。それに対して、回答者の3％が「そう思う」と答え、96％の人が「そうは思わない」としており（残りは「その他」および「N.A.」であった）、参加住民にはこの組織を肯定的に評価している人が多いことが分かる。

5　ニューサウスウェールズ州における Precinct System

5-1　ニューサウスウェールズ州における自治体行政に対する住民参加の制度

ニューサウスウェールズ州（以下NSW と表記）は、2017年現在で人口748万人、128 の自治体（Local Government）があり、自治体の平均人口規模は、約5万1000である。NSW 州の州都であるシドニーは都市圏としては2017年では人口が520万で、オーストラリア最大の都市圏であるが、自治体としての City of Sydney は、約18万人である。このように、全体として自治体の規模は小さく狭域的であり、財政や人員も少ないことから、地方行政の多くは、州政府が担っている。

（一財）自治体国際化協会のシドニー支部の調査によると、NSWでは自治体内の住民の参加・参与に関しては、以下のような制度がある[12]。

①シャレット（Charette）

　自治体の都市計画を策定する時に、利害関係者を集めて行われるワークショップ。

②市民パネル（Citizens Panel）

　自治体の課題や行政サービスに関して定期的・継続的に行われる公開討論会。

③地域フォーラム（Regional Forum）

　特定地域内の自治体やコミュニティの利害関係者を集めて行われるフォーラムで、地域計画に関して包括的な提言を行う。そのために、州政府機関の代表者や当該地域の議員、NGOなどの代表者も参加することがある。

④市民陪審（Citizens Jury）

　無作為に選ばれた一般市民で構成される陪審団が、自治体の課題について専門家などから話を聞き、その内容を審議し、彼らの提言が公表される。

⑤プリシンクト・システム（Precinct System）

　自治体より狭域のコミュニティの地域課題について地域住民が話し合い、自治体の意思決定に関与するシステム。

以下では、このプリシンクト・システムについて紹介する。

5-2　プリシンクト・システム（Precinct System）

(1)ノースシドニー市

　このPrecinct Systemとは、自治体行政を開かれたものにするために、狭域のコミュニティレベルの住民の意見を汲み上げるシステムである。Precinctとは、自治体より狭域の管区・専用区域・近隣などを意味する。プリシンクト・システムは、オーストラリアでは、1980年にNSW州のノース

シドニー（North Sydney）市で初めて導入され、12 の自治体で設立されている[13]。

　ノースシドニー市は、シドニー市の北側にある、面積 10.4km²、人口は約 5 万 6000 人、議員 12 人（4 選挙区）、職員 380 人の自治体である。ノースシドニー市には現在 26 のプリシンクト地区があるが、プリシンクトの集会や委員会が形成されている地区は 22 である。プリシンクト地区の世帯規模は、おおよそ 500 〜 1500 世帯である。なお、CBD（中心業務地区）にはプリシンクト委員会は組織されていない。ノースシドニー市の Committee Guideline を参照すると、プリシンクトシステム（PS と略すことがある）は以下のようなものである[14]。

(2) プリシンクト・システムの目的

　PS の目的は、地域の住民やそこで働く人々、学生、不動産の所有者がコミュニティの要望や意見を自治体に知らせるために、関与することを促進すること。公的な協議や戦略的な計画の課題の遂行において、自治体との連携を提供することである。

　また、自治体の長期計画に対して、個々のプリシンクト地区の自然的・社会的な特徴や要望を自治体に知らせ、その策定を援助すること、コミュニティとその外部との相互交流を促進すること、自治体の議員と連絡を取ること、全ての住民への情報提供の媒体となること、州や国や民間団体のような自治体の外の団体との連絡を自治体が負託に応え行うようにすることである。

(3) プリシンクト・システムの定義

　プリシンクトは、自治体の境界内の人口学的なまとまり、建造形態、土地利用などにより区切られた自然的・地理的範域である。また、プリシンクトの活動は、会議の参加者による討論や意見の表明や決議にもとづき、投票によって選出されたプリシンクト委員会による提案や要望によって行われる。

　委員会はプリシンクト内の住民やそこで働く人々、学生や不動産所有者

を含むコミュニティの代表の集まりであり、自治体で生じていることについての地域的課題について討論を行う。15歳以上の学生は投票の資格を持っている。執行部（Office Bearers）は委員会の議長・書記など責任のある地位をもつ人々によって構成されるが、会計・副議長などを置くのは自由裁量であり、その任期は4年である。

（4）会議・運営

委員会は年間4回の集会と年次総会の開催が義務づけられている。集会の開催は、議長が召集し、地域の住民やそこで働く人々、学生、土地の所有者の全てが参加することができる。会場はコミュニティセンターや学校で、当該地域にかかわる諸課題について討論がなされる。あらゆる決議は、公的な会議の議事録を、その決議に関与した人数と賛否の人数とともに自治体に提出しなければならないことになっている。

（5）自治体や議員との関係

自治体は集会の開催場所の提供、委員会への情報提供を行い、自治体内に専門職員を配置し、自治体内部の関係部門との連絡調整などの支援を行う。また、自治体の広報媒体により、プリシンクトの集会開催の広報を行ったり、チラシの印刷などの経費の支援も行う[15]。2009年度では、1000オーストラリアドル（約8万円）が、各プリシンクトに支出されている。

各プリシンクトは、集会や委員会での討論にもとづき決議された意見・提言を自治体に示すことはできるが、最終的な決定は、自治体が行うことになっている。通常、自治体側は関連するプリシンクト地区に影響を与える決定を行う前に、当該プリシンクトの意見を聞く。自治体の職員は、しばしばプリシンクトの集会に招かれ、特定の課題についての情報提供を求められている。

議員は、自分の住むプリシンクト以外の集会には、招待なしには出席できない。議員やそのスタッフ、自治体の職員もプリシンクトの集会で直接的な動議を出すことはできない[16]。

(6) プリシンクト・システムに関する評価

　自治体国際化協会のシドニー支部の調査をもとにプリシンクト・システムの地域コミュニティ側からと自治体側からの評価についてみてみると以下のようである。

　コミュニティから見た場合の肯定的評価としては、地域の問題について話し合うための定期的な会合の場が与えられ、適切な対応がなされることで、住民は自分たちに自治の権利が与えられたと感じている。政策決定への関与を通じて、コミュニティと自治体との間で緊密な関係を築くことができ、自治体の政策決定の初期の段階から住民の関与が可能となる。

　その否定的評価としては、プリシンクト委員会は新しい参加者に関して必ずしも開かれていないことが指摘されている。プリシンクト・システムの役割は、自治体からみると双方向の情報交換であると考えているが、プリシンクト委員会の方は、意思決定に対する影響力は小さいと考えられていることが多い、などである。

　自治体側から見た肯定的評価としては、プリシンクト・システムを持つ自治体は、よりオープンで参加型の自治体だとの評価により、コミュニティとの意思疎通が容易となる。プリシンクト委員会の存在により、自治体はコミュニティの意思に対して素早い対応が可能となる。政策立案においてもパートナーとしての住民意識が高められる。住民からの創造的、画期的なアイデアを取り入れることができる、などである。

　否定的な評価としては、プリシンクト委員会への対応のために、自治体は職員を配置し、資金の援助を行わねばならないので、他の事業への圧迫となることがある。プリシンクト・システムは、常に議論すべき課題を有していないと活動が停滞するので、自治体側は幅広い問題に関わらせるように誘導する必要がある。また特定集団の利害の表明の場となる場合がある。プリシンクト・システムの機能が高まるほど、コミュニティの側は自治体への「関与」として意見を言うだけにとどまらず、むしろ自らが決定することを主張することがあり、こうなると自治体側はこのシステムを容

易に取りやめることはできなくなる[17]。

(7)まとめ

　以上プリシンクト・システムについてみてきたが、このシステムは日本でも行われている「タウン・ミーティング」や「パブリック・コメント」などよりも自治体政策への住民の恒常的な参与が保障されており、自治体とコミュニティとのパートナーシップの形成という意味では期待をもたせるシステムであろう。またコミュニティの全住民や構成メンバーに開放された組織形態を持っている点で、包括的な地域住民組織ともいえる。しかし、会費の徴収は行われておらず、自治体からの補助金も少ないので、独自の活動がなされていくのかどうかや、現在 12 の自治体でしか組織されていないので、今後オーストラリアではこのシステムが継続・拡大していくのかどうかは、未知数である。

6 　日本への示唆：自立した個人をネットワークする恒常的なしくみづくり

　これまで Neighbourhood Watch と Precinct System に焦点を当ててオーストラリアの地域住民組織と住民参加について検討してきたが、その特徴についてまとめておきたい。

　オーストラリアの地域住民組織は、日本のように原理として地域住民全員が加入するような地域住民組織は存在しない。住民の地域生活をささえるのは、自立心の強い個人や個々の家族のネットワーク、住民諸個人が任意に参加する趣味の会、子供をめぐる会、職業・産業集団、宗教集団、そして新移民を中心としたエスニック・コミュニティやエスニック・グループおよびその組織（アソシエーション）である。また、日本にくらべて地方自治体の規模が小さいため自治体と住民との距離が近いので、自治体は異なる組織・集団に参加する利害を異にする住民にきめ細かに対応している側面もある。

ただ、犯罪の増加のように地域全体の問題を解決するために、住民全体を対象にした活動（特に会報の全戸配布）を目指す住民組織として NHW が都市部、農村部を問わず設立され、およそ 40 年の歴史を蓄積していることは注目される。NHW は中田實のいう、空間性、機能性、関係性を持った住民組織といえるだろう。しかし、組織が地域住民の要望を取り上げて地域計画や「まちづくり」に取り組むようになるとは思えないが、この会の経験・ネットワークが、災害や再開発などのような地域住民全体にかかわる問題が生じたときに、救助や復興、インフラ建設など地域全体の意見・要求の調整、計画の策定過程において生かされるかもしれない。付け加えれば、近年、日本の都市では犯罪の増加と警察による解決・検挙率の低下がいわれている。これに対応して、全国のいくつかの都市で従来の防犯協会とは別に住民による「地域自警団」が結成され、パトロールなどが行われれているとの報告がされているが、この NHW との異同が注目される。

　一方、プリシンクト・システムは、地域の全構成員に開かれており、恒常的な集会と委員会・執行組織を持ち、集会では投票による決議も行われているという直接民主主義的な機能を有している。現在 12 自治体にとどまるプリシンクト・システムが、全国的に広がれば、コミュニティを基礎とした、地域自治・地域ガバナンスの成熟の一つの形態として評価できる制度である。

注
1)　自治体国際化協会シドニー支部（2014）
2)　久保田（1998）、自治体国際化協会シドニー支部（2018）
3)　City of Stonnington 2000, pp.39-44
4)　野辺（2000）
5)　野辺（1996）p.268
6)　Ip, David. et al.（1992）、川上郁雄（2005）、塩原良和（2017）、堤純編（2018）、関根政美ほか編（2020）
7)　鰺坂（2011）
8)　野辺（2002）
9)　Ethnic Communities' Council of NSW（1996）。また、Ethinic Communities 'Council of NSW の Annual Review などを参照されたい。
10)　T. Bennett（1990）
11)　この数字は、明確なメンバーシップを有している加入世帯数というより、会報が配布されている世帯から割り出したものと思われる。
12)　自治体国際化協会シドニー支部（2003）。このプレシンクト・システムについてはこの報告書の

内容に多くを負うている。
13）自治体国際化協会シドニー支部（2003）
14）North Sydney Precinct System（2009）
15）自治体国際化協会シドニー支部（2003）
16）North Sydney Precinct System（2009）
17）自治体国際化協会シドニー支部（2003・2014）

参照文献
- Beck, U. 1992 *Risk Society,* Sage Publications（＝ 1998 東廉ほか訳、『危険社会』法政大学出版会）
- Bennett, Trevor. 1990, *Evaluating neighbourhood watch,* City of Stonnigton 2000, 1999 / 2000 Annual Report
- Ip, David et al. ed. 1999, *Images of Asians in Multicultural Australia*, University of Sydney Multicultural Centre
- North Sydney Precinct System, 2009, 『Community Guidelines』（January13,2011, http:// www. northsydney. nsw. gov. au/）
- 川上郁雄（2005）「オーストラリアのアジア系移民」早稲田大学オーストラリア研究所編、『オーストラリアのマイノリティ研究』オセアニア出版社
- 久保田治郎（1998）『オーストラリア地方自治体論－行政改革先進国にみる地方分権－』ぎょうせい
- 塩原良和（2017）『分断するコミュニティ：オーストラリアの移民・先住民政策』法政大学出版
- 名和田是彦編（2009）『コミュニティの自治―自治体内分権と協働の国際比較』日本評論社
- 野辺政雄（1996）『キャンベラの社会学的研究』行路社
- 野辺政雄（2000）「メルボルンに居住する女性のパーソナルネットワーク調査の基礎分析」『岡山大学教育学部研究収録』115 号
- 野辺政雄（2002）「キャンベラの住民運動の研究」『オーストラリア研究』14 号、pp.65-77
- 関根政美（1987）「シドニー オーストラリアの都市」藤田弘夫・吉原直樹編『都市－社会学と人類学からの接近－』ミネルヴァ書房
- 関根政美ほか編（2020）『オーストラリア多文化主義論：移民・難民・先住民族との共生をめざして』法律文化社
- 堤純編（2018）『変貌する現代オーストラリアの都市社会』筑波大学出版会
- 山崎仁朗・宗野隆俊編（2013）『地域自治の最前線：新潟県上越市の挑戦 』ナカニシヤ
- 自治体国際化協会シドニー支部（2003）『コミュニティと行政―住民参加の視点から―』
- 自治体国際化協会シドニー支部（2014）「オーストラリアにおける住民参画」『CLAIR REPORT』NO. 397
- 自治体国際化協会シドニー支部（2018）『オーストラリアとニュージーランドの地方自治』（財）自治体国際化協会

（付記）
本章は、鯵坂学 2011「オーストラリアの地域住民組織と住民参加－ Neighbourhood Watch と Precinct System を焦点にして－」『ヘスティアとクリオ』No10 の論考を加筆・修正したものである。

ラテンアメリカ、南・東南アジア編

住民参加のしくみをどうデザインするか

第**10**章

【ブラジル】
自治体の予算編成への住民参加の試み

玉野和志

1 ポルト・アレグレの市民参加型予算

　ポルト・アレグレ市は、ブラジル南部の都市で、リオ・グランデ・ド・スル州の州都である。人口140万を越えるが、ブラジルでは10番目の都市であり、白人比率の高い都市である。このポルト・アレグレ市で1989年から始められたのが、市民参加型予算（Participatory Budgeting）とよばれる市民参加の試みで、その後、ブラジル全土はおろか、アルゼンチンやウルグアイなど南米各地に広がり、さらにヨーロッパ諸国でも採用された世界的に有名な参加民主主義の試みである[1]。ポルト・アレグレで市民参加型予算を始めたのは、労働者党（Partido dos Trabalhadores：PT）であり、労働者党はこれをてこに勢力を拡大し、その党首ルイス・イナシオ・ルーラ・ダ・シルヴァは2002年から2011年まで二期大統領をつとめ、ブラジルの繁栄を築いた。しかしながら大統領退任後にルーラは汚職で訴追を受け、労働者党も2004年のポルト・アレグレ市長選挙で敗れた後は、異なる地域政策が導入され、市民参加型予算は従来ほどの力をもたなくなっているようである。したがって、現在ではその意味合いが変質しつつあるようだが、ここでは主にその導入時の実際とその意義について紹介してみたい[2]。

以上のように、ブラジルの市民参加型予算の試みは、自治体の予算編成とその執行過程への市民参加を実現しようとしたものである。しかもそれは労働者党という左翼政党によって提案されたものであった。この点で、保守政党の影響力の強い組織としての自治会・町内会を中心とした行政の執行過程への関与が一般的であった日本の地域住民組織の経験と比較したときに、きわめて興味深いものがあると考えられる。

2　市民参加型予算誕生の前史

　ブラジルの地方自治制度については、ポルトガルによる植民地時代、帝政時代、共和制時代、軍事政権時代、民政移管以降と幾多の変遷をへているが、基本的には連邦制の下で州の権限が強いかたちをとっている。州はそれぞれ州憲法を有し、自らの立法議会と州兵を擁していた。1930年から45年の独裁時代に中央集権化が進み、州の自治権が弱められることになるが、民政移管後の1988年に公布された新しい憲法の下で、現在の連邦制が確定され、立法権や行政権のみならず、課税権も州によって分割されている[3]。市民参加型予算が成立した背景には、日本よりは中央集権的な性格が弱い連邦制という制度的背景の違いがあることに注意する必要がある。以下に述べるように、市民参加型予算が導入された背景には、この88年憲法にもとづく地方自治体への予算と権限の移譲があった。このように、第二次世界大戦後のブラジルでは1964年にアメリカの支援を受けたクーデターによって成立した親米反共の軍事独裁体制が長く続いたが、1985年以降民政移管が実現し、文民政権が復活した。ポルト・アレグレでの市民参加型予算の成立には、軍事政権下での人権侵害に抗する人権運動（Human rights movements）の蓄積と1988年に発布されたブラジル連邦共和国憲法によって基本的な公的サービス提供の予算と権限が地方自治体に移譲されたことがその背景になっている[4]。

　また、軍事政権下で広がった貧富の格差と、有力者とのつながりに依存

するクライエンタリズムの蔓延によって行政のサービス提供において公正さを欠くという事態が一般化していた。クライエンタリズムとは、恩顧主義とか、パトロン政治ともよばれるもので、政治家が私的な資源を配分することを通して、支持者との間に個人的な庇護＝忠誠の関係を築くことで得票を得るしくみのことを意味する。近代的な合理的行政制度が確立していない段階によく見られるものである。アメリカではかつて「マシーン政治」とよばれ、何かと不利な立場にある移民たちに日頃から便宜を図ることで多くの票をまとめることのできるボスたちが、地域政治に大きな影響力を保持していたが、やがて市政改革運動によって「リフォーム政治」へと転換していったとされる[5]。投票結果が政治家への個人的な支持ではなく、政党の政策への公的な支持として解釈され、政策の実現によって公的なサービスが誰にでも平等に提供されるという近代的な行政への進展を意味する。現在の中国などで、政治家や行政官などとの個人的なコネクションがないと、話がなかなか進まないというのも、クライエンタリズムに類するものと考えることができる。日本でも戦前や戦後すぐの頃までは、有力者を通じて問題の解決を図るというやり方が残っていたものである。日本の場合は、比較的早くに行政は法にもとづいて形式合理的に執行されるというやり方が定着したが、ラテンアメリカなどではこれが残っていたと考えられる。しかも、そのようなコネクションは必ずしも保守系の政治家だけではなく、左翼政党においても一般的で、かつ政治家だけではなく、行政官においても同様の不公正な取り扱いが見られたようである。この意味で、クライエンタリズムが容易に政治家や公務員の汚職と結びつくことはいうまでもない。比較的新しい左翼政党である労働者党が、市民参加型予算を提案し、広く市民の平等な参加と監視にもとづく、行政の公正な執行による公平な政策の実現を求めたのにはそのような背景がある。しかし、そうやって国政にまで上り詰めた労働者党の党首ルーラが、大統領を務めた後に汚職で訴追されるというのは、皮肉であると同時に、クライエンタリズムの根が深いことをうかがわせる。

とはいっても、1980 年に結成された労働者党は、集権的な民主制や前衛的な立場に反対し、内的な民主主義の実現と公開性を重視して、軍事政権による抑圧に反対したブラジル民主主義運動（Movimento Democratico Brasileiro）の市民活動家とも連携するかたちで、市民参加型予算を構想した[6]。それは貧富の差にもとづく公的サービスへのアクセスの不公正の温床となっていたクライエンタリズムを克服するための方策であった。とりわけブラジル民主主義運動がさかんであったポルト・アレグレでは、1980 年代中頃から上下水道や道路の舗装、住宅・教育・健康・失業対策への対応を求める地域住民組織によるコミュニティの運動がさかんになり、1983 年には市民参加型予算でも重要な役割を果たすポルト・アレグレ住民組織連合（UAMPA：União das Associações de Moradores de Porto Alegre）が結成される。そして、1988 年に労働者党がポルト・アレグレの市長選挙に勝利を収めると、市民参加型予算が導入されることになる[7]。

3　市民参加型予算編成のしくみ

　ここでは、市民参加型予算（Participatory Budgeting: 以下、PB と表記）の具体的なしくみについて紹介する。PB は最初ポルト・アレグレで導入されたが、その後、さまざまな地域に広がっていった。したがって、同じく PB であっても、具体的な過程はそれぞれ若干異なっている。同じ地域でも時期によって異なる。そこで、ここではどこかのある時期の実例というよりも、ポルト・アレグレでの最初の形態を基本としつつも、その後徐々に固まっていった一般的な形態として、説明することにする。

　図に示したのが、PB の 1 年間のだいたいの流れである。年度初めに最初の全体集会が地域ごと、課題ごとに開かれる（the regional and thematic plenary assemblies）。そこでは前年度の事業の進捗状況が報告され、住民からの突き上げや質疑応答が行われる。ここには市長とその側近も参加し、地域の誰もが参加でき、参加者が 1000 人を超える場合もあるという。この

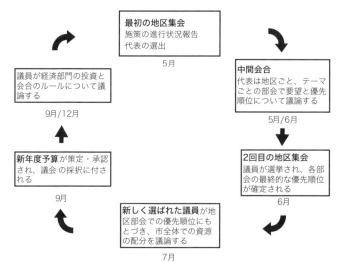

図　市民参加型予算の年間サイクル

（出典：Baiocchi, G. "Participation, Activism and Politics: the Porto Alegre Experiment and Deliberative Democratic Theory," *Politics and Society*, 29(1), 2001,p.47 より作成）

ときに地域ごとと課題ごとで、それぞれの予算編成を検討していく代表（Delegates）が選出される。代表選出の方法については、これまでに幾多の変遷がある。最初は5人に1人とか10人に1人から始まったが、その後、参加者が増えていったので、1997年の基準では、次のようになっている。100人までは10人に1人、250人までは20人に1人、400人までは30人に1人、550人までは40人に1人、700人までは50人に1人、850人までは60人に1人、1000人までは70人に1人、1000人以上は80人に1人という具合である[8]。

　ここで選ばれた代表は、その後数ヶ月にわたって地域ごとならびに課題ごとに会合を重ね、そこで各領域での要求と必要な事業の洗いだし、優先順位を検討していく。その過程で行政職員からは技術的な説明や予算上の制約についても情報提供がなされ、徐々に現実的な提案にまとめられていく。

　年度の半ばに行われるのが、2回目の全体集会である。そこでは地域ごとならびに課題ごとの要求と優先順位が紹介され、それらの全体を調整・決定する市民参加型予算編成「議会」（the Council of the Participatory

Budgeting: COP）の「議員」が選出される。「議員」は地域ごと、課題ごとに各 2 名選出される。ここでいう「議会」や「議員」は、一般的な意味でのそれではないことに注意してほしい。あくまで行政が新規事業の選定と優先順位を正式の議会へ提出する政策的な提案に関する意思決定に関与する「議会」と「議員」に過ぎない。そのような限定を持つこの COP の「議員」たちが各地域、各課題の代表たちと交渉すると同時に、行政職員とも連携しつつ、最終的に市の議会に提出する予算案をまとめていくことになる。

　こうして市民参加型予算編成「議会」で承認された予算案が、最終的に市の議会 (the municipal legislative) に提出され、検討されることになる。一般市民の選挙によって正統化されているのは、あくまでこの議会なので、COP の提案を議会は拒否することもできる最終的な権限を有している。しかしながら、実際にはこれまで市民参加によって提案された予算案が全面的に否決されたことはないという [9]。

　以上が、市民参加型予算の具体的な全体像である。

4　市民参加型予算の成果

　その後、ブラジルはおろか南米およびヨーロッパまで広がった市民参加型予算の取り組みにはどのような効果があったのだろうか。まず、PB が試みられるまでのブラジルの地方行政はどのようなものであったかを確認しておきたい。すでに詳述したように、途上国にはよく見られる特質として、それまでは政治家や官僚とのコネクションにもとづいて資源が配分されるクライエンタリズムとかボス支配とよばれる、ともすれば汚職が横行する不公正な行政のあり方が一般的であった。このようなクライエンタリズムによる不公正な行政の下で、貧富の差が激しい、つまり貧しい地域に十分な資源の配分がなされないしくみがはびこっていた。市民参加型予算の試みは、あらゆる市民の参加をオープンに受け入れたうえで、そこで選

ばれた代表が必要な事業を算定し、やはり同じように選ばれた議員によってCOPでの調整が行われて地域ごと、課題ごとでの事業の優先順位が決定されていく。しかもその代表や議員は、最初の全体集会に集まった住民の数に応じて選ばれるのである。さらにその結果は翌年度の初めに、その進捗状況に関する行政側の説明も含めて市長の前で討議される。少なくとも参加した住民の間では透明で公正な手続きが展開し、積極的に参加し、声を出しただけの成果が得られるしくみになっている。

　しかしながら、この市民参加の過程で、参加者が限られていたとしたら、いくら手続きが透明化され公正であったとしても、資源の配分は貧富の差を縮めることができなかっただろう。ところが、ポルト・アレグレでは、貧困な地区の住民や女性、少数民族がその他の市民よりも多くPBに参加することで、実際に貧困地区ほどより多くの事業を獲得し、地域的な貧富の差が軽減され、多くの地域で基本的なインフラの整備が進んでいったことが報告されている[10]。その背景には、そのような市民の参加を促していった地域住民組織の働きが大きかったという。すなわち、軍政下での人権運動としてのブラジル民主主義運動を背景に地域ごとに組織されていった近隣組織（neighborhood associations）を基盤としたUAMPA：ポルト・アレグレ住民組織連合の存在が大きかったのである。この組織が各地域単位で、とりわけ不利な状況にある地域の住民たちのPBへの参加を組織していったのである。そうして参加し提案した事業が次々と実現することを通して、より多くの条件不利地域からの関心が高まり、貧困層や女性、少数民族の積極的な参加が促されていったわけである。

　ここで注意しておかなければならない点は、この時期のブラジル経済の成長が、このような地域行政における新規事業を、毎年市民の要求にもとづき継続的に実現するだけの予算的な裏づけを、その条件として実現していたという点である。ブラジル経済をBRICsの一角にまで押し上げたのは、労働者党のルーラ大統領の功績が大きいと言われる。労働者党がまずはポルト・アレグレにおいて市民参加型予算を提案し、市民参加による生

活基盤の整備を実現していった背景には、ブラジルの経済成長とそれにともなう中間層のそれなりの拡大が、女性や貧困層の参加を励ましながら、行政官や議会との折衝をも進めていくだけの市民の成長を支えていたと考えられる。しかしながら、そのような中間層の拡大がさらに昂進することで、やがて公共政策が貧困層への支援にかたよる点への批判を準備したともいえるわけで、この点が労働者党の後退と最近の市民参加型予算の変質につながっているのかもしれない[11]。

　いずれにせよ、こうして、それまでのクライエンタリズムにもとづく不公正で不平等な地域行政のあり方が変革され、透明かつ公正で効率的な行政運営が実現し、地域ごとの不平等なインフラ整備のあり方が是正され、貧困者や貧困地区に手厚い新規事業や行政サービスが提供されることで、貧富の格差が改善されていったのである。すでに述べたように、近隣組織を基盤に市民参加型予算を実質化することに成功した労働者党は、このポルト・アレグレでのPBの成功をてこに、やがて国政を握るようになるのである。

　しかしながら、ここで改めて断っておくべきことがある。すでに見たように、市民参加型予算は、あくまで行政の新規事業に関する議会への提案の策定過程への参加にとどまっている。正式な政治的意思決定は、あくまで選挙によって選ばれた議員による議会の権限なのである。したがって市民参加型予算はあくまで議会が決定すべき行政からの提案策定過程への参加に過ぎない。この点がその後のポルト・アレグレにおけるPBの変遷や、日本のコミュニティ政策への示唆との関連で、きわめて重要な点であることに留意しておきたい。

5 日本への示唆：単なる合意調達ではない開かれた行政参加

　ブラジルのポルト・アレグレから始まり、南米はおろかヨーロッパにも広がっていった市民参加型予算（PB）は、日本のコミュニティ政策にどのような示唆をもちうるのだろうか。ここでまず確認しておかなければならないのは、PB が試みられて受け入れられていくブラジルの地方行政のかつての特質である。それは特定の政治家や官僚との個人的なつながりによって公共サービスの公正で平等な執行が妨げられているというクライエンタリズムがはびこっていたという状況である。それは多くの途上国で現在でも課題となっている状況であり、かつての日本やアメリカにおいても、ボス支配やマシーン政治として課題とされたものである。中国や韓国においても、ときにその存在が問題とされている。少なくとも形式合理的には公正な近代的な行政システムが整備される以前の、有力者との個人的なつながりが物を言うしくみである。市民参加型予算は、このクライエンタリズムを克服する意味で絶大な効果をもたらし、実質的にも貧困者や貧困地域への手厚い公共サービスの提供を実現したところに、なによりもその功績がある。したがって、中央集権的に公正で平等な行政システムが比較的早くに整備されていたことを前提としていた日本におけるコミュニティ政策とは、かなりその背景が異なることにまず留意する必要がある。参加の機会を平等に開いたとしても、十分に整っていない地域の生活基盤の平等な整備を求めて、とりわけ不利な状況にある住民の広範な参加が期待されるような状況は、少なくとも現在の日本のコミュニティにはあてはまらないだろう。やはり基本的なインフラ整備の部分での未整備と不平等が顕著な貧困地域を抱えている南米やヨーロッパの一部において、適合的な試みといわざるをえない。

　しかしながら、その具体的な進め方や手法においては、学ぶべき点が少なくない。まず、最初にすべての住民に開かれた全体集会が催され、そこ

で市長の臨席の下、政策の執行過程に関する説明と質疑応答がなされる点、そこに集まった住民の数に応じて、具体的な地域的課題やテーマについて検討し、新規事業の優先順位を検討する代表が選出される点、さらにそれらの代表と行政職員が政策の実現可能性をめぐる技術的な側面を含めた話し合いをもっていく点など、市民参加の手法として学ぶべき点は多い。なにより日本のコミュニティ政策が、たとえオープンな市民参加の機会をもっていたとしても、その多くがすでに大枠の決まった政策に関する合意の調達を目的とした場合が多いのにたいして、市民参加型予算の場合は、一から新規事業の内容とその優先順位に関する意思決定を任されている点が重要である。日本のコミュニティ政策では、新規住民の参加が少ないことがつねに課題となるが、自分たちの地域における公共サービスのあり方が、自分たちの提案によって具体的に変えられるとなれば、少なくともその必要を感じている住民は参加するだろう。すでに決まった行政の執行過程に参加し、それを承認しろと言われても、多くの住民はわざわざ参加しようとは思わないのである。つまり、市民参加型予算は日本のコミュニティ政策とは異なり、すでに大枠が決められている行政の執行過程への参加による合意調達ではなく、行政の新規事業にたいする要求と意思決定を可能にするシステムとして、多くの住民をひきつけているのである。

　さらに、それらの住民の動員が、軍政下での抵抗運動からの系譜をもつ、さまざまな近隣組織（neighborhood associations）によって支えられているという点が重要である。ブラジルでは、1970年代から80年代にかけて、近隣の物的な改善や環境問題の解決を求めて、数多くの近隣組織が誕生していった経緯がある。軍政下での人権運動やブラジル民主主義運動も、これらの地域の日常的な生活要求を掲げた近隣組織の台頭と無関係ではないだろう。これらの下地のうえで、労働者党による市民参加型予算の提案が受け入れられていったのである。市民参加型予算がこれら複数の近隣組織を背景に動員された諸個人の協議によって進められている点が重要である。それは日本のコミュニティ政策のように、新しい包括的な組織を作ってそ

の中での住民の交流を求めるようなことはしていない。あくまで政策的な意思決定のための協議の場を設けているだけで、各近隣組織はそこでの自らの要求の実現のために、その背後で互いに競い合って人々を動員しているだけなのである。歴史と背景を異にする自治会・町内会と市民活動団体を無理やり関係づけようとして、いらぬ軋轢をもたらすようなことはしていないのである。それも一般的な合意の調達ではなく、具体的な政策の実現を政治的に調整しているがゆえに可能になることであろう。

　しかしながら、この市民参加型予算も、日本のコミュニティ政策と同様、あくまで行政の執行過程への参加であることには注意が必要である。すでに見たように、ポルト・アレグレでも、COPはあくまで行政の事業計画に関する意思決定に影響を与えているだけで、最終的な政治的意思決定はあくまで議会が行っている。確かに議会がCOPの決定をすべて覆した例はないが、この点は近年のポルト・アレグレの状況を理解するうえで重要である。ポルト・アレグレでは2004年の市長選挙で労働者党が政権を失って以降、PBは徐々に変質を遂げていく。新政権は決してPBを否定こそしていないが、すでに全体集会に市長が参加することはなく、行政職員からのCOPへの情報提供もかつてほど積極的ではない。新政権はPBが貧困者など一部の住民の利害を反映することが多いことを批判し、民間企業や財団に参加できる政策領域を増やし、そもそもPBに振り向ける予算をカットしているという[12]。つまり行政のあり方はつねに選挙の結果や政党の力関係によって、その枠組自体が変更されてしまうのである[13]。この点はコミュニティ政策に一見政党が大きな影響をもっているとは思えない日本においても、考慮されるべき点であろう。

1)　Shah, A. ed. *Participatory Budgeting*, Washington, D. C. : World Bank, 2007
2)　他に日本に紹介したものとして、山崎圭一「ブラジル参加型予算の意義と限界」日本地方自治学会研究年報『自治体二層制と地方自治』（地方自治叢書19）敬文堂、2006年、pp.133-151がある。
3)　松田恵里「ブラジルの連邦制と地方制度」『レファレンス』796号、2017年、pp.23-39
4)　Wampler, B., *Participatory Budgeting in Brazil: Contestation, Cooperation, and Accountability*. University Park, PA: Pennsylvania State University Press. 2011, p.25

5) 平田美和子『アメリカ都市政治の展開——マシーンからリフォームへ』勁草書房、2001 年

6) Baiocchi, G. *Militants and Citizens*: *The Politics of Participatory Democracy in Porto Alegre*, Stanford, CA: Stanford University Press, 2005, p.11

7) Santos, Boaventura de Sousa. "Participatory Budgeting in Porto Alegre: Toward a Redistributive Democracy," *Politics and Society*, vol. 26, no. 4 (December). 1998, p.466

8) 前掲論文 pp.469-471

9) 前掲論文ならびに Baiocchi, G. "Participation, Activism and Politics: the Porto Alegre Experiment and Deliberative Democratic Theory" *Politics and Society*, 29 (1), 2001, pp.43-72 を参照のこと。

10) Avritzer, L. *Participatory Institutions in Democratic Brazil*, Washington, D. C: Woodrow Wilson Center Press, 2009, pp.105-106. および、前掲 Wampler 2011, p.33 を参照のこと。

11) Chavez, D., 2006 "Participation Lite: The Watering Down of People Power in Porto Alegre" (https://www. tni. org/my/node/10406) および Fox, M. 2008 "Porto Alegre's Participatory Budgeting at a Crossroads" (https://nacla. org/node/4566) を参照のこと。

12) 前掲論文に詳しい。

13) 詳しくは、Tamano, K., "Deliberative Democracy and the Paradox of Participation," *International Journal of Japanese Sociology*. No.30, March 2021, pp.122-139 を参照のこと。

第 11 章

【インド】

地域を知り、地域を計画するための学習活動

玉野和志

1 ケララ州の民衆運動 : People's Campaign

ケララ州はインド南部の州で、アラビア海に面して、温暖な気候とヨーロッパ的な街並みで観光地としても有名なインドの楽園とよばれる地域である。識字率も高く、治安も良い。インド最大のIT特区が立地し、電子政府化も進んでいる。経済的に突出した発展を見せているわけではないが、乳児死亡率がインドで最も低く、平均寿命も長いなど、福祉州としての際立った特長があり、世界保健機関やユニセフからも表彰を受け、アマルティア・センも絶賛する地域である[1)]。

インドには211の州と7つの連邦直轄領が設置されており、行政組織は中央政府、州政府、地方自治体の三層構造をとっている。州の自治権は認められているが、各州には独自の州憲法を制定する権限は与えられていない。しかしながら、次第に州の権限が拡大され、州レベルでの自治が強化されてきている。州をまたがるものについては中央政府に課税の権限があるが、局地的なものについては州政府が課税権を有している。非農業関連の所得・資本に対しては中央政府が課税権を持ち、州政府は農業関連の所得・資本に対する課税権を有する。ただし、農業関連の課税には限界があ

るので、中央政府から多額の財源の移転が行われている。他方、州はその下にある都市部自治体（Municipality）や農村部自治体（Panchayat）への地方分権には消極的であったので、インドでは次に述べるように、憲法で権限を移譲することを求めることになった[2]。ここで紹介する民衆運動は、このような制度的背景の下で展開したものである。

さて、冒頭に述べたような特徴をもつケララ州で1990年代後半に取り組まれたのが、民衆運動（People's Campaign）とよばれる住民参加による分権化の試みである。インドでは1992年に憲法73条と74条の改正があり、この改正によって中央政府は29の権限を地方政府に移譲することが求められた。ケララ州では1996年に左翼民主戦線（Left Democratic Front: 以下、LDFと表記）が政権を獲得し、国家予算の35～40％を地方政府に移管したが、その際、民衆運動が必要と考えたのである。なぜなら、当時の地方政府は、縦割り行政によるセクショナリズムと党派的なパトロン政治（クライエンタリズム）によって汚職が横行し、人々は政府に対してシニカルな態度をとるようになっていた。その結果、地方議員や地方官僚はたとえ権限が与えられても、それを十分に行使することが困難な状況に置かれていたのである。そこで、民衆運動は地方政府の透明性と説明責任を高め、腐敗による政府へのシニカルな態度を改善し、コミュニティ感情や将来への楽観的な希望を増進することで、一般民衆の参加と地方議員・地方官僚の権限を実質化することをねらったのである。具体的な手法としては、それ以前に取り組まれていた識字運動（Total Literacy Campaign）や民衆資源地図化プロジェクト（People's Resource-mapping Programmer）など、ケララ民衆科学運動（Kerala Sastra Sahitya Parishat: 以下、KSSPと表記）の蓄積が活用された[3]。

このケララ州の民衆運動は、以下に詳述するように、多大な成果を上げるが、2001年の選挙で統一民主戦線（United Democratic Front: UDF）が政権を奪還し、LDFが政権を失うことで、わずか5年あまりで終結することになる。敗北の理由は、民衆運動の取り組みに対する評価というよりも、

他の教育政策の失敗によるものと言われている[4]。しかしながら、ケララの民衆運動はコミュニティにおける住民参加による分権化の試みとして、多くの注目を集めることになったのである。

2 民衆運動の実際

では、具体的にこのケララ州の民衆運動がどのように進められたかについて、紹介しよう[5]。民衆運動の過程は以下の5つの局面から構成されている。より詳しい局面については、表に示したとおりである。表の4と5の局面および6と7の局面を合わせて、ここでは5つの局面に整理して説明する。

表　民主的分権を求めたケララ民衆運動の主要局面
（1996 年から 98 年にかけての初年度の場合）

局面	日時	目的	活動
1. Grama Sabhas （地区集会）	1996 年 8 月 17 日から 9 月まで	人々のニーズの把握 運動に関する参加と関心の喚起	地域の学校などのローカルな場所での会合 全体集会と小グループでの討議
2. 開発セミナー	1996 年 10 月 21 日から北部は 12 月まで、南部は 1997 年 5 月まで	資源と課題の把握 最終的な公式事業に関するアイディア出し	地方事務所でのデータの収集 現地縦覧と地方開発報告書の作成 開発セミナーの開催
3. 実行委員会	1997 年 1 月から 7 月まで	開発セミナーでの提案を公式事業へと練り直す	事業提案について会合し、議論し、執筆する
4. 村落ないし都市の 地区協議会	1997 年 5 月 16 日から 1998 年 5 月まで	地方計画の最終案作成	事業の優先順位を決定し、執筆し、地方計画を確定する
5. block および district 単位の協議会	1997 年 4 月から 9 月まで	block ならびに district の最終計画案の作成	地方計画の分析 的確に補強する事業案に発展させる
6. ボランタリーな技術的 助言者と専門家による 委員会	1997 年 5 月から 12 月	事業計画の承認と技術的な調整	事業計画の読み込み、評価、改善
7. 予算の手当と 事業の執行	1997 年 6 月 5 日から 1998 年 6 月 30 日まで	地方計画にもとづく事業実施状況のモニタリング	会計の公開、財務による確認、受益者委員会の設置、請負人の雇用、モニタリング委員会の始動

（出典：Isaac and Franke, *Local Democracy and Development*. Delhi: Leftward Books. 2002, p.4 から作成）

2-1　第1局面

　まず、最初に各地区を単位に地区集会が開かれ、各地域のローカルな要望の把握が行われる。ケララ州には、村落部には village panchayats とよばれる基礎単位が、都市部には urban ward とよばれる近隣地区が存在する。village panchayats はだいたい人口2万5000人の規模で、いくつかの blocks に分かれ、さらにその下には districts がある。地区集会は村落部では gramma sabhas、都市部では ward assemblies とよばれ、いずれも地区単位の集会である。1996年に行われた最初の集会では、990の panchayats 内の1万4147の wards で、総計200万人あまりが参加したと言われている。各会場で全体集会が行われた後に、各自の関心に応じて12の部会に分かれて、議論が行われる。各部会には訓練されたファシリテーターが司会として配置される。12の部会の内容は以下の通りである。①農業と治水、②漁業と畜産、③教育、④交通、エネルギー、市場、⑤産業、⑥ハウジングと福祉、⑦公衆衛生と飲料水、⑧文化、⑨女性の福祉、⑩協同組合、⑪指定カーストと指定部族の福祉、⑫資源動員。このような部会を通じて、人々の要求が確認されるわけである。

2-2　第2局面

　最初の地区集会での部会ごとの審議をへて、各部会で選出された代表が、この第2局面では審議およびセミナーを開催し、最終的にはその地区の実状とそれに応じて必要な事業を、優先順位をつけて整理した報告書を作成していく。ここでもファシリテーターとして助言者が配置されている。resource person とよばれるこの助言者は、やはり特別な訓練を受けていて、当初議員などがその役割を果たすことが期待されたが、どうしても特定のスキルが必要なために減っていき、結局は KSSP 関係の人が多くなったという。この報告書作成の過程で、住民参加による各地区の科学的なデータの収集が必要となった。なぜならそれ以前には、縦割り行政にもとづく部署ごとのデータしかなかったからである。また、このデータ収集の過程で

は現地縦覧（transact walk）の方法が用いられた。この方法は国際的な支援を行うNGOなどが、途上国の村落の開発などを地元の人々が理解し、管理することができるようになるために、生涯学習の方法として活用してきたもので、いわゆる迅速農村調査法（RRA: Rapid Rural Appraisal）とか、参加型農村調査手法（PRA: Participatory Rural Appraisal）とよばれるもののひとつである[6]。このような過程をへて、990のpanchayatsと63のurban municipalitiesで100頁近くの報告書が作成された。

2-3　第3局面

　第2局面の報告書作成段階の最後に、報告書にもとづく具体的な施策を作成する実行委員（task forces）が選出される。この実行委員が実行委員会を行政職員とともに構成し、事業計画を作成していくことになる。この実行委員会の座長は、当初議員が務めることが想定されていたが、実際には専門職員が引き受けることなることが多かった。ケララの行政職員は比較的革新的ではあったが、やはり開発主義国家によって再編された植民地支配体制が継続していて、市民のリーダーたちと対立することが多かったようである。その過程で民衆運動は行政職員に権威主義的な縦割り行政を克服し、市民の意に沿って働くことを求めることになったのである。

2-4　第4局面

　実行委員会による事業計画が固まったところで、この提案にもとづき、今度は選挙された議員による正式な計画の策定が行われる。ここで重要なのは、地域ごとで策定された事業内容やその優先順位が議員によって実際に採用されるかどうかという点にあった。また、実行委員会による事業計画時点でうまくいっている地域とそうでない地域を組み合わせたセミナーが開催され、議員によって改善のための働きかけが行われた。すなわち行政職員が市民の意に十分に沿えていない部分を議員が調整したわけである。他方で提案にない施設の建設などが議員によって追加されることもあった

が、概ね市民の要望に沿ったものになったと評価されている。この時点で国家予算の36%が割り振られることが決定し、費目ごとの縛りが設定されてはいたが、それまで州レベルの議員の権限に属していた地域開発のための予算獲得が、地方議員による開発計画策定によって決まるようになったことが、民衆運動の一番の成果といえるだろう。

2-5　第5局面

　民衆運動の最終段階として、州レベルでの計画決定と国家予算配分の決定にもとづき、地区レベルでの実施計画が策定、実施される段階になる。具体的な地域計画が策定され、予算が執行されることになると、実際に市民の要求が実現しているかどうかを評価する執行過程の査定が必要になってくる。ところが、この時点で実際に事業計画提案に参加した一般市民や議員には、予算執行上の技術的な知識が不足していることが明らかになった。そこで政府は退職職員を中心にボランタリーな技術的助言者（Voluntary Technical Corps）を募り、事業評価チーム（Project Appraisal Team）を結成し、さらに自治体や各ブロックレベルでの専門家委員会を組織していくことになる。つまり、政策の実施過程が提案者である市民によっても評価され、透明なものにする努力が行われていったのである。

3　民衆運動の成果

　すでに述べたように、ケララの民衆運動はわずか5年あまり続いただけの試みであった。しかしながら、その効果は非常に大きなものであったといわれている。民衆運動以前のケララの地方政府は、発達した政党組織の競争にもとづく党派的なパトロン政治と縦割り行政のヒエラルキーにもとづくセクショナリズムの過大な影響力によって、汚職が蔓延し、地方議員や地方官僚には十分な権限が与えられていないという状態であった。ポルト・アレグレで見られたクライエンタリズムと同様に、党派的なパトロン

政治によって公正で透明な行政サービスの提供がなされず、政府に対するシニカルな態度が一般化していた。

　ケララの民衆運動は、少なくとも汚職を減らすという意味では、絶大な効果があった。すでに詳述したように、住民参加の下で地区ごとの報告書が作られ、それにもとづいた事業計画が策定されただけでなく、その実施過程で退職職員を中心とした技術的助言者による事業評価チームが業者と政治家による腐敗を技術的にチェックすることができたのである。また、事業計画自体も、科学的で客観的な調査報告にもとづき、地区ごとに住民参加で行われたので、公共サービス提供の効率化と透明性が確保されることになった。さらに、その実施過程でpanchayatレベルの議員と行政職員が大きな責任と自律性を持つことになったため、党派的なパトロン政治と縦割り行政のセクショナリズムが緩和されていった。何千人というボランティアが動員されたことで、シニシズムが克服され、コミュニティ意識が高まり、事業実施にともなう地元の協力が以前よりも円滑に得られるようになったという[7]。その結果、3年間で以前の計画期間より3倍以上の衛生的なトイレが整備され、住宅建設や水道の整備も改善された。とりわけ指定カーストと指定部族の住宅建設については、それまで7%しか進んでいなかったものが、38%まで整備されることになった[8]。他に、農業生産や食料生産においても改善が見られ、産業分野での成長も達成されていったのである。

4　日本への示唆：科学的な地域課題の学習と開かれた参加の過程

　最後に、このケララ州の民衆運動の成果が、日本のコミュニティ政策にとってどのような示唆をもつのかについて、考えてみたい。後発の資本主義国として比較的早期に発展した日本とは異なり、途上国としてのインドやブラジルの場合は、いずれも合理的で公正な近代の行政組織の整備が遅れた側面がある。そのため、上下水道や道路建設などの社会資本の整備が、

個人的なコネクションや政治経済的な保護従属関係によって歪められ、合理的、一律には進まなかった。このようないわゆるクライエンタリズムの弊害を克服していく政治的近代化の過程は、アメリカでは1930年代のマシーン政治からのリフォームとして知られているし、日本でもかつては半封建的な共同体的秩序の克服とか、封建遺制の解体として語られてきたものである。注意しなければならないのは、日本の場合、後発国として国をあげて中央集権的な資本主義化を進めたために、近代的で、ある程度公正な行政組織については、むしろ早期に確立し、伝統的な共同体的秩序も、それらにもとづく政治家や政党の影響力も、行政の全体としての公正性を歪めるほどの影響力はなく、むしろ行政の執行過程を円滑ならしめるために活用されてきたところがある。ゆえに途上国ならば現在でも課題とされる基本的な生活基盤の整備は、行政主導という形でそれなりに達成されてきたわけである。したがって、日本のコミュニティにおける参加は、市民活動の場を提供する集会施設としてのコミュニティ・センターの管理・運営や、市民の交流やコミュニティの醸成を図るお祭りなどのイベント開催などを通じて、行政補助的な住民組織の活性化や再組織化を目的とすることが多く、途上国のように切実なインフラ整備を平等に進めるために、市民要求に無頓着な官僚機構を改革し、パトロン的な有力者を排除するという意味合いは少ない。これに対して途上国の場合は、民衆の参加に基づいて、それまでのパトロン的な政治に左右される行政のあり方を改革するという意味合いが強いのである。まずはこの行政組織を中心とした全体的な構図の違いに注意する必要がある。

　この違いをふまえたうえで、ケララ州の民衆運動における参加の形態には、どのような学ぶべき特徴があるのかを考えてみたい。まず気がつくのは、コミュニティの課題を明らかにするために、各地域に関する科学的なデータの収集とその実質的な分析が、広範な住民参加による学習活動として組織されている点がある。日本におけるコミュニティ政策でも、たとえばコミュニティ・カルテの作成など、同様の活動が模索されたこともある

が、どちらかというと、労多くして功少なく、むしろそれをきっかけにコミュニティ活動が停滞することが多かったように思う。なぜケララ州の場合は学習活動が広範な住民の参加を可能にしたのだろうか。ここで重要なのは、調査・学習活動の成果として作成された報告書にもとづき、次の段階で実行委員会が実際にコミュニティの課題を解決すべく、優先順位を含んだ政策を策定し、それが最終的には議会の承認を得て実行されていったという点である。この手続きが、従来のような不透明なものでも、地域の実情を無視した専門官僚によるものでもなかったことが、人々の信頼をえ、参加をうながしていったのである。自分たちの参加が実際の政策の実現に結びついていったことが、苦労して作成したコミュニティカルテを実現する術がなかった日本の事例と決定的に異なるところである。とりわけ、この政策の実現という点では、議会での承認後も、実際の政策の執行過程において、その実施状況を査定するという局面に、事業計画の作成に関わった住民が議員とともに参加している点が特筆される。ポルト・アレグレの市民参加型予算の場合もそうであったが、コミュニティへの参加の実際の成果が、政策として実現しているかどうかについての検証の機会が、やはり参加した住民に開かれているのである。この点は日本のコミュニティ政策を考えるうえで重要である。

　さらに、最初の全体集会における部会においても、各地域の調査活動においても、住民から選ばれた実行委員が事業計画を作成する過程においても、そして政策の執行過程の査定作業においても、つねに訓練されたファシリテーターや助言者が住民をしっかりとサポートしている点が、注目される。それを担ったのは KSSP というケララ州のそれまでの民衆科学運動を支えてきた団体であり、行政の退職職員であった。つまり、現役の行政職員でも、議員でも、まったくの一般市民でもない人が、住民参加の過程をつねにサポートしているわけである。この点も、日本のコミュニティ政策を考えるうえで、参考になるだろう。

　すなわち、参加による具体的政策の実現の保証と、参加過程における訓

練された専門家による支援の充実が、コミュニティの現状と課題に関する参加型の民衆的学習活動を、単なる学習ではなく、実際にコミュニティの状況を変えていく政策の実現を可能にしただけでなく、そのことによって従来までの不公正な行政や政治のあり方を払拭し、住民の政府へのシニカルな態度を是正し、地方分権の実現をもたらしたのである。

　日本とは異なり形式合理的な行政システムの確立が不十分で、政党や政治家の不透明な干渉が大きい旧植民地諸国の場合は、コミュニティを単位とした人々の参加が、公正な行政の執行過程を確立するうえで、重要な意義を持つことが多い。その結果、議会や政党による政治権力の不公正をただすことで、行政権力の確立をもたらすという効果をもつことも多い。しかしながら、わずか5年で終わりを告げたケララ州の民衆運動の帰結は、そのような参加の制度そのものが、選挙の結果や政党の政策という政治権力の意向によって、根本的に変えられてしまうこともあることをよく示している。この点も、政治権力の意向というより、もっぱら行政の政策として決まっているように見える、日本のコミュニティ政策においては、とかく見逃されがちな視点である。日本のコミュニティ政策においても、実は政治的な意向が働く可能性があることを、消極的な意味だけではなく、積極的に生かしていく視点が求められるのかもしれない。

注
1）　Parayil, G. Kerala: The Development Experience: Reflection on Sustainability and Replicability, London: Zed Books. 2000
2）　自治体国際化協会（CLAIR）『インドの地方自治―日印自治体間交流のための基礎知識』2007 年（http://www. clair. or. jp/j/forum/series/pdf/j27_new. pdf）
3）　Franke, R. W. and B. H. Chasin, "Is the Kerala Model Sustainable? Lessons from the Past, Prospects for the Future " 前掲 Parayil Kerala 所収。Isaac, T. M. T. and R. W. Franke, Local Democracy and Development: the Kerala people's Campaign for Decentralized Planning in Kerala. Delhi: Leftward Books. 2002
4）　Isaac and Franke 前掲書。
5）　ここでの紹介は、Parayil ならびに Isaac and Franke の前掲書にもとづいている。
6）　いうまでもなく、これらの技法は本書が扱っている途上国におけるコミュニティ・ベイストなアプローチのひとつである。
7）　Franke, R. W. and B. H. Chasin 前掲論文。
8）　Isaac and Franke 前掲書。

第12章

【フィリピン】
地域課題に協働で取り組むバランガイ

荒木千晴

1 フィリピンの地方政府法におけるバランガイ

1-1 フィリピンの地方自治制度とバランガイ

　フィリピンは、1首都圏、1自治区、14地方、77州7109島からなる島国である。

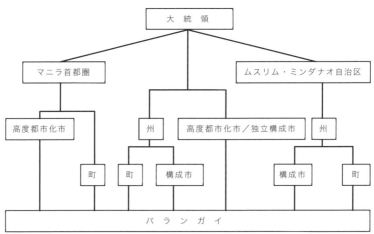

図1　フィリピン地方自治体の構造
（出典：自治体国際化協会（1998）を一部改稿）

地方自治の構造は、州、高度都市化市、独立構成市に分かれている。州のもとに市または町が置かれ、市や町はフィリピンの地方自治体の中では最も基本的な単位とされ、地方行政サービスの大きな部分を担っている。

　全ての国土はくまなく「バランガイ」という概ね数百〜数千世帯からなる最小の政治的単位に区分されている。バランガイの境界は重複せず、かつ市や町の境界と交錯することはない。2019年5月時点現在4万2045のバランガイが存在している。

　本章ではフィリピンのバランガイにかかる法制度、歴史的背景、バランガイの住民組織の取組について紹介したい。

1-2　バランガイの歴史的成立過程

　もともとバランガイという言葉は、マレー民族が使う「船」を意味する語であり、16世紀に30〜100世帯、人口100〜500人ほどの規模で、伝統的社会集団として主に川沿いや海岸沿いに存在していた自然集落を指す[1]。

　しかし、バランガイは約300年に及ぶスペイン植民地時代にその名称を「バリオ」と改称され、植民地経営を最末端で担う存在として活用された。そのため、自然集落としてのバランガイの原型はほぼ消滅しているが、地方行政の基本単位としての機能や、キリスト教普及のための拠点として活用され続けてきた[2]。

　アメリカの植民地時代である1930年代、バリオ単位で評議会が設置され、町の下部機関としての機能を担うようになった。それが法制度化されたのが1959年のバリオ憲章（共和国法第2370号）である。バリオは「準地方自治組織」と規定され、町や州、国の事業実施の補助、各種公共施設の管理主体となった。同時に住民の福祉向上、青少年の非行防止等、現在のバランガイの主要機能が規定された。住民の意思表示の場である「住民集会」の設置、役員の公選等もこの時期に規定された。

　戒厳令の時期である1973年の憲法改正時、バリオは「領域的、政治的サブディビジョン」として位置づけられ、翌年の1974年大統領令第431

号、第 557 号によりバリオは「バランガイ」と呼びかえられ、全ての国土を覆うよう、区画が定められた。この区画は政府によって線引きされており、従来の自然村としての単位とは必ずしも一致していない。

この時期にバランガイが全土を覆うように制度化されたのは、多分に政治的な理由によるとの分析がある。マルコスは戒厳令布告と同時に議会を停止したため、何らかの形で政権の正統性を調達する必要が生じ、そのための制度として利用されたのが市民集会であった。この集会を全国で開催し挙手あるいは拍手による議決で、政権の重要政策への承認がなされたものとみなす、というものである。この手法により、議会に代わり政権の正統性の根拠として利用されたのである[3]。

1983 年には、これらの法措置を全て盛り込んだ「地方政府法」が制定され、保健、農業、社会福祉等、社会サービスの実施主体が地方自治体へ移管された[4]。

1986 年に、フィリピンの民主化の象徴とされる 2 月革命が起こり、憲法改正をはじめ、様々な政策転換が図られた。地方分権に関しては、住民が参加し協議するための地域運営の装置として既存の制度を生かし、さらに充実させるための制度化が図られた。この時点で、住民組織（PO）の尊重や、NGO との協働、協議の装置としての地方開発協議会等が法制度化された。これは、戒厳令期と同じく地方分権化の政策といわれるが、その背景と内容には、大きな違いがあるといえる。

その方向性が具体的に法制化されたのが 1991 年地方政府法である。同法の主な特徴として、Estrell と Iszatt は、①限られた国家支援でも機能することができる地方自治体の裁量、資源、権限と責任の拡大、②地方自治体の開発と革新的なガバナンスに向けた地域計画主体への変換、③地域のガバナンスにおける市民（住民）力の制度化、④持続可能なパートナーシップを通じた住民組織、NGO、民間セクターと地方自治体の調和と協働の促進、⑤住民組織、NGO、民間セクターと地方自治体の共同事業の促進、⑥地方自治体の財政上の自立の推進策の提供という 6 つの項目を挙げている[5]。

1991 年には地方政府法の導入により、バランガイに配分される財源も拡大した。改正以前は 1 割だった内国歳入分（IRA）の割当が、改正後に 2 割配分されるようになった[6]。

　以上見てきたように、バランガイは、自然発生的な集落が制度化されたものではなく、植民地時代の影響ならびに戒厳令期等政治的な影響を受け、国家により政治的に区割りされた単位である。領域の設定や成立過程の点で、日本の自然集落や町内会とは違いがあるといえよう。国土全ての区域がくまなく制度化されていること等は、このような歴史的経緯に起因するといえる。

　現在のフィリピンにおける地方分権化の流れの中、バランガイは「地方自治体の一種（「基本的政治的単位」（地方政府法第 384 条）」と規定され、行政的分権化の受け皿として機能している。その上で、民主的分権化の母体として、住民組織、NGO、民間セクターと地方自治体の協働によりコミュニティ・ニーズに対応する公共サービスを創出し、運営する単位としても、今後多くの機能を期待されている単位であることが大きな特徴であるといえよう。

1-3　バランガイの法的根拠

　バランガイは、1987 年に制定されたフィリピン共和国憲法、1991 年に制定された「地方政府法」に法的根拠を持っている。

　1987 年憲法では、バランガイが町や市と同様に「領域的、政治的な分割地」であり、「地方自治を享受する」と規定されている。また憲法では、各地域で分権の促進と自治の強化、及び経済社会的な発展と開発の推進のため、地方開発協議会を設置することが明記されている。この憲法を受けて、地方政府法は、その第 384 条で、バランガイを次のように定義している。

　「基本的な政治的単位（basic political unit）として、バランガイは政府の政策、計画、事業、そして活動の、コミュニティにおける主たる計画及び実行単位であり、そして住民の集団に共通する見解が明示され、具体化さ

れ、尊重され、また紛争が平和的に調停されるフォーラムである。」このように、バランガイには、政策や計画の「実行単位」、そして、住民等が参加し、議論や調整が行われる「フォーラム」という2つの役割が規定されている。

1-4　バランガイの事務

　バランガイの具体的な事務について、地方政府法第17条「基本的なサービスと施設」では各地方自治体の行うべき事務が例示されている。バランガイが管轄する基本的なサービスや設備として、①栽培品の配布や、農産品の収集・販売所の運営などの農業支援業務、②バランガイヘルスケアセンターやデイケアセンターの管理・運営等、社会保健福祉サービス提供、③公衆衛生、環境美化、廃棄物収集に関するサービス及び施設、④バランガイ調停の執行、⑤バランガイの道路、橋脚、水道設備の維持管理、⑥多目的ホールや舗道、プラザ、スポーツセンター等地域公共施設の管理、⑦情報センター、図書館、⑧公衆市場が挙げられている。

　農業支援業務や、保健・福祉に関する事項、道路、水道、地域内の公共施設の運営管理など、バランガイの区域内の生活・生産活動に関する資源の管理等が挙げられる。また、バランガイ調停の実施という司法的機能が含まれていることも特徴といえよう。

1-5　バランガイの構成

　地方政府法第3巻の第384条〜第439条で、バランガイの役割、組織、機能が規定されている。

　バランガイの構成図は、図2のように模式化される。条文第387条によると、執行機能を持つ「バランガイ長」、立法機能を持ち、意思決定機関として機能する「バランガイ審議会」、司法機能を持つ「バランガイ調停委員会」に分かれ、市や町の関連機能を持つ機関と密接な関係を持って運営されている。

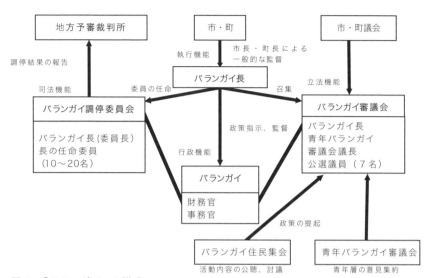

図2 「バランガイ」の構成
（出典：自治体国際化協会（2004）を一部筆者変更）

1-6 バランガイにおける地域協働と住民参加の制度的装置

　住民に身近な地域単位で行うことが望ましい事項について、バランガイの単位に特定のテーマを扱う協議会を設置し、機能を果たすよう法制度化されているものがある。

　フィリピンにおいては、コミュニティにおける多セクター間の協働による公共的事項の運営が推進されており、憲法ならびに地方政府法にも、バランガイを含む各地方自治体の開発協議会等各種協議会の設置と多セクターの協働を目的とした具体的な制度的装置が明記されている。ここでは災害対応において、地域協働の基盤組織として機能している協議会である「災害調整委員会」の事例を紹介したい。

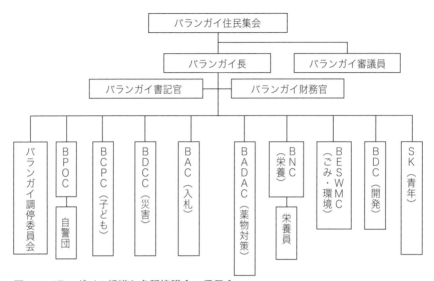

図3　バランガイの組織と各種協議会・委員会
(出典：Cherry Canda Melodias MPA (2007)'Barangay Governance'における構成図を参考に筆者が翻訳し，作成)

2 バランガイ・マンギンの事例：災害調整委員会（BDRRMC）の活動

2-1　協議会の背景にある制度・枠組み：コミュニティを基盤とした防災活動（CBDRM）の展開

(1)フィリピンにおける災害の状況

　フィリピンは東南アジアにおいて最も自然災害の多い国のひとつである。代表的な災害は台風・暴風雨、洪水、火山噴火、地震、干ばつ、自然火災、斜面災害、さらに高波・高潮などが挙げられる。1990年から2018年度にかけ、フィリピンは565の災害に見舞われており、推計230億USドルの経済的損失を被っている[7]。

　災害別被害をみると台風・暴風雨による被害が多く、生活や農作物、経済社会的な基盤に影響を及ぼしている。特に、低地に位置する地域は、洪水等の被害を受けやすい。

2016年の"ハイマ"、2018年の"マンキット"等の台風は、フィリピン各地で激しい雨と洪水等で甚大な人的・経済的損害を出している。

(2)フィリピンにおける災害対応機関と法制度

フィリピン政府における災害対応機関として、国（全国災害リスク軽減・管理協議会、NDRRMC）、州、市町レベルの協議会のほか、バランガイにも災害対応協議会（BDRRMC）が設置されており、防災と災害対応、被害軽減に取り組んでいる。

2010年5月27日に、共和国法第10121号「フィリピン共和国災害リスク削減・管理法」が成立、災害リスク削減と管理のためのアプローチとして各セクターが統合された、全体的、包括的な枠組みを採用しており、社会経済的な、あるいは気候変動を含めた環境に関する被害を未然に防止することを主眼としている。加えて、関係する諸機関や関係者の全てのレベル、特に地域コミュニティにおける参加・参画を推進している。

(3)フィリピンにおけるコミュニティ防災の推進

フィリピンでは地域社会が、災害の起こる前に被害の軽減、防止、災害への備えに関する活動に参加し、災害対応する能力を強化することが重要であると考えられている。これらの考え方は、1990年代後半より、CBDRM（Community Based Disaster Risk Management）という考え方と枠組みに基づき、NGO等により被災しやすい地域コミュニティにおいてモデル的に取り組まれてきている。

CBDRMでは、以下のような考え方を重視している。

①災害リスク管理は、コミュニティの脆弱面を補強することにより、開発において有効性をもたらす重要な要素である。

②様々な分野の主体／セクター間の参加と協働はDRMの取り組みを有効とするのに不可欠である。

③災害リスク管理は国家から地域にまたがる優先度の高いテーマであり、実施には強固な制度的基盤がある。

④知識、新たな技術等の導入と教育は、全てのレベルにおける安全と回

復力の文化を構築するため全ての関係者にとって重要である。

⑤貧しいコミュニティは、災害に対応し、災害から復興していけるよう備える必要がある[8]。

本論では、先行事例から、災害リスク削減と対応のモデル地域として、パンガシナン州ダグパン市のバランガイにおけるバランガイ災害調整委員会の活動を取り上げたい。

2-2 バランガイの地域的背景と概要：ダグパン市バランガイ・マンギン

(1)ダグパン市の概要

パンガシナン州ダグパン市は、フィリピンルソン島の北西部の海に面して位置する都市で、人口が17万5780人、3万9173世帯が居住している[9]。

ダグパン市の西部にある山間部から市北部のリンガヤン湾に流れ込む川沿いの低地では、排水が常に詰まりやすい状態があり、日常的に洪水が起きている。

ダグパン市の中でもマンギンと、その他7つのバランガイは、2005年に高い洪水のリスクがあることを認定され、排水と防災に関するパイロットコミュニティとして指定された。

図4　パンガシナン州ダグパン市の位置
(出典：http://www.philippinescities.com)

図5　バランガイ・マンギンの地図（川に囲まれた地域）
(出典：バランガイ・マンギン BDRRMC 提供)

(2) バランガイ・マンギンの概要

　バランガイ・マンギンは、ダグパン市の郊外に位置する人口 4125 人、920 世帯 (2018 年度時の市統計)、面積 4.446km² のバランガイである。バランガイの範域は、農地が 56ha、川、沼 18.5ha、住宅 43ha、その他 5.5ha という内訳である。

　全体的に低地で水域の占める割合が比較的多く、山間部から湾に向かう川の下流が蛇行しながらバランガイの中心を通っているため、バランガイの領域全体が台風や大雨の際に水害に遭いやすい構造を有している。

　バランガイ・マンギン内のインフォーマルなサブディビジョン「シティオ」(Citio) は 4 つである。労働・産業は、雇用労働者がもっとも多く約 1200 名であり、次いで農業従事者、建設業従事者、漁業従事者が続く。

　地域内の産業資源として、約 15 の魚の養殖池、12 の田、2 つの野菜畑があるほか、42 のサリサリストア (小規模商店)、1 つの銀行、2 つの商店、3 つの建設業、3 つのインターネットカフェ、2 つのビデオケ (カラオケ) ショップ、2 つの散髪屋、1 つのレストラン、1 つの魚屋がある。交通機関はジプニー、トライシクル、三輪自転車等である。

　バランガイ・マンギンの有する公共資源としては、バランガイホールに併設される保健センター、デイケアセンター (保育所)、図書館、多目的ホール、広場等がある。病院、バランガイ市場は、設置されていない。

　バランガイ・マンギンの組織は、バランガイ長 1 名、バランガイ審議員 7 名、成年部会である SK 議長 1 名、事務官 1 名、財務官 1 名という構成である。BDRRMC 以外の独立した委員会活動は見られない。

　バランガイの財源は、2010 年度の IRA (国家歳入割当):162 万 8479 ペソ、住民税収入、市からの助成金を合わせ、年間予算額は 184 万 9479 ペソとなる [10]。

　バランガイ内の団体としては、PTA、教区会議等が挙げられる。

2-3　関係機関、支援機関

　CBDRMに基づく考え方により、法律制定以前から、災害リスクを削減し、対応を行うコミュニティの力量形成に関する取り組みが、フィリピンでは災害対応センター（Citizens' Disaster Response Center, CDRC）、災害準備センター（Center for Disaster Preparedness, CDP）等のNGOによって、1990年代後半より進められてきた。今回バランガイ・マンギンを支援したNGOとして、災害準備センター（CDP）の機能と役割にも着目したい。

2-4　協議会活動、プロジェクトの展開プロセス：バランガイ・マンギンにおけるCBDRM活動の展開

　バランガイ・マンギンをはじめとするダグパン市内の8つのバランガイは、特に洪水による被害が多い。実際に1994年から2004年の間に地域の全体または一部が地震、台風、大雨により被災した回数は8回にわたる。そのため、2005年にダグパン市より「プロミスプロジェクト（PROMISE：Program for Hydro-Meteorological Disaster Risk Mitigation in Secondary Cities of South and Southeast Asia）」のモデル指定地区として選定された。

　このプロミスプロジェクトに関与した機関は、ダグパン市（LGU、作業委員会（Technical Working Group, TWG）を編成）、CDP（実施機関、NGO）、ADPC（地域調整機関）、USAID（助成機関）であった。また、プロジェクトを実施する期間は、2年間という短期間であった。

　プロジェクトにおける基本方針には、コミュニティの自治の醸成を支援する観点から、CBDRMが採用されることとなった。また、CDPからはダグパン市行政の、特に災害調整協議会（CDCC、City Disaster Coordinating Council）のメンバーに対し、災害対応に関する枠組みのトレーニングが実施された。これは、NGOの関与が終了しても、ダグパン市のCDCCが継続してバランガイにおける機関BDRRMCの支援を継続できるよう、中間支援機能を移転する意味合いを持っていた。

　これらの過程を通じ、ダグパン市全体における、PROMISEプロジェク

トの目的としては、以下の4項目が設定された。

①特定の災害準備とリスク削減の手立てを採用し、住民が水害に対する
　管理を実施できるようにすること。

②より高いレベルのコミュニティの備えと都市のコミュニティの災害リ
　スク削減にむけ、取組や道具、手法がより一層有効となるよう、住民
　等の関与者数を増やすこと。

③研修内容の適用や普及に関する組織の潜在的可能性や力量の向上に向
　け、有効なリスクマネジメント機関や組織とのネットワーク、地域の
　関わりを強化すること。

④持続可能性を担保するため、財政支援者との関係づくりを行うこと。

　次に、PROMISE プロジェクトがどのようにバランガイレベルで実施さ
れていったのか、その展開段階について述べたい。

　第一段階では、市の作業委員会（TWC）が、災害調整協議会（CDCC）
の職員を中心に編成された。この段階で、災害の被害軽減とリスク削減に
ついて検討がなされ、自治体レベルで具体的な計画や研修内容、ごみ排出
のマネジメントや水路の管理等、複数のバランガイに共通する課題に対応
する為の基本計画が検討された。また、第一段階において、現状における
バランガイの災害対応能力がどの程度であるのか、避難所の数や地理的条
件、バランガイにおける各施設等の把握などが実施されている。

　バランガイ・マンギンは、以前から、頻繁な洪水の被害を抱え、災害対
応という地域課題はほぼすべての地域住民に共有される課題であった。独
自に BDRRMC の制度を活用し、マップの作成等の防災活動に取り組んで
いた。このプロジェクトを実施した8つのバランガイの中でもとりわけバ
ランガイ・マンギンは、モデル的なバランガイとして着目されることとな
った。その理由として、以下が挙げられている。

①バランガイ・マンギンのバランガイ長をはじめ、BDRRMC の中核メン
　バーの意識が高く、協働のパートナーとしてプロジェクトが最も効果
　的に展開できることが期待されたこと。

②既にバランガイ・マンギンにおいてはバランガイが自ら災害対応の行動を起こしており、「リスクマップ」等を作成した経験があったこと。

③バランガイレベルの防災計画や避難計画の策定時期が、他のバランガイは遅延気味であったのに対し、バランガイ・マンギンは予定通り順調に計画策定が進行していたこと。

④プロジェクトにて導入する「早期警報システム」を普及しつつあるとともに、台風による大雨の際に初めて活用した経験のあるバランガイであったこと。

⑤バランガイにおける地域住民の活動への参加率が高いこと。

　このような経験や特性を基盤に、バランガイ・マンギンにおけるBDRRMCは比較的円滑に組織化された。バランガイ・マンギンのBDRRMC組織体制は図6のとおりである。

　協議会の議長を責任者とし、副議長をおき、「スタッフチーム」として「安全部会」「供給部会」「交通部会」「情報・通信部会」の4つの部会を編成した。また、「運営チーム」として、「警報部会」「医療・保健部会」「救

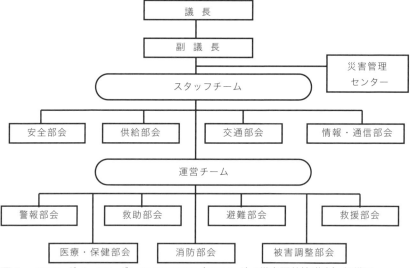

図6　バランガイ・マンギンのBDRRMC（バランガイ災害調整協議会）組織図
(出典：バランガイ・マンギン「バランガイ開発計画」2007年、p.13)

助部会」「消防部会」「避難部会」「被害調整部会」「救援部会」の7つの部会を編成している。各部会は3～4人の部員が構成員となっており、協議会全体で50人の住民が編成されている。

　各部会には1名のリーダーが置かれる。議長にはバランガイ長が就任するのが通例で、バランガイ・マンギンにおいてもバランガイ長のエスグエラ氏が議長となった。また、スタッフチームにおける供給部会のリーダーにバランガイ事務官、交通部会、情報・通信部会のリーダーにはバランガイ審議員、運営チームにおける警報部会、医療・保健部会、救助部会、消防部会、被害調整部会のリーダーには、バランガイ審議員が選任されている。なお、財務官は情報・通信部会の部員として参加し、協議会の副議長、安全部会、避難部会、救援部会のリーダーはバランガイ執行部外から選任されている。

　第二段階として、継続的な力量形成支援が重要な過程として位置付けられた。作業委員会のメンバーは、初めて研修やワークショップを実施する際には、自治体職員やNGO等作業委員会内部でプレ実施し、お互いに講師や受講者の役割を担う。作業委員会のメンバーが両方の立場を経験することで、プロジェクトの目的が共有され、外部者であるNGOだけではなく、自治体職員を含め、各メンバーが効果的な研修運営のための技量を身につけることとなる。これらのワークショップや研修は、作業委員会メンバーがファシリテーターとなり、バランガイにおいても展開されていった。

　バランガイにおけるワークショップでは、洪水、竜巻、津波等の災害別の地図をもとに、バランガイ内のどの区域がどの程度危険度が高いのか、住民が現状を認識するところから開始された。とりわけ「洪水」のリスクを表現した地図において、バランガイ・マンギンのほぼすべての地域が「リスクを有する地域」と分析され、住民間には、洪水対策は地域内全体で取り組むべき課題であることが共有された。

　続いて早期警報システムづくりのワークショップ、ならびに、避難計画策定のためのワークショップが行われた。ワークショップでは、

BDRRMC の構成員が核となり、子どもや母親、バランガイ役員等の属性や、バランガイ内の地域別に分かれ、グループごとに危険や対応資源を可視化するための立体地図の製作や、BDRRMC の取組の目的、具体的目標ならびにその優先順位が協議された。

　その結果、BDRRMC の使命、目的、具体的目標としては以下の事項が定められた。

(1) 使命

　災害時において命と財産を守り、被害と損害を最小限化すること。

(2) 目的

　①災害や大異変時においてコミュニティが生き延びるための準備を行う。

　②緊急時にどのように対応すればよいか、様々な種類の災害への対応の仕方を知ることで、事前に計画した行動をとることができるようになる。

(3) 具体的目標

　①避難の事前、事中、事後において妥当性があり、効果的な対応をとること。

　②リスクに直面する可能性のある個人や家族に一時的な避難場所を提供すること。

　③避難による移動を余儀なくされた被災者はすぐに対応され、一時的な住居、食糧、衣料、その他の生活必需品を保障されること。

　④避難が長引いた場合、復興、回復、開発活動への機会が提供されること。

　第三段階として、各バランガイにおける災害リスク管理計画の策定が位置づけられた。この計画には、「スタッフチーム」、「運営チーム」の部会ごとに、災害前、災害時、災害後にどのような活動を行うのか、誰がどの役割を担い、どのような機能を果たすのか、具体的な行動と手順が協議され、整理された内容が計画に反映された。

　また、BDRRMC の再活性化、早期警戒システムと避難計画の整備、市全体、および、コミュニティにおける洪水対応のシミュレーション、そして、小規模な貧困緩和プログラム等が計画に盛り込まれ、採択された。表1はプロジェクトを通じて住民がワークショップや会議への参加を通じて成果

物として策定された計画における策定項目一覧、表 2 は、計画に掲載された「バランガイ・マンギンの洪水マーキングシステム」の表である。

　取り組み課題の 4 番目に挙げられた貧困緩和プログラムとして、小口金融の運営が提案された。これは、被災時に生業を失い、経済的に困窮する住民の支援が一義的な目的であるが、平常時よりバランガイで小規模な生業プログラムを実施し、被災時に備えるというものである。このプロジェクトは、平常時における住民の経済状況改善に関して、住民の要望により生まれたものであり、プロジェクトの運営費用の半額は老人会等の地域住民組織から拠出されることとなった。

表 1　「バランガイ・マンギン災害リスク管理計画」（2006）の項目

	項目	含まれる内容
1	コミュニティ概要	バランガイの歴史、地理的概要、地図等
2	社会経済的な活動	産業と従事人口の内訳
3	人口	子ども、成人、高齢者ごと、地域内区分ごとの人口
4	行政的なしくみと役職員	・バランガイ長、バランガイ審議員、SK（青年議会）長、SK 審議員、事務官、財務官の名簿 ・BDRRMC の組織図と名簿
5	これまでの洪水経験	過去 10 年間に被災した災害と被害地域
6	現在の災害管理活動	活動一覧
7	リスクの要素	リスクの高低と被害を受けやすい地域の人口の整理
8	目的と使命	BDRRMC の目的と使命、具体的目標
9	警報システムと避難プロセス	バランガイ内の避難場所と責任者の一覧
10	避難所と責任世帯	住民、家畜、車ごとの避難場所と責任をもつ世帯
11	救援活動拠点	バランガイホール、デイケアセンター等救援活動拠点と責任者
12	徒歩、車による避難ルート	バランガイ内の地域区分別の避難時のルートの表記とマップ
13	避難所の運営と被災者の参加	避難所運営マニュアル（利用設備、活動内容、被災者の担う役割等）
14	その他の人的資源と要件	NGO や地域内の住民組織等との協力、連携対象と活動分野
15	BDRRMC の各役員・部会の機能と役割	議長、副議長、各部会の機能と役割、活動内容
16	通信・情報計画	緊急時の CDCC、BDRRMC、各部会間の連絡網
17	警報システムと避難手順	警報レベルに応じたサイン、警報の基準、取るべき対応、責任者の一覧
18	安全な避難へのルート	被害軽減、準備に向けた個々の活動プロジェクトの一覧、活動に必要な資源・財源

表 2 バランガイ・マンギンにおける警報システムと避難手順

注意レベル	レベル計測	状況	警告の表示	対応 家庭	対応 BDRRMC	責任者
1白 (通常)	0-1 Ft. 川堤防近くの家	高潮	・竹の音 (Karon-gkong) ・教会の鐘	ラジオ、ニュースを聴く	・初回会合 ・機材の在庫確認 ・交通機関の確認	1白 (通常)
2黄色 (注意レベル)	>1-2 Ft.	継続的な降雨 (3日)	5回打 (20分間隔)	・器具、電子機器接続確認 ・家具や機材の高く安全な場所への移動 ・食糧の備蓄 ・BDRRMCの警告の待機 ・ラジオ・ニュースの確認 ・電池、ろうそく、海中電灯、薬の準備	・BDRRMC会議の開催 ・報告の更新 ・CDCCとの調整	2黄色 (注意レベル)
3オレンジ (準備レベル)	>2-4 Ft.	・継続的な降雨 ・強い水流 ・台風 ・ダムの放水 (初期) ・高潮	10回 20分間隔	・動物、自動車の安全な場所への移動 ・養殖池の網の投入あるいは販売可能なバングスの捕獲 ・避難時に備え、必要な貴重品と書類の準備 ・子ども、高齢者、妊婦等避難時の優先順位付け	活動 移送チーム 避難チーム 救援チーム (待機) 安全確保チーム	3オレンジ (準備レベル)
4赤 (避難レベル)	>4-6 Ft. (堤防) 3-4 Ft. (道路)	・台風 ・強い水流 ・継続的なダムの放水 ・高潮	15回 10分間隔	・家族の安全確保、もしくは家の保全 ・BDRRMCに登録	・避難者の登録状況確認 ・被災した家庭、家族の特定	4赤 (避難レベル)
5緑 (強制避難レベル)	>6 Ft. (堤防) 5 Ft. (道路)	・台風 ・強い水流 ・継続的なダムの放水 (多量) ・高潮	20回 5分間隔		CDCC事務所民間防衛	5緑 (強制避難レベル)

(出典：Barangay Mangin 2006, p.32)

2-5 協議会活動における成果と各機関の能力・機能の変化

今回のプロジェクトの成果について、バランガイ長ならびに BDRRMC メンバーへのヒアリングを行ったところ、以下の3点について回答を得た。

まずは成果として、バランガイレベルで「災害への備えができたこと」である。以前は限られた知識や資源による取り組みであったが、プロジェクトの研修やワークショップを通じて、地域住民全体の防災に関する意識

が高まったことが大きな成果として認識されていた。導入された防災機材や、早期警報システム、各種計画は、地域住民みながその内容を共有し、いざというときに活用できる総合的な備えができたことが、バランガイの中心メンバーにより高く評価されていた。

　次に、NGO や CDCC、地域の学校や教会、企業等関係者間のパートナーシップがプロジェクトを通じて構築されたことが成果として挙げられた。学校での避難訓練等、機関間で防災について協働する取り組みは、プロジェクトを契機にはじまり、プロジェクトが終了した後も地域組織間で継続的に実施されていた。

　最後に「バランガイの組織と地域資源が強化されたこと」が成果として挙げられた。災害対応という切実な地域課題に対応する取り組みを通じて、単に防災のシステムや機材類の整備にとどまらず、地域組織や各メンバーの力量形成を推進するとともに、経験の共有、関係の構築等もあわせ、総合的に組織強化、地域資源強化と表現されたのではないかと考えられる。

3　日本への示唆：協働の母体組織をつくり住民の力量を高めるしくみ

　事例におけるバランガイの各協議会の活動を地域協働の視点からとらえると、図7のように表現できよう。

　近隣政府であるバランガイならびに地域住民が力量を高め、制度を運営する、あるいは積極的に活用できる能力を発揮するため、今回のバランガイ・マンギンの事例からは、NGO がバランガイや住民に働きかけ、触媒機能、調整機能を果たしていることが大きいといえる。

　取り組みを通じて、バランガイ長や審議員、ならびに住民組織である災害リスク軽減管理委員会が、組織運営のための知識や技術、外部支援組織との連絡調整ルートを獲得し、当初 NGO が果たしていた機能を自ら担っ

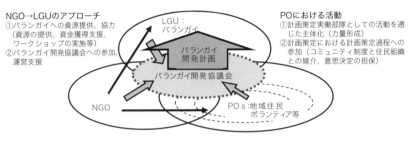

LGUにおける活動
①バランガイ長、審議会議員の参加
②バランガイ開発協議会の開催、計画の策定
③審議会の意思決定（議決）

NGO→LGUのアプローチ
①バランガイへの資源提供、協力
（資源の提供、資金獲得支援、
ワークショップの実施等）
②バランガイ開発協議会への参加、
運営支援

POにおける活動
①計画策定実働部隊としての活動を通
じた主体化（力量形成）
②計画策定における計画策定過程への
参加（コミュニティ制度と住民組織
との媒介、意思決定の担保）

LGU：
バランガイ

バランガイ
開発計画

バランガイ開発協議会

NGO

POs:地域住民
ボランティア等

NGO→PO（住民組織および個人の住民）への
アプローチ
①事業運営、家庭支援、生計支援プロジェクト等
②住民、特定グループの意識化支援、グループの組
織化、トレーニング（エンパワメント）

図7　バランガイにおける協議会、計画策定と三者協働

ている様子が見られた。協働による活動が理解され、導入されて一定の経験を経ると、NGOの役割は減少し、近隣政府であるバランガイと住民組織（PO）という地域内団体間の協働の側面が大きくなるといえる。これは、地域社会全体からみると、地域社会の住民や複数の団体が媒介組織の支援を得て内発的に地域を運営する力量を形成し、自律発展的な地域として育っていく過程といえる。

　フィリピンのバランガイは最小の地方自治体として制度化された組織であり、日本とは制度化の在り方は大きく異なっている。しかし、事例にみるように、災害対応等、特定の地域課題に対し、住民、NGO、上位自治体等が協働の母体組織を作り、計画を策定し、取組みを通じて地域住民が課題に対応できる力量を高める地域協働の在り方については、地域社会で様々な生活課題への対応が求められている日本においても、大きな示唆を与えてくれるのではないだろうか。

注
1)　Angelito G. Manalili, *Community Organizing for People's Empowerment*, Kapatiran-Kaunlaran Foundation.Inc., 1990 に基づく。
2)　「バリオ」の機能は、大坪省三・池田正敏 「フィリピンのバランガイ：町内会類似最末端地方政

府と住民の生活」1987 年、大田勇他編『東南アジアの地域社会：その政治・文化と居住環境』東洋大学、p.166 に基づく。

3） 戒厳令期におけるバランガイの制度化については以下を参照されたい。片山裕「2-3 フィリピンにおける地方分権について」『地方行政と地方分権報告書』国際協力事業団国際協力総合研究所、2001 年、pp.109-131

4） Juanito S. Ortiz. *The Barangay of the Philippines 2003 edition*, First Research and Consultancy Services, 2003, pp.4-5

5） Estrella Marisol and Iszatt Nina, *Beyond Good Governance -Participatory Democracy in the Philippines*, Institute for Popular Democracy, 2004, p.3

6） ちなみに、1991 年地方政府法改正後のバランガイ以外の地方自治体への配分比率は州 23％、市 23％、町 34％である（片山、前掲書（注 3）、p.118）

7） UNDRR, *Disaster Risk Reduction in the Philippines Status Report*, 2019, p.8

8） Oxfam Great Britain Philippines Programme, *Building Resilient Communities Good Practices in Disaster Risk Management in the Philippines*, Oxfam Great Britain Philippines Programme, 2008, p.8

9） ダグパン市 HP（https://www.dagupan.gov.ph/our-city/population/、2015 年度時点）に基づく。

10） Barangay Mangin Barangay Profile, Barangay Development Plan 2007 より。その他バランガイに関する記述はヒアリング調査実施時点（2010 年）に基づく。

第 13 章

【インドネシア】
当事者の活動を評価し
政府が支えるしくみづくり

細淵倫子

1 インドネシアにおけるコミュニティ活動

　権威主義体制から民主化へ移行し、約20年。総選挙の導入、地方分権化の遂行とともにボトムアップ型の地域開発が目指されてきた。インドネシアは年率6％の経済成長を遂げ、現在一人当たりの所得は高中所得国のグループに入り、国はより良いインフラの提供、質の高い人材の育成、すべての人に開かれた公共サービスの提供を目指している[1]。

　2004年から2009年の国家建設中期五ヶ年計画においては州政府主体の「クリーンで承認されたガバナンスの創造 Penciptaan Tata Pemerintahaan yang Bersih dan Berwibawa」が目標設定され、行政の透明性、説明責任、後援あるいは支援の質、法律の遵守など、優れたガバナンスを実現するために、公務員のアカウンタビリティ教育、公共サービスのオンライン化 E-Government の導入による行政サービスの一本化およびデジタル化がなされた[2]。

　そして、2020年〜2025年中期五ヶ年計画では「相互協力に基づく先進的かつ、主権的・独立的な政府の実現および、各個人への配慮のあるインドネシアの実現[3]」を目標とし、迅速で適正な公共サービスの実現、定期的な既存の政策・規制・行政サービスの影響度分析やコスト・ベネフィッ

ト分析、Omnibus Law Ciptaker（2024 年施行予定、雇用促進のためのオムニバス法案）の改正等による是正に取り組んでいる。

1-1　ジャカルタ

　2018 年、首都移転構想が公式に発表された後も、ジャカルタという空間には多くの労働者がやってきており、コロナ禍の今も流入人口は増え続けている。今は人口 1064 万を越える（2020 年 2 月現在）。

　このインドネシア全土の経済を担う巨大都市は 1964 年ジャカルタが首都として定まって以降、産業の拠点として、政治の中心として拡張し続け、「首都圏」としての機能を成熟させてきた。そして、2008 年大統領規則第 54 号で合法化されて以来、首都ジャカルタを中核都市として、5 つの衛星都市と 4 つの県を含んだジャカルタ大都市圏として近郊整備地帯の成熟や都市開発区域の開発だけでなく、既成市街地の「生活環境の整備」が今の課題となっている。現行の 2020 年大統領規則第 60 号では、地盤沈下、洪水対策を加味した地域都市・宅地開発手法の見直しが組み込まれ地域環境力の向上に向けたインフラ整備、そしてそれを維持するための住民活動のあり方が模索されている。

　他方で、ジャカルタはその成立から「貧困」対策と格闘してきた。2019 年までは改善してきたが、コロナ禍の今はジャカルタの貧困人口は約 497 万人に到達した。この数は首都の総人口の 4.69％を占めており、脆弱な層 kalangan rentan は貧困者の 3 倍以上といわれており、19％を占める。この数値は過去 10 年で最も高く、20 年前のジャカルタの状態に並ぶ勢いであるといわれている [Badan Pusat Statistik 2020a]。またコロナによって中間層に属していた住民たちの解雇も相次いでおり、今後脆弱な層へ陥る住民の数も増えると予想されている。

　州政府は「住環境の整備」だけでなく、「貧困者を含む脆弱な」世帯への支援にも力を入れなければいけない現実に直面している。しかし、コロナ禍の今、異なっているのは、政府が直接支援をするのではなく、これまで

培ってきた地域のしくみを使い、彼ら・彼女らをささえるしくみをつくることを目指している。

　国全体としては、前述した E-Governance の機能を用い、保健省の管轄のもと、区と区の保健所主導で国民皆保険制度 JKN:Jaminan Kesehatan Nasional[4] を設定した。現在は、JKN だけでなく、1968 年から公務員のみを対象としていた社会保険制度を拡充し、2014 年には社会保障・医療保障制度である非営利団体 社会保障実施機関 BPJS:Badan Penyelenggara Jaminan Sosial Kesehatan を設立、インドネシアに居住するすべての労働者（6 か月以上就労する外国人も含む）を雇用する会社や雇用主（家事労働者を雇う個人の家庭や自営業者）に義務付けられ国民健康保険 BPJS Kesehatan および失業手当 BPJS Ketenagakerjaan 等も担っている[5]。

　このような状況を踏まえ、本章ではジャカルタ南部にあるカンプン・ジャワの事例から、都市ジャカルタにおける地域コミュニティ活動及び住民自治について考える。なお、本稿は 2008 年〜 2009 年のジャカルタ南部の貧困・低所得労働者調査と 2013 年〜 2016 年の都市カンポン動態調査をもとに、2020 年 3 月 2 日〜 2021 年 3 月 17 日までの期間、地域コミュニティ・リーダーおよびメンバーと行った、カンポンにおけるコロナ対応活動の検証および地域の実態観察調査の一部を報告するものである。本調査方法は、参与観察調査、文献サーベイおよびカンポン住民を対象に行った半構造化インタビュー、地域コミュニティ活動の参与観察調査、事例調査の結果の一部から構成される。

1-2　インドネシアにおけるコミュニティ活動の歴史：RT/RW からカンポン回帰へ

　ジャカルタでの地域コミュニティ活動及び住民自治を考える前に、カンポンと RT/RW という概念について説明したい。

　カンポン kampong とはマレー語で「故郷」、インドネシア語では kampung 「ふるさと、いなか」を意味する。いわゆる自然発生的な居住空間で、都市

の空間でいうアーバン・ビレッジを指す。この空間は都市開発とともに突然現れたのではなく、オランダ領植民地期、バタヴィアの時代から続く、土着住民の生活空間を指し示すものであった［Hosobuchi and Meliono, 2015］。ただし、現在ジャカルタの行政区画はカンポンという単位ではなく、RT/RW という単位で管理される。RT/RW の導入は日本軍政期であり、独立後、1963 年内務大臣規定第 7 号により復活、その後都市の地域自治は管理されてきた。

　2013 年〜 2016 年の都市カンポン動態調査によると、その当時も RT/RW の存在と並立して、カンポンという空間やアイデンティティが存在していたという。外からの圧力が加わると、コミュニティは「カンポン」にアイデンティティを回帰させ、支配者に隠れ、地域住民同士のアイデンティティを保っていた。この「カンポン」という自発的コミュニティは独立後次第に強くなり、スカルノ政権時代には、スディロ市長（1954 〜 1955 年）が 1954 年市長規則 40 号にて RW/RW から RT/RK、つまり Rukun Tetangga 隣組（直訳：親密な隣人）の上部組織として Rukun Kampung カンポン集落（直訳：親密なカンポン）として再編した。その後、このRT/RK は 1966 年アリ・サディキン知事[6] により再度 RT/RW へ改称され、およそ 40 世帯が 1 つの RT を組織し、15 の RT が 1 つの RW を組織して、ジャカルタの大規模な立ち退きおよび市街地の大規模開発を行っていった。

　スハルト体制の国益優先による中央集権化の打開から地

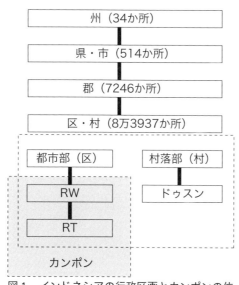

図1　インドネシアの行政区画とカンポンの位置づけ

方分権化と民主化を同時に進めていくために、1999年地方行政法案が浮上し、村落行政制度（法律1999年22号）［黒柳2014］および中央地方財政均衡法（法律1999年第25号）の制定により地方自治の大枠が決定した。これまで地方には権利がなかったものの、この法改正により地方は中央政府から多くの権限（インフラ整備、保健、教育・文化、農業、運輸・通信、通商・産業、投資、環境、土地、協同組合、労働）の11の行政サービス項目が委譲され、行政裁量の自由度が増したことにより地方首長が出現した。

　そして、ジャカルタでは1966年設定したRT/RWという行政単位とそのしくみを用い、コミュニティ管理を実施した。しかし実のところ、RT/RWの機能は既に衰退しており、うまく機能しない自治体が相次いだ。

2 都市の変化：援助と開発の経験
─ジャカルタのコミュニティ活動の歴史

　ではどのようなコミュニティがジャカルタで存在し、担保されてきたのだろうか。ジャカルタにおけるカンポンへの政策はオランダ植民地時代から住宅政策と健康管理政策の形で始まっていた。1934年Burgerlijke Woningsregelingで規制され、公営住宅（Volkshuisvesting）と国/政府の建物/住宅（Landsgebouwen）、および都市の疫病の発生に対処するための施策がなされた［Suparwoko, 2013］。

　日本植民地期は村落改善プロジェクト技術計画ガイドラインに従い、①人口が多く、②人口密度が高い、③低所得な、④適切な配置・状態・構造ではない住宅を対象に行われた。そして、独立後、1967年〜1979年、アリ・サディキン州知事下ではProyek Mohammad Husni Thamrin （MHT）[7]の一環で、カンポン改善プログラム（KIP）がなされ、カンポン内の公衆浴場・トイレ、保健所の建設、ごみ置き場の設置等のプログラムがRW/RTごとになされていった。これらの試みは国のプロジェクトに貢献するための「動員」として扱われ、ボトムアップを目指してはいるものの、不必要

な仲介人や仲介料により、住民に直接還元されることが難しい状態が続き、無関心を生む政策となっていった[8]。

　そして、ジャカルタ特別州知事規則 2016 年 1 番は、「RW と RT マニュアルについての改訂」により、ジャカルタ首都特別州は中央政府の一地方であり、「州知事—市長／県知事—郡長—区長」、その下部組織として区の行政サービスやボランティアの枠組みで組織される RT とその下部組織 RW が位置付けられている。RT には RT 長、秘書、会計、セクション長を据えることを義務付けている。また、RW には RW 長、秘書、会計、分野長を据え、組織の充実を義務付けた。また、それらの人々の負担を軽減するために、州管轄の区討議組織を区合意形成組織 LMK（Lembaga Musya-warah Kelurahan）を州の枠組みの中に設定した。LMK のメンバーには各 RT 長の中で選ばれた代表者が就任するようになった。また LMK のメンバーには少額ではあるが州から給与がでることで、地域コミュニティ活動に従事することができるようになった。これにより、区ごとのコミュニティ活動が推進されるようになっていく。

　例えば、区コミュニティ活性化プログラム：Program Pemberdayaan Masyarakat Kelurahan:PPKM （2002 年州知事令 42 号、2007 年ジャカルタ州知事規則 34 号）が設定された。これは州政府が RW の地域活動の活性化のために直接無利子貸し付けや無償支援を行うしくみである [Rizky and Indri, 2015]。これにより RW ごとの地域活動を経済、インフラおよび地域環境、社会的視点から支えるしくみが法令化された。経済的視点では、マイクロビジネスを行いたい住民への無利子貸付、インフラ・地域環境視点では RW 居住および労働空間の修繕費用の無償援助、社会的視点では地域密着型経済活動にかかわる人々への支援及び参画予定の人々への職業および事業訓練実施を意味する [Sakethi, 2010:5]。これらの支援を受けるには住民自身が問題を発見し、地域課題を見つけ、住民の活発な参加、住民が必ず①プロジェクトの決定に関わること、②管理に関わること、③地域コミュニティが地域へ価値や利益を与えること、④地域外の人や団体と協働

し、住民の memperdayakan のプロセスに参加すること、⑤地域資源を活用し、地域に利益をもたらすように、その他のステックホルダーとの協働の主導権を握り、決定やプログラム管理にかかわること、が必須となっている［Rizky and Indri, 2015］。

3 「負の経験：洪水」がもたらした住民のコミュニティ活動が昇華されるしくみ：南ジャカルタ、カンプン・ジャワの事例

　プジェテン・ティムル Pejaten Timur は南ジャカルタ、パサル・ミング郡の東に位置する区である。もともとはパサル・ミング郡パサル・ミング区から 2007 年市町村分離時に独立した区であり、2007 年分離以降人口はウナギのぼりで 2019 年までは爆発的に増加している。そして、現在この地域には 2020 年現在、2.88 km² と狭い場所に、2 万 20 世帯（総人口 6 万6000 人）の人が暮らしており、211 RW、145 RT ある。

　この地域は、ジャカルタで最も古い鉄青銅の石碑が出土しており、新石器時代から人々の居住が確認されている。

　この地域に集住が始まったのは、オランダ植民期後期に、中部ジャワ、東ジャワとつながる鉄道敷設プロジェクトが始まったことだといわれている。それまでは、森の中の川沿いに数名の人が住んでいるだけであったが、そのころからジャワからの労働者が住み着くようになったとされる。この地域には、ブタウィといわれる、土着の住民と中部ジャワからの住民が多く住んでいる。また、華人との確執の歴史もあり、各コミュニティにはジャワ人優遇の規則が脈々と続いている。彼ら・彼女たちは、市場やその周辺で野菜売り、露天商をしており、1 世帯あたり 7 名ほどと家族が多い。

図2　カンプン・ジャワ
　　　（南ジャカルタ市）

市場には一部のジャワ系華人が住んでいる。市場

のあるパサル・ミング区の土地はすでに高騰していることもあり、2000年以降にこの地にやってきた住民は、河川沿いの安価な賃貸バラック、長屋に住み着いている[9]。

この区には、カンプン・ジャワが存在する。移動式露天商や市場の野菜売り、バイク型タクシー、店の従業員などが住む、もともとは中ジャワといわれる地域からの労働者が多く住んでいた、オランダ時代から歴史があり、1998年以降急速に拡張した地域である。この地では開発ポテンシャルの高さから、2013年から市場周辺地区の立ち退き、駅の改築工事紛争、公設市場の取り締まりの強化、バイク型タクシー等の無許可個人事業主の取り締まり等が頻発した。これに伴い、線路周辺のバラックは取り壊され、露天商などの大規模立ち退きが行われた。住民たちは自分たちの「住む権利」「建物の権利」を主張するために「市民参加の地域づくり」や地域内の雇用創出、地域経済の安定をめざす課題を掲げ、新たな独自プロジェクトを地域で展開していった。

1998年以前に移住してきた人が中心となり、独自のルールを策定、1998年以降に移住してきたジャワ人（オールドカマー）優先主義にのっとったルールに従わない限りは「村八分」にあうという階層構造が形成されていた。もちろん、カンポンに入ってくる福祉政策や教育政策はオールドカマーが優先され、ニューカマーは関連組織や人物に直接アクセスすることも許されていなかった。共同トイレの使用もオールドカマーが優先であり、長屋ごとに1リーダー世帯が決定されていた。また、住民はRWの活動を軽視し、地域コミュニティ活動はなかなか進まなかった[10]。

そのような土地が、ある出来事で大きく一変したのである。この地は1996年、2002年、2007年と何度となく洪水に見舞われてきた場所である。避難場所等の設置はなく、住民は洪水を「ムシマン musiman（季節もの）」とよび、その時期になると洪水の起こる数日間のみ親族の家に移動するなどして対策を取ってきた（図3）。2014年11月20日（木）、この地に大規模な洪水が起こった。隣接するチリウン川が増水し、洪水が起こり、3〜

図3　大規模な洪水 <small>(筆者撮影（2014 年 2 月）)</small>

4 m の浸水が起こった。午前 0 時半、浸水が始まり、事前の区からの予報等は全くなかったという。「必要な服だけを持ち、2 人の子供と妻を連れ逃げ出した。しかし多くの住民は何が起きたかわからず身一つで外に出てきたものばかりだった」（Mur 氏、男性、36 歳) [11]。

　これまでは、数日で水が引いていたが、この時は 2 週間、268 世帯が取り残された。多いところでは 4m も浸水し、その水が引かず、外からの救援物資や支援も受けられなかった。州政府は災害に対して物資支援を行ったと明言したが、当時のことを住民に聞くと実際は物資支援など全く来なかったという。

　このとき大活躍したのが、その当時のカンポンがある地域の RT 長たちである。彼らのほとんどは市場で商売をしており、たくわえ（タンス預金）と多くの人的ネットワークを持っていた。彼らは、すぐさま区へ連絡を取り、避難用テントの設置を行った。そこに入りきれない住民は、線路沿いや幹線道路脇に簡易テントを立て、一時的な住みかとした。住民の多くは食べ物やその他の必需品を買うためのお金を持っておらず、アリサン [12] でためていた資金や市場の人々のカンパとワルン（日本の何でも屋さん）の店主や果物、野菜等を販売している店主たちがもちより、すべての避難者の生活をサポートし、誰一人死者やけが人を出さず、この場をしのいだ。もともとポシャンドゥ [13] に参加していた女性たちや葬式や結婚式での互助会の女性たちが主となり、「みんなの緊急台所 Dapur Siaga」を即時設立。限られた食料が皆にいきわたるように活動を行った。区からの支援や州政府からの物資がなくてもできたこと、そして皆が一丸となったこの経験を

機に、この地域の住民たちは災害を再度とらえなおし、なおかつ自助組織の事前訓練の必要性を感じたという。「政府の支援を待っていては、我々は死んでしまう」これが彼らの共通メッセージとなった。

災害後、即時人々は動き出した。次の年に向け、「みんなの緊急台所」、物資の洪水が起こった時の備蓄、そして災害時に使用するゴムボート、避難所マップ、洪水多発地域マップ等、住民のアイディアはどんどん形となった。すべてムシャワラ[14]で住民たちに再度聞き取りを行いその時に困ったことや記憶の掘り起こしを行っていった。どこが安全なのかわからないという声から避難所の場所の妥当性を話し合ったりもした。区役所を巻き込み、地域活動は展開していった。

この試みは、カンプンから RW のコミュニティ活動、そして区全体のコミュニティ活動へ広がっていった。例えば、ジャカルタではこれまで解決できなかった 1 つの問題が解決に向かっていった。それは、家庭ごみの投棄問題である。これまでジャカルタ州政府とジャカルタ特別州衛生局は、2015 年までに首都の河川や水路の生活ごみの撤去、および廃棄物管理のための技術管理ユニット（UPT）を設置し、126 か所のゴミフィルターを設置していたが、止むことのない生活ごみの投棄に困っていた。

洪水問題解決の中で、各カンポンでごみの投棄が洪水を引き起こす可能性があると指摘されるようになった。これを機に、各区にいる LMK は地域ごみの収集をするための施策をこぞって立案していった。カンプン・ジ

避難所へ向かう KBS ボート　　　　防災地図（RW08）　みんなの緊急台所
（2019 年 1 月）　　　　　　　　　　　　　　　　　　　　（2018 年 2 月）

図 4　2014 年　洪水時のカンプン・ジャワのコミュニティ活動（筆者チーム撮影）

ャワでは 2015 年からゴミ箱の設置と、毎週日曜日に全住民参加のごみ拾い事業を始める。と同時に RW 長会議で、ゴミが詰まり洪水が起きそうな地域の調査結果を話し合い、アリサンでためたお金で、水路にたまったゴミの回収と水路自体の修繕活動をボランタリーで開始した。そして、このしくみはすでにジャカルタ州政府に認可され、Pekerja Penanganan Sarana dan Prasarana Umum：PPSU、公共施設の管理およびインフラ整備スタッフ、2015 年州政府規則 165 条（Peraturan Gubernur Nomor 169 Tahun 2015）という活動として区の契約スタッフ（月給：最低賃金以上の給与保障、採用条件：区民であり、47 歳以下の男女。ただし体力も含めた業務適正能力試験があり、現在の採用率は 20％程度）として予算交付や資金援助を受けている。失業対策の緩和にもなっている。彼ら、彼女たちの成果は区のスタッフによって監視及び広報の対象となっている。

　2015 年 9 月になると、州政府は LMK のプロジェクト募集をし、画期的であり、実現可能な地域プロジェクトに支援金および奨励金を出す助成事業を始める。この地域では、これまで地域の活動は住民のアリサンによって賄われていたが、すべての区に資金を得るチャンスができたこと、そしてここで評価されれば立ち退きのリスクがなくなることから、全区のリーダーが一堂に会する会議が頻繁に行われるようになった。2015 年当時は週 4 回程度、30 人以上のリーダーが集まり会議を行っていた。

　それに伴い、水路計画の権限は実質、区から LMK へ移った。また、これまでよりも LMK の提出書類のアカウンタビリティの強化が求められる

線路沿いに捨てられた生活ごみ　　水路にたまる生活ごみ　　河川に積もる生活ごみ

図5　2015 年　洪水の原因となるゴミの様子（筆者チーム撮影）

図6　2015年　PPSU の日常の活動の様子（筆者チーム撮影）

ようになったことで、各 RW が個別で行っていた作業を RT 長、RW 長、住民代表の意見会を通し、監査を入れながら進める必要が生じた。さらには提案書を提出するシステムが一元化（Perizinan Terpadu Satu Pintu：PTSP）されたことにより、提出書類はだれでも閲覧できるようになり、区役所がデータを改ざんしたり、LMK 長が改ざんしたりすることができなくなった。

　さらには1地域1つの提案書しか出せなくなったこと、資金受け取り後の報告書のフォーマット化がなされたことにより、この地域に関わるすべてのリーダーが話し合いの場を持つ必要が出てきた。また各 LMK には月払いの支援金がついたことで、これまでプロジェクトごとに得ていた活動資金やボランティアに必要な資金が確保できるようになった。

　2020年は異常気象に見舞われたこともあり、この地区にはまだときどき洪水が起こっている。しかし、ごみの問題は解決され、浸水の解消時間は早くなっている。そして住民には①平時の対策、②災害時、③災害後の対策が生活の中に定着してきたこともあり、ごみや衛生面の問題はほとんどクリアしている。

　平時の企業支援もある。その他 RW からの協力支援、住民自身の迅速な対応、関係各所の支援のクイック・リスポンス、連携は十二分に充実してきている。次なる問題は洪水後に質のいい水をどう確保するか、また、そ

の他の RW への情報や人材の共有もこの地域に期待されている。

　これだけでなく、この連携の試みでは、これまでカンポン住民と RW 長、区で連携していなかった、PKK（Pembinaan Kesejahteraan Keluarga、女性のための地域活動組織）や Karung Taruna（区レベルの若者地域活動組織）の活動対象の細分化及び、活動の充実が図られた。

3-1　ジャカルタ州政府の取り組み：地域の成功例を吸い上げ、しくみ化する

　１つのカンポンの実践が広がり、ジャカルタ特別州全体の政策となる。このほかにも、ジャカルタ州政府はこれまであったムスレンバン musrenbang[15]（Undang-undang Nomor 25 Tahun 2004）というしくみを活用する方針へシフトしていっている。ムスレンバンとは各コミュニティ長たちによるエリア会議のことであり、住民が直面する問題について話し合い、短期的な開発の優先順位を決定するために集まる毎年恒例の会議のことである。優先順位はコミュニティ長たちが策定し、州政府に提案される。州政府は国家開発計画庁（BAPPEDA）を通じて、コミュニティの提案は機能と予算の割り当てに基づいて分類され、資金分担される。区のムスレンバンは１月に開催される。この参加型の予算編成プロセスは、一般の区民が政府の施策を検討し、意見を交換するために用いられている。地域リーダーは参加することが義務化され、地域に根差した連携を目指す。ムスレ

全 RW、RT 長会議
（2017 年 7 月）

ムスレンバン配信
（2018 年 2 月）

ムスレンバン・オンライン

図 7　ムスレンバンの透明性を図る試み（筆者チーム撮影）

ンバンのプロセスは、地区および市レベルだけでなく、州および全国レベルでも行われ、市民の声が都市の予算計画や開発プロジェクトの構成に積極的に影響を与えることができるボトムアップアプローチとして使用されている。そして2019年からは優秀なRW長は正式なメンバーとして参画できるしくみが導入された。

3-2　最小エリアだけでは解決できない問題

　RTやRW内で解決できない場合は、隣のRTと協力したり、RW内、区内で開かれる会合に参加し、区単位で要望書を作り、区や州管轄下のLMKメンバーへ伝え、区内で解決したり、近隣の企業や自営業者から資金を募り、イベントの開催や問題解決事業を行う。ときには提案書を作成し州から資金をもらい、インフラや新たなコミュニティ政策を行うこともできる。これまでは資金を集める機能を持てなかったこと（資金送り先、事業権利）からその仲介役となる組織やNGOを通さなければならなかったが、いまはLMKが資金を受け取り、RTと住民がともに主体的に地域密着事業を行えるようになった。

　決められた施策は、行政と住民活動の報告が義務づけられ、コミュニテ

麻薬麻薬撲滅のための RW 会議
（2018 年 3 月 24 日）

LMK 長定例会議（2017 年 9 月）
（2018 年 3 月 24 日）

図 8　活動の公開と自由な外部監査のしくみ（筆者チーム撮影）

ィに関わる人あるいはその外の人も意見を述べることができる。

　現ジャカルタ州知事アニス・バスウェダンは洪水対策やインフラ整備、観光資源の活用を掲げている。また、コロナ禍で落ち込んだ経済を戻すために、地域活動だけでなく、労働集約のできるプロジェクトを行うと宣言している。

　すでに効果をあげているカンポン、RT/RW、LMK、区やその他組織の主張を優先し、特色を生かしながら、州政府としては既存の国家経済回復予算を地域社会に有益なものに変える必要があるとする。具体的にはセミ・フォーマルな組織や最先端の技術・テクノロジーを保有しているスマートコミュニティ事業を展開するためのプラット・フォームづくりを州政府主導で行い、利益を上げる。そして、カンポンに属する人びとの経済、いわゆる地元経済を盛り上げるための事業を展開している。2019 年には、Nodeflux（防犯カメラを使用した地域コミュニティ・パトロール事業）、Botika（オンライン・マーケット事業）、DuitHope（キャッシュレス決済事業）、Grab（配車、宅配デリバリー）、Tokopedia（EC プラットフォーム）、Bukalapak（EC プラットフォーム）、Shopee（EC プラットフォーム）、Gojeck（配車、宅配デリバリー）と 8 つのスタートアッププロジェクトの覚書を結んだ。

4　日本への示唆：地域の「担い手」を活用するしくみ

　そしてこれまでの経験から、彼ら、彼女らは 1 リーダーが主となるコミュニティ体制を恐れ、リスク回避のためにさまざまな組織のリーダーが連立するしくみを作り上げ、区との密な協働を行っている。通常は、地域の安全、ごみ、下水道整備などでカンポン、RT、RW、PKK と呼ばれる婦人会、若者組織が協働し、現在は区の援助を得て、事業をしている。このしくみがコロナ禍に大いに役に立ったのである。協働事業のパートナーシップとなり、PPSU（Pekerja Penanganan Sarana dan Prasarana Umum、公共施

設およびインフラストラクチャー処理労働者）というしくみになり、2015年州知事法 168 号 Peraturan Gubernur Nomor 169 Tahun 2015 においては全ジャカルタで 4000 人が雇用されている。

　洪水を契機として住民発信の試みが州の政策となり、活動をしながら対価を得ることができるようになった。ボランタリー精神だけでは維持できない、社会保障や費用保障を区、州が担うことで、彼ら、彼女たちも一丸となってジャカルタを作っていくという意識が生まれつつある。また、これまでは公務員が特権を持っており、資格や教育のない住民たちは声をあげることができなかったが、地域活動を懸命にやることにより階層移動の機会や様々なチャンスを得ることができるようになってきている。

　この年、ジャカルタの他の地域でも洪水が相次いでいたこともあり、政府は災害警報カンプン（Kampung Siaga Bencana）を制度化した。2014 年にはビンタロ、バンカ、ラワジャティ等の場所もカンプン・シアガ・ブンチャナ（Kampung Siaga Bencana：KBS）に認定された。この KSB に認定されると、区や LMK を通して、州政府から補助金がおり、災害対策訓練や備蓄のための資金を受けることができる。また追加資金や現物支給に関しても、煩雑なシステムなしにオンライン申請のみで即時対応してもらえるようになっている。

　この資金を活用し、カンプン・ジャワの洪水対象地域である 6 つのカンポンに、「みんなの緊急台所」から発想を得た Dapur Umum Siaga（緊急公共台所）が各避難所に設置され、住民数に相応した備蓄が用意された。この管理は RW 長及び各コミュニティ・リーダー、カンポンのリーダーの指揮のもと運営されている。これらの動きが国に認められ、しくみは地域防災局（Badan Penanggulangan Bencana Daerah：BPBD）に引き継がれている。

　コロナ禍のジャカルタにおいて、これまで説明してきた地域組織、ネットワーク、各コミュニティの活動はコロナ禍で職業を失った人々や働けなくなった人々、コロナにかかった人々にとって大きな役割を担っている。インドネシアのジャカルタにおける地域管理制度は、日本から輸入され、

日本人や日本からの資金のもと、参加型プロジェクトのなかで実践されてきた。これまでは動員として見られていた地域コミュニティ活動はクライエンタリズムを克服する大きな役割を担うだけでなく、住民自身の「正しい目」を養い、行政の手だけでは行き届かない地域や対象者（貧困者、生活困窮者、高齢者）、また地域の問題に対しては地元の住民が各組織を形成し、住民の手で地域コミュニティを支えているといえよう。

　これは、手厚い公共サービスの提供の実現を可能としている。またそれは、「貧困者」に対して施されるサービスではなく、当事者が作り出す施策として、ジャカルタの地域に「かけがえのない」意味をもたらし、地域に存在するアクターの柔軟なパートナーシップの構築および、地域への愛着を生み出しているといえよう。また窓口の一元化、国、州、区などの段階的なしくみづくりと各ステークホルダーの連携、住民のやる気を可視化するしくみづくり、IT 活用術については、日本も大いに学べるものではないだろうか。

　謝辞
・　本研究は、2008 年度東京外国語大学 若手研究者インターナショナル・トレーニング・プログラム（ITP）、2016 年度の科学研究費補助金（特別研究員 DC）、科学研究費補助金―基盤研究（B）（代表：大内田鶴子）、2020 年度共同利用・協働拠点「東南アジア研究の国際共同研究拠点」共同研究助成金タイプ IV の助成金交付により研究が遂行されたものです。この場を借りて深く御礼申し上げます。
・　本原稿が執筆できたのもひとえにジャカルタ特別州、そしてリアウ州に住む仲間たちのおかげである。とりわけ以下 2 名には多大なるご尽力をいただいた。ここで感謝申し上げたい。
　　カンプン・ジャワ区 PKK Acih 氏、カンプン・ジャワ区区役所スタッフ Anis 氏。

　注
1)　Penciptaan Tata Pemerintanhan yang bersih dan berwibawa, Peraturan Presiden Republik Indonesia Nomor 7 Tahun 2005 tentang Rencana Pembangunan Jangka Menengah National Tahun 2020-2025
2)　これまで住民は RT（都市行政末端単位）長を介して、行政サービス（婚姻届け、を受け、RT 長は RW（RT の上部行政単位）長へ届け出をし、RW 長が区 kelurahan へ届け出を出していた。そのため、各手続きの許可は各 RT 長や RW 長、また区役所職員の裁量で決まってしまうことも少なくはなかった。インドネシアの国土は約 189 万 km²（日本の約 5 倍）もあり、約 1 万 8000 もの島々から成る世界有数の島嶼国家であり、世界第 3 位の人口の国でもあることから、へき地 pesisir と呼ばれる一部の地域ではネットワークインフラの整備がまだ課題として残っているものの、34 州全土で、住民が直接、区や州にアクセスし、オンタイムの行政手続き申請が可能となっている。またシステムで管理されており、区の係員の裁量で手続きを早めたり、遅らせたりすることはできず、情報処理件数も自らの年間評価に反映される。
3)　Terwujudnya Indonesia Maju yang Berdaulat, Mandiri, dan Berkepribadian Berlandaskan Gotong Royong

4) 2004年大統領規則40号発布。対象者は全国民(外国人も含む)。加入率全インドネシア国民の約83%(2020年10月現在)。
5) 現在は自営業者も加入することができる。
6) 1966年大統領規則第82号により、ジャカルタは首都となったため、アリ・サディキン知事とする。
7) ジャカルタを首都として格上げするために、安価な住宅を新たに建設するのではなく、ジャカルタの既存のカンポンを修復・改善しようとしたプロジェクトのこと。
8) 2013年〜2016年都市カンポン動態調査
9) 2013年〜2016年都市カンポン動態調査
10) 2013年〜2016年都市カンポン動態調査
11) 聞き取りは筆者が2015年10月22日に行った。
12) アリサンとは同じ価値のお金や商品を何人かで集めその中から集めて誰が手に入れるかを決める活動、いわゆる「講」の機能と地域住民の問題を討議する活動を意味する。アリサンの資金分配システムはメンバーの全員一致により討議、決定される。このしくみは親族間のコミュニティや、RW/RTや自治会の運営資金の収集や活動の運営に活用されている。
13) ポシヤンドゥPosyandu(pospelayanan terpaduの略語)とは、コミュニティベースの考えに則った住民による住民のための健康管理活動の一つ。主に女性によって運営される。5歳以下の乳幼児とその母の健康把握とコントロールのためにはじめられた試みの一つである。現在は母子だけでなく高齢者を対象とするポシヤンドゥも多くあり、「弱い立場にある住民」の包括ケアを行う活動である。
14) ムシャワラとは社会の問題と問題を解決するための共同の努力としての審議・討議のしくみである。ムシャワラは、問題解決、交渉、審議に関する決定に達することを目的とした共同の議論でありコンセンサスまたは相互合意の形成の際、インドネシアにおいては使用されている。全員合意が難しい場合、全体投票や代表選挙が行われ、多数の意見が決定される。ムシャワラ(Musyawarah)は同規則において(原文:Musyawarah adalah pembahasan bersama dengan maksudmencapai keputusan atas penyelesaian masalah,perundingan dan perembukan.)と位置付けられる。
15) musrenbangとはMusyawaran Perencanaan Pembangunanの略語。ムシャワラという言葉はアラビア語から来ており、紛争の問題や社会の問題を解決するために市民が互いに話し合う方法を表している。したがってMusrenbangは、地域開発のニーズに関するコミュニティ討議のことである。

参考文献

【日本語】

・ 小林和夫(2004)「ゴトン・ロヨンが制度化されるとき:ジャカルタにおける住民組織RT/RKの整備過程(1954〜1955年)」『東南アジア:歴史と文化』33号、pp.26-58
・ 小林和夫(2006)「スハルト新秩序体制におけるRT/RW制度の嚆矢:ジャカルタにおける1966年RT/RW法制化」『東南アジア:歴史と文化』35号、pp.103-134.
・ 黒柳蟠一夫(2014)「インドネシアにおける地方分権化の後退:1999年地方行政法から2004年地方行政法への村落自治組織の再々編」『椙山女学園大学研究論集』 第45号(社会科学篇)、pp.97-118
・ 島上宗子(2003)「地方分権化と村落自治」(松井和久編『インドネシアの地方分権』アジア経済研究所、pp.159-225)
・ 島上宗子(2012)「インドネシア分権化時代の村落改革—「村落自治」をめぐる理念と現実—」(船津鶴代ほか編『変わりゆく東南アジアの地方自治』アジア経済研究所、pp.67-104)
・ 細淵倫子(2011)『生きるための選択:ジャカルタ南部パサル・ミングにおける貧困からの脱却』東京外国語大学大学院地域文化研究科修士論文(未公刊)
・ 細淵倫子(2013)「パサル隣接型カンポンの住民構造:南ジャカルタ市パサル・ミング調査(2007-09年)を事例に」東南アジア学会関東例会資料、東京外国語大学・本郷サテライト

- 細淵倫子「インドネシアにおける都市開発における都市コミュニティの変容と現状：2012 年以降のジャカルタ カンポン」（大内田鶴子、玉野和志、仁科 伸子、清水 洋行、細淵倫子（2017）「コミュニティ研究のフロンティア：市民社会と国際比較研究の視点からシンポジウム コミュニティ・ベイスト・アプローチ（居住者主体の地域改善方法）」の国際的展開」『コミュニティ政策 （15）』東信堂、pp.5-43）
- 吉原直樹（2005）『アジア・メガシティと地域コミュニティの動態：ジャカルタの RT/RW を中心にして』御茶の水書房

【外国語】

- Badan Pusat Statistik, 2010, *Kecamatan Pasar Minggu dalam Angka Pasar Minggu 2015*, Badan Pusat Statistik. Kota Administrasi Jakarta Selatan, Jakarta
- Badan Pusat Statistik, 2016, *Kecamatan Pasar Minggu dalam Angka Pasar Minggu 2016*, Badan Pusat Statistik Kota Administrasi Jakarta Selatan, Jakarta
- Badan Pusat Statistik, 2019, *Kecamatan Pasar Minggu dalam Angka Pasar Minggu 2019*, Badan Pusat Statistik Kota Administrasi Jakarta Selatan, Jakarta
- Badan Pusat Statistik, 2019, *Statistik Infrastruktur Indonesia 2019:Hasil Pemutakhiran Data Perkembangan data 2019*, BPS Pusat, Jakarta
- Badan Pusat Statistik, 2020, *Profil Kemiskinan di Indonesia Maret 2020*, No. 56/07/Th, XXIII, Jakarta:15 Juli 2020
- Bambang Sunaryo, 2003, *Penyelenggaraan pemerintahan DKI Jakarta di Mata Warga masyarakat*, jurnal Humaniora No.1, pp.83-90
- Geertz, Clifford, 1963, *Agricultural Involution:The Process of Ecological Change in Indonesia*, Berkeley and Los Angeles: University of California press
- Hosobuchi, Michiko and Irmayanti Meliono, 2015, Perubahan Sosial Budaya Kampung Kota Jakarta pada Tahun 1970-2013: Studi Kasus Pejaten Timur, Jakarta, International Seminar Interpreting 70 years Indonesian Independence amidst Global Change, Jurusan Sejarah Universitas Indonesia, 18 Augustus 2015 （日本語訳:1970 年～ 2013 年の都市ジャカルタ、カンポンにおける文化と社会の変容と地域社会：ジャカルタカンプン・ジャワの事例から）
- Sakethi, Mirah, 2010, *PPKM:Program Pemberdayaan masyarakat Kelurahan Provinsi Jakarta*, Jakrta: PT. Mirah Saketi
- Silver, Christopher, 2011, *Planning the Megacity: Jakarta in the Twentieth Century*: New York:Routledge
- Suparwoko, Woko, 2013, Sejarah dan Kebijakan Pembangunan Perumahan di Indonesia, Sobirin ed, Peningkatan Kapasitas Perumahan Swadaya di Indonesia, Total Media
- Rizky W Aulia and Indri W Afiati, 2015, Faktor-faktor yang Menmengaruhi Partisipasi masyarakat pada program Pemberdayaan masyarakat Kelurahan （PPMK）di kelurahan Kampung Melayu Jakarta Timur, FISIP UI

東アジア編
急速な工業化・経済成長後の地域をどうつくるか

【中国】

第14章 管理か自治か

—居民委員会の「治理」モデル

陸麗君

1 中国の居民委員会について

　中国社会は、1970年代末から実施された「改革開放政策」によって大きく変化してきた。それにともない、都市基層社会における社会管理の在り方、またそのなかにおける居民委員会の位置づけも否応なく変化してきた。

　本章では中国の居民委員会を取り上げ、事例を通して中国の都市基層社会における社会管理と基層自治を考察する。その際に主に以下の三点に重点を置きたい。

　①1950年代以降の中国の都市社会管理体制の変容に関する整理

　②都市基層社会における居民委員会の位置づけの変化

　③事例からみた居民委員会の活動内容の考察

　以上の三点を通して、居民委員会の位置づけと役割を考え、居民委員会が有する「自治」と「管理」の両面性を明らかにし、中国の都市基層社会において「自治と管理を併せ持つという意味における「治理」の意義と、ここからみられる日本社会への示唆を考えてみたい。

2 中国の地方行政制度と都市社会の管理体制

2-1 中国の地方行政制度

　中国の地方行政体制は、1949 年中華人民共和国成立後に確立されてから現在に至るまで幾度かの変遷をたどってきた。現在の地方管理体制は、1954 年に確立した「省―県―郷鎮」という 3 層制をベースにしており、1999 年には「省―市（地区レベル）―県―街道弁事処・郷鎮」という 4 層制に変更された。この四層制（図 1）は基本的に現在まで維持されており、中央政府（国務院）を頂点とする上から下までの社会管理体制と理解できよう。この体制にある「市・区所轄の街道」は、市の区人民政府あるいは区が設置されていない市人民政府の派出機関として位置づけられ、都市の基層社会に一番近い行政機関であると理解できる。

2-2 1990 年代初頭までの単位制度と都市社会管理

　1978 年に改革開放政策が実施されるまで、都市社会の社会管理は基本的には「単位」によって行われていた。この「単位」とは具体的には企業、行政機関、学校などの職場を総称する言葉である。新中国成立後、ほぼす

一級（34）：省、自治区、直轄市及び特別行政区（香港、マカオ）

　　↓

二級（334）：地区・地区レベルの市、自治州、盟

　　↓

三級（2876）：県、自治県、県レベルの市、旗、自治旗、市直轄の区、林区、特区

　　↓

四級（39862）：市・区所轄の街道、鎮、郷、民族郷、蘇木、民族蘇木、区公所

居民委員会（都市部の場合）

図 1 　中国の行政管理体制
　　（出典：民政部 2017『中華人民共和国行政区划簡冊 2017』中国地図出版社 より筆者が作成。括弧内は 2017 年 1 月 1 日現在の個数である。矢印は指導関係を表す。中国の行政管理体制は都市において、四級の街道までである。街道から居民委員会への指導関係は強制的なものではないため、点線の矢印としている。）

べての都市住民が国営あるいは集団所有の「単位」に属していた。単位は働く場であると同時に、「単位人」本人とその家族を「ゆりかごから墓場まで」世話をする機関でもあった。そのため、単位は経済、社会保障、政治・行政の組織という三つの役割と機能を併せ持ち、一種の社会管理の制度でもあるといえる。

しかし、1978年以降「社会主義市場経済体制」の推進のもとで、国営の「単位」は非国有の企業との競争を余儀なくされた。その結果、かつての「単位人」の一部は私営企業や外資系企業に転職したため、もはや「単位人」ではなくなった。また住宅制度の改革も行われた。かつて都市住民の住宅は職場から「分配」され、同じ職場の人たちが日本でいう「社宅」に住んでいた。1990年代半ばからは住宅制度にも改革のメスが入った。住宅の商品化が始まり、住宅の売買が可能となったのである。「単位」は従業員に住宅の「分配」をする代わりに住宅手当を支給するという政策が採られた。その結果、同じ集合住宅の住人は、必ずしも同じ職場の人間ではなくなった。さらに、かつては農村から都市への人口移動が厳しく制限されていたが、中小都市における戸籍制度の管理が緩和され、農村余剰労働力の増加、都市の労働力需要の増加といったプッシュとプルの要因から、農村から都市への人口流動が増え、都市住民の異質性が増した。

このように、「単位」が経済組織として改革が迫られているなか、以前のように福祉や各種の生活に関連するサービス、つまり経済以外の機能を「単位」が包括的に担うことが困難になった。また住民の多様性が増すなかで、「単位」だけでは都市の社会管理を行うことができなくなり、社会管理体制が転換期を迎えた。

2-3　1990年代以降の社会管理体制：居民委員会の二重性

1949年に新中国が成立して以降、各都市では居民委員会が設けられるようになった。1954年12月31日に第一回全国人民代表大会（以下「全国人大」と略す）常務委員会第四次会議で「都市居民委員会組織条例」（以下

「組織条例」と称する）が承認され、初めて法律条文の形で居民委員会が位置づけられ、役割、任務、組織が明確化した。この「組織条例」は、後述の「居民委員会組織法」と同じ全国人大常務委員会で制定された法律であることに注意したい。以下では、1954 年に制定された「組織条例」の具体的な内容を見てみよう。

　まず、居民委員会は住民による自治組織であると位置づけられた。一方、人民委員会あるいはその派出機構の「指導」のもとで各種の活動を行うと明記されており、つまり政府に協力するという役割も明確に示したのである。また管轄範囲は、公安戸籍[1]の管轄区域と重なり、おおよそ 100 ～ 600 戸となっている。居民委員会は、7 人から 17 人の委員で構成され、その下には 15 ～ 40 戸からなる「班」（居民小組）が設けられている。委員の中から必ず 1 人は婦人関連の仕事に従事すると規定されている(理由は後述)。

　「組織条例」では、居民委員会の任務を以下のように規定している。

　①住民の公共福祉を増進する各種サービスを行う

　②住民の意見を政府あるいは派出機構に反映する

　③住民を動員して政府の指令に従わせて法律を遵守させる

　④治安に関する各種の仕事を指揮する

　⑤住民間の揉め事を調停する

　また、居民委員会と「単位」との関係について、「政府機関、学校及び比較的大規模な企業等の「単位」は、通常は居民委員会に参加しなくてもよい」と規定されている。もしくは企業の組合による「従業員及び家族委員会」が居民委員会の仕事を兼任するべきであると規定している。

　以上の規定からは、「単位」と居民委員会の双方が独立していることがわかる。「単位の人」は居民委員会ではなく、「単位」によって統括されていた。一方、仕事についていなかったり、どの「単位」にも属していない人たちが居民委員会に統括されていた。当時、その多くは家庭の主婦や高齢者たちであった。前述の居民委員会に必ず婦人関係の委員一人を置くこともこのためであった。

以上からもわかるように、1980年初頭までは、中国の都市社会管理は
「単位」を中心に行われ、居民委員会は単位の補完的な位置にあった。しか
し、1980年代に入ってから変化が見られた。まず、1982年の憲法第111
条では、居民委員会が自治組織として位置づけられ、組織的枠組みと機能
も方向づけられた。それははじめて国家の憲法で「居民委員会は自治組織
である」と定めたものであった。その後、1980年代半ばに、民政部[2]が
はじめて「社区」つまり「コミュニティ」という概念を提起し、「社区サー
ビス」つまり「コミュニティサービス」政策が打ち出され、居民委員会は
社区サービスの担い手として期待された。「単位」時代に存在が薄かった居
民委員会が前面に登場したのである。

　1989年12月26日、都市居民委員会組織条例が、「居民委員会組織法」
(以下「組織法」と称する)に改訂され、1990年1月1日から施行された。「組
織法」は居民委員会の基本法となり、居民委員会が「住民の自己管理、自
己教育、自己サービスの基層群衆の自治組織」であると明記された。居民
委員会の仕事として「人民政府またはその出先機関に協力し、住民の利益
に関係する公共衛生、計画出産、戦傷者優遇、民生、青少年教育などの仕
事を行う」という内容が追記された。1954年の組織条例に規定された5つ
の仕事以外に、6つ目の「行政への協力」という役割が強調されたと指摘
できる。また「居民委員会の設立や撤廃、あるいは規模を調整する権限は
人民政府にある」との規定も1954年の「組織条例」にない内容であった。こ
れらは人民政府の居民委員会に対する権限の明確化であるといえよう。

　居民委員会委員の任期について、1954年の「組織条例」では1年であっ
たが、2018年12月に修正した「組織法」では5年と規定されている。

　上述のように、居民委員会に関する法律とその修正では、法律の面で居
民委員会が自治組織であると位置づけた。居民委員会の主任と委員のメン
バーは住民の選挙によって選ばれる。基層社会における自治組織という意
味で、中国の居民委員会は、日本の町内会・自治会に相当する組織である
と言えよう。しかし、「組織法」によって居民委員会の設立や規模の調整の

権限が人民政府にあること、居民委員会の行政への補助、補完的な役割が規定されていること、居民委員会メンバーの給与が人民政府によって支給されると規定していることから見ると、居民委員会は基層大衆の自治組織であると同時に、人民政府の都市基層社会における管理部門でもあるという二重性を併せもっているといえる。

　さらに指摘しておきたいのは、単位と居民委員会との関係性についてである。1990年の「組織法」では、「単位」の従業員及び家族、軍人とその家族が居住地区の居民委員会に参加することを規定している。つまり1990年以降、「単位」は経済組織として特化され、社会的、福祉的な機能は居民委員会に引き継がれたのである。

　その後、国家と「単位」から離れた「個人化」した「個」の間におけるコミュニティの役割が重要視され、居民委員会はコミュニティづくり（「社区建設」）の推進役としての役割も担うようになった。

3　居民委員会の現状と新たな展開：上海の事例を中心に

　本節では、筆者が聞き取り調査した上海市の二つの居民委員会の事例を中心に以下の三点を紹介したい。つまり、①居民委員会の日常の取り組みと活動内容、②住民たちの自治活動、③2019年から急速に進められてきたゴミ分別収集の促進と新型コロナウイルス肺炎の感染拡大防止において居民委員会はどのような役割を果たしたか、である。

3-1　調査地の概況

　上海市は中央政府の直轄市で、省、自治区と同格の一級行政単位である。2018年の人口は、戸籍人口と流動人口の合計である常住人口が2423.78万人である[3]。2019年12月時点で、上海には16の区、計107の街道、106の鎮と2つの郷がある。そのうちの徐滙区は2019年時点で常住人口が108.5万人で、12の街道と1つの鎮、303の居民委員会がある[4]。筆者は

2018年3月と2019年10月に徐
滙区A居民委員会に、2019年10
月に徐滙区B居民委員会に対し
て聞き取り調査を行った。以下、
特別な説明がない限り、両居民
委員会に関する内容はすべて筆
者の聞き取り調査による内容で
ある。

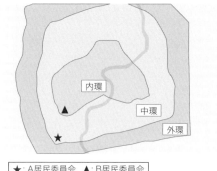

★：A居民委員会　▲：B居民委員会

図2　A、B居民委員会及び内環、中環、外環位
　　　置関係図（筆者作成）

　まずA居民委員会とB居民委

員会を簡単に紹介しておこう。

A居民委員会が属する凌雲街道は、上海市の南西部、中環に位置している
（図2、図3）。上海市は市の中心部から郊外へ三つの環状帯に分かれてお
り、一番内側の市中心部が内環で、その外側の環状が中環となる。さらに
その外側が外環に分けられている（図2）。凌雲街道は3.58 km²の管轄面積
を有し、28の居民委員会がある。A居民委員会の管轄内には15棟の6階建
てマンションがあり、900世帯約2000人が住んでいる。そのうち、150世
帯が賃貸入居者である。戸籍人口のうち80歳以上の高齢者は100人余り
である。マンションの近くに地下鉄1号線が通っており、最寄りの駅まで
徒歩15分前後で交通の利便性が良い。マンションの間取りは1LDKの
45m²、2LDKの60m²と3LDKの70m²の3タイプがある。この住宅区は
1993〜1994年に建てられ、市の中心部の徐家滙地区（内環）の開発で移
転した人口を受け入れるために建てられたものである。また近年の分譲マ
ンションと違い、この時期に建てられたマンション群は古い住宅という意
味で「老小区」と呼ばれ、6階建てでもエレベーターがない。1990年代当
初に入居した人たちが高齢になり、子世代が結婚を機に他の分譲マンショ
ンを購入して移り住むパターンが多い。

　B居民委員会もA居民委員会と同じく徐滙区に属しているが、こちらは
内環に位置し、市の中心部である（図2、図4）。二つの住宅区があり、一

図3　Ａ居民委員会が所轄する住宅区。中広場と周り
の6階建ての住宅棟（2018年3月筆者撮影）

図4　超高層ビルが立ち並ぶ
Ｂ居民委員会が所轄す
る住宅区の風景。管理
会社の男性が住宅区の
緑化区域を整備してい
る（2019年10月筆者撮影）

つは2001年に一期、2004年に二期が完成された11棟の超高層マンション
で計570戸、間取りは2LDK（約80m²）と3LDK（約137m²）の比較的高
級なマンションであり、住民の教育レベルが高く、経済的にも裕福である。
もう一つは319戸が住んでおり、以前の国営工場の古い宿舎と80年代に建
てられた3棟の元社宅で、いわゆる「老小区」であり、高齢居住者が多い。
Ｂ居民委員会は世帯数889戸で常住人口が2667人、そのうち682人が賃貸
の住民で、35人が外国籍である。Ｂ居民委員会の二つの住宅区は住民のニ
ーズと抱えている問題が異なる。

3-2　両居民委員会の日常の取り組み

3-2-1　居民委員会の組織構成

　Ａ、Ｂ居民委員会はいずれも住民の選挙によって選ばれた主任1名と委員
4名の計5名で構成されている。Ｂ居民委員会はほかに街道弁事処から2名
のスタッフが必要に応じて協力する体制を取っている。そのほかにマンシ
ョンの各棟に1名の「棟組長」すなわち班長がいる。Ａ居民委員会には15

名、Bには11名がいる。またAとBにはそれぞれ共産党の党支部（党員数が50名以下）が設立されており、街道から派遣された党支部書記1名と少なくとも2名の党員が委員となる党支部がある。

3-2-2　居民委員会の仕事内容：基層社会生活のすべてを網羅する

　居民委員会の仕事内容は、基本的には居民委員会組織法で定められた任務の6点であるが、実際には以下のように11項目に細分化されている。細かい箇所の違いがあるものの、全体の内容はかなり類似している。ここでB居民委員会の職責を抜粋して見てみよう。

　①宣伝に関する職責：党の方針政策及び政府の法律・法規の宣伝

　②文化教育に関する職責：主に青少年を対象とする活動

　③女性に関する職責

　④計画出産に関する職責

　⑤民生、扶助に関する職責

　⑥高齢者に関する職責

　⑦住民間のトラブルの調停に関する職責

　⑧社会治安総合管理に関する職責

　⑨衛生、精神疾患病人の事故防止などに関する職責

　⑩管理組合及び管理会社に関する職責

　⑪市、区（県）の人口統計調査への協力など居住人口の情報収集

　以上のことからわかるように、居民委員会の仕事は多岐にわたり、基層社会のあらゆる面を包括している。そのうちの①、④、⑪の内容は行政への社会管理の協力といえよう。残り8項目の内容の大部分は、自治の要素と行政への協力・補完的なものである。

　上記の仕事の主な遂行者は、居民委員会のメンバーの5人と党支部書記、委員であり、そのほかに住宅棟組長（班長）、ボランティアも加わる。また⑩の具体的な内容として、居民委員会が管理組合の選挙を指導し、管理会社の仕事を監督するものである。居民委員会、マンションの管理会社及び管理組合（オーナー委員会）は、地域の社会管理における「三台の馬車」

といわれるのだが、居民委員会は他の2者への指導と監督の立場にあり、三台の馬車のリーダー役であることがわかる。

さらに、両居民委員会の仕事内容からはそれぞれの社区の特徴がみられる。A居民委員会には比較的高齢の住民が多いため、居民委員会は一人暮らしの高齢者、身寄りのない高齢者を対象とする活動を重点としている。具体的には、街道弁事処に協力して80歳以上の老人に対して年二回の慰労訪問活動、独自に敬老の日（重陽節）に60歳以上の一人暮らしの高齢者約20人を招き、居民委員会活動室で食事会を開く、また老人ホームに入居している身寄りのない二人の高齢者には定期的に電話などで連絡を取り合って、状況を把握している、などである。

3-2-3 住民による自治活動：B居民委員会の「能人坊」の事例

「能人坊」とは「能力のある人たちの集まり」という意味であり、2017年5月にB居民委員会で成立した住民による自治活動グループである。前述したようにB居民委員会の高層マンションの住民は全体として教育レベルが高く、元国営企業の管理職や公務員が多い。B居民委員会は2016年から所轄区域内の企業の力を借りたり、大学生ボランティアに来てもらったりして住民による自治活動を推進してきた。ただこれらの活動は、基本的に大学生ボランティアがお膳立てした「自治」活動であった。住民の共通の問題に関して住民らによる自発的な活動があまりなかった。

B居民委員会には管理会社のマンション管理に不満を抱えている住民が一部存在しているが、管理組合は積極的に問題を解決しようとせず、放置されてきた。党支部のW書記はB居民委員会で10年ほど仕事をしてきたのだが、「住民が住宅区内の共通問題に対して、一緒に考え解決するしくみが必要である」と考えた。このW氏は、居民委員会の委員からスタートし、主任を経て、現在は党支部の書記であり、基層組織の仕事の経験が豊富な人物であった。W書記は定年退職した住民のなかから管理職経験や公務員経験のある10名の住民に声をかけ、住民の利益に直接関係することを協議し、問題を解決する「能人坊」という自治団体を2017年に設立した。

設立の経緯を詳しく聞くと、実は「能人」たちは、最初はコミュニティの
ことにあまり関心がなかったそうである。しかし、W書記の献身的な仕事
ぶりに感銘を受け、コミュニティの一員として住民の共通課題に自ら取り
組むようになった。月に一回、開催される会議には「能人坊」のメンバー
以外に党支部、居民委員会及び管理組合、管理会社など協議事項の関係者
も参加している。

　この自治団体は、居民委員会と党支部のもとでコミュニティの共通問題
に関して協議すると位置付けられている。「能人坊」は成立後、すぐに住民
を動員してコミュニティの問題に関する「提案コンテスト」を実施した。班
長の協力を得て500通の提案書を配布し、252通を回収した。そこからコ
ミュニティの「駐車問題」、ペット飼育の問題、内装工事をする際の騒音問
題に加えて環境衛生問題、マンションの管理問題、管理組合の問題などが
挙げられた。それらの提案を受け、能人たちが問題解決のために取り組ん
だ。「能人坊」の成立当初は、会議は党支部と居民委員会が招集していたが、
今はメンバーが自主的に開き、党支部と居民委員会に会議の参加を要請す
る形に変化している。その意味で住民による自治活動が少しずつではある
が確実に行われていると理解できよう。

3-2-4　居民委員会の担い手問題

　これまで先行研究で指摘されてきた居民委員会の担い手の高齢化問題、
待遇問題は近年、若干の改善が見られている。2018年から上海市は居民委
員会主任候補者の資格を35歳以下、大専（短大）卒以上の学歴を有する
者と規定した（委員や連任者はその限りではない）。徐滙区の2017年の調
査によると、2017年当時、上海市徐滙区居民委員会の仕事に携わる約3000
人中、大部分が35歳以下であり、約49%が大専（短大）卒以上の学歴を
有している[5]。

　現在20代後半のA居民委員会の主任は、19歳で居民委員会に就職し、
当初は徐滙区でもっとも若い主任の一人であった。その後、居民委員会の
仕事をしながら6年半かけて大卒の資格を取得し、ソーシャルワーカーの

資格も取得した。A居民委員会の他の4人も30代の若者である。B居民委員会メンバーは30代から40代である。居民委員会の委員は定年退職者の女性という以前のイメージは払拭されつつあるといえよう。

　待遇面において、近年は年齢、学歴、職歴が給料換算に考慮され、少しずつ上昇している。2019年時点上海市居民委員会の主任の収入が月平均約7000元（約10.8万円）であり、2018年度の上海市平均収入の7832元（約12万円）と比較するとやや低いが、以前と比べるとかなり上昇したといえる。

3-2-5　住民動員の役割

　基層社会において政府の政策を貫徹させるためには、行政レベルでは上から街道までは伝達できるが、街道からコミュニティの住民までは居民委員会を通さないとできない。以下の二つの事例から政策実行における居民委員会の動員の役割を見てみよう。

(1)上海市のゴミ分別収集の推進

　上海市は持続的発展が可能な社会を実現するために「上海市生活ゴミ管理条例」を打ち出し、2019年7月1日から施行された。中国ではそれまで一般市民はゴミの投棄は毎日でき、上海の多くのマンションは各フロアで24時間投棄が可能であった。A、B両居民委員会は2018年からすでにゴミ分別収集の政策を宣伝して推進してきた。ゴミは「ウェットゴミ（主に可燃ごみ）」「ドライゴミ」「リサイクルゴミ」「その他のゴミ］の四つに細分され、分別収集実施の当初は極めて細心の注意が必要であった。この中国の史上一番厳しいと言われる上海市のゴミ分別収集は「指定の投棄スポット」で「指定の時間帯」にしかできないため、居民委員会は多大な時間と労力をかけてゴミ分別収集を推進してきた。

　こうした全住民動員型の活動推進には、コミュニティの居民委員会だけでなはく、党（総）支部、管理組合、管理会社の「三台の馬車」ならぬ「四台の馬車」が動員され、それにボランティア（政府が一定の手当を支給）の力が加わり、コミュニティの力を総動員して取り組んでいる。

情報伝達に関して、2015 年頃に A、B とも住宅棟を単位としてすでに SNS の Wechat[6] グループを作った。それが今回も活用された。ゴミ分別収集に関する情報を Wechat で流し、ゴミの分別収集と指定時間の投棄を徹底していく。居民委員会をはじめ、ゴミ分別収集を推進するメンバーはシフト制で、毎日投棄指定スポットで指定時間に、住民が持ち込むゴミをチェックし、間違った分類を指摘し、正しいゴミ分別収集を浸透させてきた。また正しくゴミ分別した人にはポイントを与え、奨励する。正しく分別しなかった人はゴミから部屋番号を判別したり、防犯カメラの映像で特定したりもした。その結果を「紅榜」（良い例）と「黒榜」（悪い例）という掲示板で掲示する。一方、一人暮らしの老人など実際に投棄と分類が困難な家庭に対しては、居民委員会のメンバーがその家まで行き、回収する。このようにしてコミュニティではあらゆる力を動員し、時には強硬な手段を使い、上海市のゴミ分別収集に協力した。

　A、B 居民委員会の人たちの悩みを聞くと、一つは人手不足で多忙であること、もう一つは法律上では居民委員会はあくまでも自治組織であるため、居民委員会が行政に協力して社会管理を行う際には、法的な措置をとって物事を進めていくことができないというジレンマを抱えていることが判明した。

(2) コロナウイルス蔓延の抑制

　以下では、2020 年 2 月初頭、浙江省東部に位置する県レベルの Y 市（総人口約 100 万人）C 住宅区の取り組みを通して、新型コロナウイルス肺炎の感染を阻止するために居民委員会が行った取り組みについて簡単に見てみたい[7]。以下の内容は、筆者が Wechat などを通して現地にいる人たちから情報収集したものである。

　この C 住宅区は入居戸数 1200 戸、住人数 4000 人近く、築 7 年の 19 棟の高層マンションからなる住宅区である。ここでは居民委員会、党支部、管理組合、管理会社という「四台の馬車」が中心になり感染防止に取り組んだ。具体的には、まず住民の状況を把握するために、棟組長（班長）が

一軒ずつ訪問し、各家の居住人数と過去の他の地域への旅行の有無を調査・記録した。同時に、街道弁事処と市感染予防センターによる予防措置に関する通達を配布した。この通達によれば、何か問題がある場合、まず居民委員会に知らせなければならない。つまり居民委員会がコロナウイルス感染防止の最初の窓口となっている。次に、住宅区域を閉鎖し、厳しい出入管理をした。さらに、発熱などで発症の疑いがあり、専門の施設で医学観察が必要な住民が出た場合は、管理組合が居民委員会と予防センターに報告し、必要な措置を取った。自宅隔離が必要な住民に対して、居民委員会の委員や管理会社のスタッフが Wechat などで彼らと連絡を取り合い、買い物の代行やゴミ廃棄など必要な手助けを行った。

　以上は C 住宅区の取り組みであるが、上海の A、B 居民委員会を含む、他の地域も類似したものであった。今回は Wechat などの SNS が、市、街道や予防センターなど上からの情報発信に活用された。一方、一人暮らしのお年寄りなど SNS を使えない人の事情も考慮され、住宅区内を移動しながら拡声器を使用して各種のお知らせを伝えた。しかも標準語の分からないお年寄りのことを考慮して、地元の方言でも伝えられている。地域差が大きい中国では方言での連絡が非常に重要となる。地域密着型の居民委員会にしかできないことであると指摘できる。

4　日本への示唆：担い手が育つ制度づくり

　以上、ここまで中国社会の変化に伴い、基層社会における居民委員会の位置づけの変化を考察し、具体的な居民委員会の活動状況を見てきた。

　「能人坊」などのように、居民委員会活動では、住民による自治活動を有する側面がみられた。住民たちがコミュニティの共通問題に自主的に取り組み、「組織法」で規定される住民による自己管理・自己組織の「自治」が展開されている。この点は、日本の町内会の自治・自主の側面と類似しているといえよう。中国において、住民による「自治」は今後、人々の自治

意識の向上によって、さらに拡大されると思われる。

　もう一方で、居民委員会は行政に協力し、基層社会を「管理」する側面も有している。現行の中国行政システムでは、都市の場合、街道弁事処はコミュニティ、住民に一番近い行政単位であるが、上から下へ政策を実行していくにはまだ「距離」がある。その「最後の1キロ」を埋めているのが居民委員会である。「上に千本の糸、下に一本の針」といわれるのだが、つまり上からの多くの政策推進、活動実行（千本の糸）を行うためには、全部居民委員会という「一本の針」を通さないといけない。そのために、行政によって居民委員会が執務する場所と予算が提供され、居民委員会のスタッフがフルタイムで働き、給与を得ている。また居民委員会の選挙も「組織法」によって規定されている。これらが居民委員会が基層社会を管理する制度的な保障となっている。

　上海では、コミュニティ「管理」に、地域の党総（支）部のもとで居民委員会、管理組合、管理会社が共同で行っているところが多い。街道とコミュニティとの「距離」を埋めるのが居民委員会であるだけでなく、街道からは資金面での支援もあり、住民による自治グループも成長しつつある。それにより上の千本の線を受け止めるのは一本の針だけではなく、広がりをもった「ネットワーク」となりつつある。言い換えれば中国の基層社会のガバナンスはかつてのような上からの一方的な「管理」ではなくなり、「自治」の要素を内包した管理、つまり「治理」へと変容している。

　最後に、居民委員会の「自治」と「管理」の両面性を国際比較の観点から考え、日本の町内会制度への示唆を考察したい。居民委員会はその経費や人員の給与の面でいえば、かなり制度化された組織であり、日本の町内会のような任意団体と異なり、むしろイギリスやスウェーデンのような準自治体的な組織に類似している。しかし、イギリスやスウェーデンのような制度化された準自治体では、地域社会の管理において、権限と行政の補完的な仕事の量が多くはなく、住民たちの自治の範囲が広い。一方、中国の居民委員会は、制度化された面があるとは言え、権限は大きくはないが、

行政に協力してコミュニティを「管理」する仕事の量が非常に多く、その
ため、「自治」と「管理」の矛盾点を抱えている。程度こそ違うが、日本の
町内会が任意の自治組織であるにも関わらず、行政への協力も期待され、
半官半民の側面も抱えているのと同様だといえよう。日本の町内会では仕
事が煩雑であり、担い手の問題が叫ばれて久しい。役員には高齢者が多く、
仕事を持つ人には敬遠されている。この問題に関して、中国は居民委員会
を制度化した組織にすることによって、若者の担い手が育ち、基層社会の
「自治」と「管理」を可能としている。この方式は今回のコロナ対策のよう
な緊急事態においては、緊張を強いられた上に 24 時間体制となるために
従事する人の過労問題など残された問題も多いが、基層社会の隅々まで効
率的に動くことが可能となっている。

　今後、町内会や連合町内会の発展、そして日本の基層社会のガバナンス
における町内会の役割を考える際、住民の自治組織でありながら、制度化
された側面を持つ中国の居民委員会の「治理」モデルは参考になると思わ
れる。

　　注
1)　中国では、都市の戸籍を管理する部門は公安局である。
2)　中国の行政機関の一つで、地方行政の推進、基層社会の自治、社会福祉、介護、災害対応、扶助、
　　救済、復員、戦傷病者及び戦没者遺族への援護などを所管する。
3)　上海市統計局『上海市 2018 年国民経済和社会発展統計公報』www.tjcn.org/tjgb/09sh/35767_5.html
　　(2020 年 2 月 15 日にアクセス)
4)　上海市徐滙区人民政府オフィシャルウェブサイトによる。http://www.xuhui.gov.cn/zjxh/(2020 年 2
　　月 20 日にアクセス)
5)　www.xuhui.gov.cn/h/news/tabloid/2017-11-15/Detail_140970.htm (2020 年 2 月 20 日にアクセス)
6)　中国生まれの無料メッセンジャーアプリで、中国では一番広く使われている。日本の「LINE」
　　と同じような機能を持つ。
7)　陸麗君「中国との比較から見た日本の町内会」『建築ジャーナル』2020 年 6 月号も参照されたい。

第**15**章

【韓国】
行政と住民の協働による
マウル共同体づくり

内田和浩

1 市民運動と行政による支援と協働

　韓国では、近年地方自治体によるマウルづくり政策により、全国各地でマウル共同体づくりが進められている[1]。それは、ムン・ジェイン政権が誕生（2017年5月）し、マウルづくりを政策の中心に掲げた首長が多く誕生（2018年6月の地方統一選挙）したことが大きいが、その最初の取り組みは、市民活動家のパク・ウォンスン氏[2]がソウル特別市の市長に当選（2011年10月）したことから始まっている。

　パク市長のマウルづくり政策は、市長直轄のソウル革新企画官マウル共同体担当官が担当し、ソウル特別市マウル共同体総合支援センター（2012年11月設置）によって支援され、基礎自治体である25自治区ごとのマウルづくり支援センター設置へとつながっていった。各自治区では行政洞ごとにマウル共同体づくりが進められ、2018年には住民自治会も誕生している。

　一方、ソウル特別市マウル共同体総合支援センターの初代所長に就任したのは、「市民型まちづくり運動」の成功事例として知られるソウル・麻浦区のソンミサン・マウル[3]で活躍したユ・チャンボク氏であり、中間支援

組織「社団法人マウル」が受託した。各自治区のマウルづくり支援センターも、市民団体による中間支援組織が受託し運営している。

このように、ソウルでは下からの市民運動と上からの行政による支援と協働によって、マウルづくり政策・マウル共同体づくりが進められてきたのである。

しかし、一般住民にとっては、このような市民運動と行政による支援の協働は、実際のマウル共同体づくりを進めていく上で果たして有効なのだろうか。住民主体で進めていくためには、何が重要なのだろうか。

2 韓国の地方自治制度と住民組織

2-1 「日帝」時代の地方自治制度

李憲模は、韓国においていわゆる近代地方自治制度が導入された時期は「日帝」による植民地時代（1910 年～ 1945 年）であったという [4]。

同時期には、地方自治団体として道・府・邑・面が置かれ、議決機関として道会・府会・邑会、諮問機関として面協議会が設置されていた。

1933 年には 13 の道が置かれ、都市部に置かれた府は 1945 年には 22 あった。邑と面は、農村部に置かれた [5]。

実は、1910 年の日韓併合の直後には邑・面はなく地方行政単位として郡が置かれており、郡の下の地方行政の最末端に面等が置かれていたが、「日帝」時代に面として名称も統一され、邑とともに地方自治団体と位置づけられるようになったのである。

2-2 解放後の地方自治制度

1945 年 8 月 15 日に「日帝」支配から解放された朝鮮半島は、その後大韓民国（韓国）と朝鮮民主主義人民共和国（北朝鮮）との分断国家となった。

韓国では、1949 年 8 月 15 日に最初の地方自治法が施行され、地方自治

団体の種類を道とソウル特別市、市・邑・面と定めて法人格を付与した。また、道には郡（複数の邑・面を統括）、ソウル特別市と人口50万人以上の市には区、市・邑・面・区には洞・里を置いた。しかし、朝鮮半島の主権を巡る韓国と北朝鮮の対立は、1950年6月25日に朝鮮戦争が勃発し、以後3年間に及ぶ戦争は全土を戦場と化して荒廃させた。1953年7月25日に休戦協定が調印されたが、北緯38度線付近が軍事境界線とされた。この間、1952年には最初の地方議員選挙が行われたが、市・邑・面では首長は直接選挙ではなく議会で選出されていた。1956年には、市・邑・面の首長も直接選挙で選出されるようになり、1958年には一度任命制となるが、1960年の第2共和国憲法で市・邑・面の長は直接住民の選挙で決めることが保障された。

　しかし、1961年5月16日に軍事クーデターが起こり、同年9月1日に「地方自治に関する臨時措置法」が制定され、軍事政権下では地方自治は否定されたままであった。

2-3　民主化運動と現行地方自治制度・住民組織の現状

　1980年5月18日に起きた光州事件は、その後の民主化運動に大きな影響を及ぼし、1987年の大統領直接選挙制を求めた大規模な民主化運動「6月抗争」へと繋がり、1987年6月29日の盧泰愚大統領候補（1988年2月から第13代大統領）による「民主化宣言」を勝ち取っていった。そこには、「地方自治の実現」も含まれており、1988年5月1日に全面改正された地方自治法が施行された。

　その後も地方自治法の一部改正は度々行われ、現在の韓国における地方自治体は図1のとおりである。

　まず各自治体は、広域自治体と基礎自治体の二層制が基本である。しかし、済州特別自治道と世宗特別自治市だけは別であり、ともに広域自治体・基礎自治体の両面を有している。広域自治体には、ソウル特別市と6つの広域市（釜山・仁川・大邱・大田・蔚山・光州）、そして8つの道（京畿・

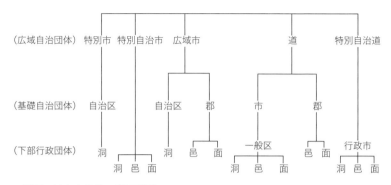

図 1　韓国の地方自治体の階層構造
（出典 ：『韓国の地方自治-2015 年改訂版-』（一般財団法人 自治体国際化協会））

江原・忠清北・忠清南・全羅北・全羅南・慶尚北・慶尚南）がある。特別市・広域市には、区・郡、道には市・郡の基礎自治体が置かれた[6]。邑・面は、基礎自治体である郡の下位行政単位となり、特別市・広域市の洞も、基礎自治体である区の下位行政単位である。済州特別自治道では、かつて基礎自治体であった市が下位行政単位となった。50 万人以上の市には、下位行政単位として区も置かれている。

　一方、邑・面・洞には住民センター等の基礎自治体の出先機関が置かれ、公務員が勤務している。さらに住民センター内には、住民自治センター（ソウルでは自治会館）が置かれ、「住民自治、文化余暇、地域福祉、住民便益、市民教育、地域社会振興」の 6 つの機能を持つとされた。そして、住民自治センターの施設管理・プログラム運営は、住民センターの公務員と住民自治委員会委員やボランティアが担っている。住民自治委員会委員は、25 人以下で邑・面・洞長（公務員）が委嘱することになっており、月1 回の定例会議と臨時会議を行うとともに、いくつかの分科委員会（部会）を組織して活動している[7]。

　また、邑・面・洞のさらに下部組織として、邑・面の下に里、（里の下に）班、洞の下に統、（統の下に）班という組織が置かれている。

3 近年のマウルづくり政策の特徴と中間支援組織（マウルづくり支援センター）

　近年の韓国の地方自治体によるマウルづくり政策は、前述のとおりパク・ウォンスン氏がソウル特別市の市長に当選（2011年10月）したことから始まった。2012年2月には、「マウル共同体基本計画」がつくられ、3月15日「ソウル特別市マウル共同体づくり支援等に関する条例」が制定された。そして、11月にはソウル特別市マウル共同体総合支援センター（以下、市センター）が設置され、市長直轄のソウル革新企画官マウル共同体担当官が、市のマウルづくり政策を担当していった。

　市センターは、当初「ウリマウルプロジェクト」という公募事業を行い、ソウル全市でマウル共同体づくりに取り組む団体が申請し、一件150万ウォンから500万ウォンの支援を行っていった。また、この事業費支援を受けて活動するマウル活動家への支援として、各自治区を訪問して開催する「訪問教育」（「チャラナム学校」）を行った。2013年度からは、修了者のネットワーク事業を進めていくとともに成長過程を研究し、さらにマウル活動家への育成支援を行っていった。つまり、当初は各自治区単位に市が直接マウル共同体づくりを支援していたのである。

　パク氏は、2014年6月再選し、ソウルにおけるマウル共同体づくりの実践は引き続き市民に支持された。そして、2015年度からは第2段階へと発展し、市内25自治区のうち22区で区マウルづくり支援センター（以下、区センター）が設置され、最終的には25区すべてに設置されて行った。また、当初マウルづくり支援単独であった区センターは、社会的企業支援センター・移動住民センター等を統合して、中間支援組織としてのガバナンス強化を進めていった。したがって、マウルへの教育や直接的な支援は区センターが担い、市センターは中間支援組織の職員研修や新しい政策開発等を行っていった。

　筆者は、この間韓国の広域自治体におけるマウルづくり政策の比較研究

を行ってきた[8]。全国各地に波及していったマウルづくり政策も、ソウルでの取り組みに学んだものが多く、共通点として、①首長の重点政策に対応した専担部局がある、②市民活動家による中間支援組織がマウルづくり支援センターを担っている、③都市では行政洞をマウルと捉え地域共同体づくりが行われている、④支援センターによる住民リーダーの育成（教育）が行われている、が挙げられる。

4 ソウル特別市による住民自治会設置へ向けた取り組み

4-1 パク・ウォンスン市長によるマウル共同体づくりの第3段階

　一方、2010年9月に「地方行政体制改編に関する特別法」（以下、「2010年特別法」）が制定され、邑・洞・面に「住民自治会」を置くことができるとした。しかし、パク・クネ大統領が政権に就くと廃止され、新たに2013年5月には「地方分権及び地方行政の改編に関する特別法」（以下、「特別法」）が制定された。住民自治会については「新たに住民自治会を置くことができる（第27条）」と変更はなく、「地方自治団体事務の一部を住民自治会に委任または委託することができる（第28条）」とされた。これまで住民自治委員会が、住民自治センターの運営と洞行政業務への諮問を主な任務としているのに対して、住民自治会は洞行政業務への関わりや委託業務の推進、住民自治業務の遂行等、より地域住民自治への主体的関与を持ち得る組織といえる。

　浅野かおるは、その背景として基礎自治体の「統合（合併）」の促進を挙げ、「2010年特別法」の制定過程で与野党が市郡を統合して100あるいは60〜70の広域市をつくることで一致していたことを指摘している[9]。つまり、このことによって邑・洞・面の統廃合・広域化も行われ、住民センターの行政事務が本庁に移管されるため、それまでの邑・洞・面単位での住民自治会設置による「住民自治」機能の強化が必要となるというのである。

しかし、2017年5月9日のムン・ジェイン大統領誕生を受け、ソウル特別市ではマウルづくり政策の中で住民自治会がクローズアップされていく。パク市長は、2017年10月に「ソウル特別市〇〇区住民自治会設置・運営に関する条例標準（案）」[10] で「ソウル型住民自治会」制度を示し、住民自治組織として各自治区での行政洞ごとの住民自治会設置へ向けたモデル事業の推進を促したのである。そして、2018年6月に三選を果たしたパク市長によるマウル共同体づくりの第3段階が始まり、各自治区でも「条例標準（案）」を受け、住民自治会設置へ向けた取り組みが始まっていった。

　このようなソウル型のマウル共同体づくりの特徴を段階ごとに以下のように整理することができる。

　筆者の研究フィールドの一つである城北区[11]は、その年の市のモデル事業に手を上げ、「ソウル特別城北区住民自治会設置・運営に関するモデル条例」（2017年12月28日制定）を策定し、東仙洞と鐘岩洞とで2018年1月1日から住民自治会が発足した。2019年度中に、さらに8つの洞で住民

表　ソウル型マウル共同体づくりの特徴

段階（時期）・主な出来事	ソウル特別市の動き	25自治区の動き
第1段階 （2012年度～2014年度） 2011年10月 パク・ウォンソン市長初当選 2012年2月 マウル共同体基本計画策定（5か年）	ソウル革新企画官マウル共同体担当官配置 ソウル特別市マウル共同体づくり支援等に関する条例制定 ソウル特別市マウル共同体総合支援センター設置（社団法人「マウル」受託）「ウリマウルプロジェクト」「チャラナム学校」 ＊各自治区単位に市が直接マウル共同体づくりを支援	支援　→
第2段階 （2015年度～2017年度） 2014年6月 パク・ウォンソン市長再選	＊市は各自治区への支援を重点化「マウル活力所」を各自治区に設立や事業費支援 ソウル特別市マウル共同体総合支援センター　「中間支援組織の職員研修」「新しい政策開発」	各自治区はマウルづくりの専担部局を設置 各自治区がマウル支援センター等を設置 ＊中間支援組織としてのガバナンス強化、住民リーダーの育成（教育）、区独自の政策の推進
第3段階 （2018年度～現在） 2017年10月 「ソウル型住民自治会」制度の提示 2018年6月 パク・ウォンソン市長三選	ソウル特別市〇〇区住民自治会設置・運営に関する条例標準（案）を提示し、各区に住民自治会設置へ向けたモデル事業を促す	各自治区で住民自治会設置へ向けた取り組みが始まる。 例）城北区住民自治会設置・運営に関するモデル条例 ＊モデル住民自治会が発足

自治会が発足した。

　「ソウル型住民自治会」の特徴として、「モデル条例」から以下の点を指摘することができる。

　1つは、「住民自治会の機能」を「①住民自治会の自律的な組織と運営、②住民生活と密接な関連がある洞行政事務の協議、③自治会館の運営など住民の権利義務と直接関連しない洞行政事務の受託処理、④住民計画樹立、住民総会開催など自治活動の民主的意志決定過程実行、⑤住民参加予算事業の審査など洞地域会議が遂行する機能、⑥その他に各種教育、行事、基

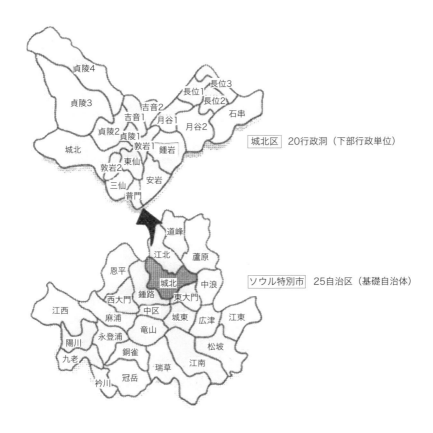

図2　ソウル特別市の自治区と城北区の行政洞
(出典：2017年の城北区ホームページ日本語版より筆者が修正作

金など住民自治と住民共同体活性化のための活動」（第5条）とし、洞役所の存在を前提とした「洞に設置された住民を代表して住民自治と民官協力に関する事項を遂行する組織」（第1条）と位置付けたことである。2つ目は、住民自治会の構成員となる住民自治会委員の資格として、「第25条1項にともなう教育課程を事前に履修しなければならない」（第7条）としたことである[12]。また、委員定数50名のうち公開募集に申し込んだ人の中から6割以内、機関・団体、その他住民組織から推薦された人の中から4割以内選定するとし、それらを選定委員会で透明で公正な抽選によって選出する（第9条）としたことである。

4-2　城北区の東仙住民自治会の形成過程

　東仙洞は、城北区にある20の行政洞の一つで、人口1万5494人9077世帯（2019年10月現在）、面積0.83km²の地域である。洞の下部組織として統19班130が置かれている。

　以下、2018年1月1日に発足した東仙住民自治会について、その形成過程を担い手たちからの聞き取り調査を基に概観していく[13]。

　東仙洞では、2015年3月に市のマウル共同体づくり政策の一つ（「自治区に一つマウル活力所をつくる」）として、東仙洞マウル活力所が設立された。一般住民からメンバーを公募し、教育プログラムが行われ、7月から東仙洞住民センターの2、3階の空間（自治会館）をどう活用するかに関わっていった。同月には、契約公務員（任期2年・再任）としてAさん（30歳代後半・元市民活動家）が、東仙洞住民センターにマウルコーディネーターとして勤務するようになり、マウル活力所を担当していく。

　また、区のマウルづくり政策（各洞でマウル計画団をつくり、それぞれ50〜60人集まれば洞ごとのマウル計画をつくっていく）として、マウル社会的経済センター（区センター）が2015年9月〜10月に東仙洞マウル計画団を募集し、マウル活力所メンバー全員を含む住民約70人が応募してマウル計画団教育（全5回）を実施した。平行して、住民3人以上の提

案によるマウル計画事業の受付も行われた。2016年1月6日には、東仙洞マウル計画団の設立式典が開催され、マウル計画団教育に3回以上参加した44名が団員となった。三部会（環境・都市再生・マウル安全部会、文化教育部会、福祉健康部会）に分かれて活動が始まり、出されたマウル計画42件を仕分けして、団員の投票によって9件を選んでいった。そして、6月にはインターネットや街頭での住民投票（全709票）が行われ、マウル総会（6月28日）でその結果が報告された。

　一方、Aさんの着任以降マウル活力所の活動は本格的に始まり、自治会館の改修工事が行われ、2016年1月には図書コーナー・マウル活動や展示のためのスペースがつくられた。10人程のメンバーとなったマウル活力所は、空間の管理運営とフリーマーケット等の活動を行っていった。

　マウル総会での投票結果は、1位＝デパート裏の喫煙所設置、2位＝地下鉄から歩道に風が出る場所の改善、3位＝通学路に安全のためのCCTVを設置、4位＝小さな図書館（子ども図書館）プロジェクトとなった。しかし、マウル計画の予算は3000万ウォン（約300万円）で、東仙洞には防犯や福祉などの住民組織が19あり、さらに住民自治委員会があり、予算を執行するためにはこれらの組織と共有していかなければならなかった。結局、マウル計画団員でありマウル活力所代表でもあるBさん（50歳代・主婦）が、住民自治委員会の委員に入り予算を調整することになり、予算が必要のない事業はマウル計画団の活動の中で陳情・要望しながら実行していくことになった。

　そのような中、2017年2月9日高層マンション1、2階の空き空間にマウル図書館がオープンした。これは、マウル計画の4位だった小さな図書館（子ども図書館）プロジェクトの一環として、突然区が別の予算で整備したものだった。なんとかマウル活力所のメンバーがAさんの支援を受け、図書館運営委員会（他にマウル計画団員）の中心となって準備し、急遽年度内に開館させることができた。しかし、場所が繁華街の中心地で子どもの遊び場とすることはできず、大人の図書館・展示場・会議室になってしまった。

2017 年 10 月、ソウル特別市が「ソウル型住民自治会」制度を進めることを決め、城北区でも住民自治会条例策定への準備が始まった。2 つの洞でモデル事業をスタートすることになり、東仙洞も手を挙げた。そして「モデル条例」で定められた住民自治会委員に選ばれる資格として、全 6 回の教育プログラムがスタートし、マウル計画団の多くのメンバーも受講した。

　2017 年 12 月 28 日「モデル条例」が制定され、2018 年 1 月 1 日付で東仙洞住民自治会が発足し、委員 50 名（男性 20 名・女性 30 名。年齢構成は 30 歳代 2 名、40 歳代 13 名、50 歳代 11 名、60 歳代以上 24 人）が選出された。マウル活力所の中心メンバー 5 人も委員となり、マウル計画団からも数人が委員となり、B さんが住民自治会副委員長となった。住民自治会には、4 つの分科委員会（自治会館・安全環境・福祉・1 人家族）が置かれ、委員はいずれかの分科委員会に所属するとともに、他に 5 名以内の洞内住民が参加できる（「モデル条例」第 17 条）ことになった。

　それに伴って、住民自治委員会とマウル計画団は解散し、市の事業であるマウル活力所は存続したが、自治会館の管理・運営は、住民自治会の業務となった。マウル図書館は、区の所管が変わり職員が配置になり運営委員会は解散した。

　同年 7 月 17 日には、東仙洞住民自治会第 1 回住民総会が開催され、①不法駐車場、開かれた駐車スペースの提案 [14]、②マウルの子どもの遊び場、遊びのオリンピック、③住民が飾るトンネ芸術舞台を優先事業として選定し実行していった。そして、2019 年 5 月 25 日には第 2 回住民総会が開催され、「東仙洞住民自治計画」を樹立したのだった [15]。

　東仙洞住民自治会の形成過程を概観すると、B さんら担い手たちの苦悩と成長が見えてくる。

　当初、マウル計画団は一般住民から公募でつくられ計画をするだけの役割だったが、その後区からはマウル図書館の運営が押し付けられ、結果として「マウル実行団」になってしまって困惑したという。そのことで、マ

ウル計画団のメンバーは半分以下に減少した。もちろん、その中でBさんら中心的なメンバーたちは、マウルづくりの実践を体験し、その困難さと行政との協働の難しさを実感したのであり、自分たちでできることは信頼できる仲間たちとやっていくことの重要性を学んだという。

また、住民自治会のモデル事業は洞長（区公務員）が勝手に手を挙げたもので、Bさんたちが望んだことではなかった。しかし、住民自治会の委員になるには教育プログラムを受講しなければならず、受講の優先順位は、①住民自治委員、②マウル計画団、③一般市民、となっていた。したがって、Bさんらは「結局、住民自治会の委員の多くは、これまでの住民自治委員になってしまう」という恐れを感じ、自分たちも率先して委員に応募したのだった。

そして、住民自治会が発足すると、自分たちが住民としてやりたい活動（子ども図書館や子育て支援）と区が住民自治会にやらせたい活動（不法駐車場、開かれた駐車スペースの提案など）にギャップを感じるようになったという。

このようにBさんら担い手たちからは、区行政に振り回されてきたことへの批判も多く聞かれたが、自分たちのマウル共同体のことは自分たちが担っていかなければならない、という責任感も強く感じられた。今後も、Aさんがマウルコーディネーター（2019年7月再々任）としてサポートする中で、住民自治会によるマウル共同体づくりは進んでいくだろう。

5　日本への示唆：中間支援組織による教育プログラム

このように、韓国でも日本や中国・欧米や途上国と同様に、行政と市民との協働が模索されている。そして、日本や中国と同じように、欧米のように地方自治制度に完全に組み込むのではなく、自治的な組織という名目を保った上での協働である。

しかし、韓国では日本や中国とは異なり、完全に市民のボランタリーな

活動を行政との協働へと、中間支援組織による教育プログラムの受講等を通して導こうとしている。その点は、何らかの背景をもって行政に協力する性質をもった住民を中心に組織されている日本や中国とは異なる点だといえる。

　なお、ソウル型「マウル共同体づくり」を牽引してきたパク・ウォンスン市長が2020年7月急死した。行政第1副市長のソ・ジョンヒョップ氏が市長代行として政策を引き継いだが、2021年4月の市長選挙では、保守系のオ・セフン氏（パク市長の前のソウル特別市長）が当選した。ソウル型「マウル共同体づくり」が、今後どう展開していくか注視していきたい。

　　注
1)　マウル（마을）とは、直訳すると「村」で、一般的には農村部の集落を意味する言葉であるが、韓国では1990年代後半以降日本の「まちづくり」から学び、「マウルマンドゥルギ」という言葉を「まちづくり」と同義で使用している。
2)　パク・ウォンスン市長は、行動派弁護士として韓国の代表な市民運動団体「参与連帯」の創設に関わり、政策シンクタンク「希望製作所」でも活躍した市民活動家。2011年8月ソウル特別市で無償給食の是非を問うための住民投票が不成立（未開票）となり、当時のソウル市長が辞任したため同年10月にソウル市長補欠選挙が実施され、「マウル共同体の回復」を公約に掲げて初当選した。
3)　詳しくは、エンパブリック・日本希望製作所編『まちの起業がどんどん生まれるコミュニティ～ソンミサン・マウルの実践から学ぶ』（NPO法人 日本希望製作所、2011年）を参照。
4)　李憲模『比較地方自治論―日本と韓国の大都市制度を中心に―』（敬文堂、2004年）を参照。
5)　邑は、当初「指定面」と呼ばれていたが、1930年の改正で邑となり、邑・面ともに自治立法権・自治財政権が認められた。
6)　基礎自治体は、2014年現在227（市75、郡83、区69）ある。
7)　住民自治センター及び住民自治委員会についての法的位置づけは弱く、韓国政府行政自治部による「住民自治センター設置及び運営基準準則」（最初は2001年1月）を基に各基礎自治体が条例を制定して設置・運営している。大都市部の住民自治委員には、洞の下位組織である統の統長や防犯や福祉等の既存の住民組織の代表が委嘱されている。
8)　拙稿「韓国における地方政府によるマウルづくり政策とその比較」（北海学園大学経済学会『経済論集』第65巻第3号（北海学園大学経済学会、2017年12月）を参照。
9)　浅野かおる「韓国における『住民自治会』設置と住民自治センターをめぐる動向」（福島大学行政社会学会『行政社会論集』第27巻第4号、2015年）を参照。
10)　拙稿「韓国の大都市基礎自治体における地域共同体の形成過程～ソウル・城北区東仙洞と大邱・寿城区上洞を事例に～」『経済論集』第66巻第3号（北海学園大学経済学会、2018年12月）p.17に条例文掲載。
11)　ソウル特別市に25ある基礎自治体の一つで、人口44万3000人、19万2307世帯（2019年10月現在）、面積24.57km²で、20の行政洞がある。マウルづくりの行政局は、マウル民主主義課（2016年3月）。区のマウルづくり支援センターは、2015年からマウル社会的経済センターで、中間支援組織「共に暮らす城北社会的協同組合」が受託している。
12)　具体的には城北区東仙洞では、全6回の教育プログラムを受講した者のみ住民自治会委員に応募することができた。

13）詳しくは前掲拙稿「韓国の大都市基礎自治体における地域共同体の形成過程〜ソウル・城北区東仙洞と大邱・寿城区上洞を事例に〜」を参照。

14）韓国は駐車場（公共・有料とも）が市街地にほとんどなく、不法駐車が多いため路上で駐車できるスペースを確保しなければならない。

15）『城北マウル』の「マウル記事」（2019 年 5 月 31 日）より。 https://sbnet. or. kr/30280/

おわりに

　本書刊行のもととなった研究は 2016 年度から 2018 年度の文部科学省科学研究費補助金【平成 28 年度（2016 年度）基盤研究（B）（海外学術調査）近隣住民ネットワークの国際比較研究（課題番号 16H05716）】による。平成時代の最後の 3 年間の研究プロジェクトであり、2018 年にはコミュニティ政策学会と共催でアメリカ、シアトル市からジム・ディアス元ネイバーフッド部部長を東京に招請してシンポジウムを開催した。海外調査の期間中には、イギリス調査で小山騰氏、アメリカ調査で伊藤博樹氏に研究分担者と変わらぬご協力をいただき大変お世話になった。またアイデアを分ちあえた機関としては、アメリカの NUSA 会議（Neighborhood's USA）、イギリスでは NALC（National Association of Local Council）がある。イギリスではロンドン・ウェストミンスター区のクインズパーク・コミュニティカウンシル、ケンブリッジシャー・フェンランドディストリクト・マーチタウン、南ケンブリッジシャー・ディストリクト内のソーストン・パリッシュカウンシル事務局にお世話になった。アメリカではシアトル市内のいくつかのディストリクト・カウンシルとコミュニティカウンシルの事務局・NPO、ベルビュー市とその近郊のボザール村にお世話になった。インドネシアではジャカルタ特別州のタンジュンプリオク区役所、区内のカンポン（町内会）会長と事務局にお世話になった。草の根国際交流としても意義深い調査の機会をいただきお礼申し上げたい。

　本調査研究は、令和 1（平成 31、2019）年 から自主研究会に移行し、プロジェクトの成果をコミュニティ政策学会で個人発表しつつ図書刊行を目指して原稿の取りまとめに励んだ。そうしている中、2020 年 2 月から COVID -19 の世界的蔓延が襲い、会食の自粛やソーシャルディスタンスの確保などによるコミュニティの希薄化、解体の恐れを実感させられた。これらの社会現象がかえって私たちの研究の意義を際立たせてきたと思う。共編者である鯵坂学、玉野和志以下多くの研究者や協力者・各機関のご厚誼に感謝申し上げる。

2021 年 7 月

大内田鶴子

■編著者

大内田鶴子（おおうち たづこ）
江戸川大学名誉教授・博士（社会学）。2000年から2019年まで江戸川大学に勤務。総務省消防庁消防大学校消防研究センター研究評価委員、千代田区コミュニティ活性化検討委員会座長などを務める。著書に『コミュニティ・ガバナンス』（2006年、ぎょうせい）など。

鯵坂学（あじさか まなぶ）
同志社大学社会学部名誉教授。大阪市立大学大学院博士課程退学、博士（文学）。専門は都市社会学・地域社会学。著書に『都市移住者の社会学的研究』（2009年、法律文化社）、『さまよえる大都市：大阪』（共編著、2019年、東信堂）など。

玉野和志（たまの かずし）
東京都立大学人文科学研究科教授。東京都立大学人文学部卒業、東京大学大学院社会学研究科博士課程中退、博士（社会学）。著書ならびに編著として『東京のローカル・コミュニティ』（2005年、東京大学出版会）、『都市社会学を学ぶ人のために』（2020年、世界思想社）など。

■著者

廣田有里（ひろた ゆり）
江戸川大学教授。早稲田大学人間科学研究科卒業。IT企業でシステム構築を行った後、江戸川大学にて業務知識を生かした実践的なシステム構築やプログラミングの教育を行っている。近年は、地域コミュニティの活動に関わり、地域でのITの利活用を検討している。

齊藤麻人（さいとう あさと）
横浜国立大学都市イノベーション研究院教授。ロンドン・スクール・オブ・エコノミクス（LSE）地理環境学大学院修了（PhD）。専門は都市社会学、都市政策学。シンガポール国立大学を経て、2013年より現職。著書に『Locating Neoliberalism in East Asia』（共編著、2011年、Blackwell）など。

小内純子（おない じゅんこ）
札幌学院大学法学部教授。専門分野は地域社会学、地域メディア論。著書に『スウェーデン北部の住民組織と地域再生』（共著、2012年、東信堂）、『協働型集落活動の現状と展望 年報 村落社会研究第53集』（編、2017年、農山漁村文化協会）、『北海道農村社会のゆくえ』（共編、2019年、農林統計協会）。

太田尚孝（おおた なおたか）
兵庫県立大学環境人間学部准教授。筑波大学大学院システム情報工学研究科博士後期課程修了、博士（工学）。専門は、日独の都市計画・まちづくり。福山市立大学都市経営学部准教授を経て、2017年より現職。著書に『ドイツの空き家問題と都市・住宅政策』（共著、2018年、日本都市センター）など。

中田晋自（なかた しんじ）
愛知県立大学外国語学部教授（政治学）。立命館大学大学院法学研究科博士後期課程単位取得満期退学。博士（法学）。著書に『フランス地域民主主義の政治論』（2005年、御茶の水書房）、『市民社会を鍛える政治の模索』（2015年、御茶の水書房）など。

荒木千晴（あらき ちはる）
公益社団法人日本社会福祉士会企画グループ課長。法政大学大学院政治学研究科博士後期課程修了、社会福祉士、博士（政治学）。著書に『コミュニティの自治 自治体内分権と協働の国際比較』（共著、2009年、日本評論社）など。

細淵倫子（ほそぶち みちこ）
立教大学グローバル都市研究所研究員、京都大学東南アジア地域研究研究所連携研究員、総合地球環境学研究所共同研究員。著書に『Land Tenure on Peatland: A Source of Insecurity and Degradation in Riau』（共著、2021年、Springer Singapore）など。

陸麗君（りく れいくん LU LIJUN）
福岡県立大学人間社会学部准教授。一橋大学大学院社会学研究科博士後期課程修了、博士（社会学）。専門は都市社会学、移民研究。著書に『さまよえる大都市・大阪—「都心回帰」とコミュニティー』（共著、2019年、東信堂）など。

内田和浩（うちだ かずひろ）
北海学園大学教授。中央大学文学部（社会学専攻）卒。相模原市教育委員会社会教育主事を経て、北海道大学大学院教育学研究科博士課程単位取得退学、博士（教育学）。北星学園女子短期大学助教授、北海道教育大学教授を経て、2008年より現職。

世界に学ぶ地域自治
コミュニティ再生のしくみと実践

2021 年 8 月 5 日　第 1 版第 1 刷発行

編著者	大内田鶴子・鰺坂学・玉野和志
著　者	廣田有里・齊藤麻人・小内純子・
	太田尚孝・中田晋自・荒木千晴・
	細淵倫子・陸麗君・内田和浩
発行者	前田裕資
発行所	株式会社 学芸出版社
	京都市下京区木津屋橋通西洞院東入
	電話 075 - 343 - 0811　〒 600 - 8216
	http://www.gakugei-pub.jp/
	info@gakugei-pub.jp
編集担当	岩崎健一郎・山口智子
装　丁	中川未子（紙とえんぴつ舎）
印　刷	イチダ写真製版
製　本	新生製本